四川师范大学学术著作出版基金资助

中国方案
中小制造企业"绿色化"转型
驱动因素及作用机制探究

罗莹　宁胜男　揭筱纹◎著

光明日报出版社

图书在版编目（CIP）数据

中小制造企业"绿色化"转型：驱动因素及作用机制探究 / 罗莹，宁胜男，揭筱纹著. --北京：光明日报出版社，2024.11. -- ISBN 978-7-5194-8268-8

Ⅰ.F426.4

中国国家版本馆 CIP 数据核字第 2024QX7785 号

中小制造企业"绿色化"转型：驱动因素及作用机制探究
ZHONGXIAO ZHIZAO QIYE "LÜSEHUA" ZHUANXING：QUDONG YINSU JI ZUOYONG JIZHI TANJIU

著　者：罗　莹　宁胜男　揭筱纹	
责任编辑：李壬杰	责任校对：李　倩　李海慧
封面设计：中联华文	责任印制：曹　净

出版发行：光明日报出版社

地　　址：北京市西城区永安路 106 号，100050

电　　话：010-63169890（咨询），010-63131930（邮购）

传　　真：010-63131930

网　　址：http://book.gmw.cn

E - mail：gmrbcbs@gmw.cn

法律顾问：北京市兰台律师事务所龚柳方律师

印　　刷：三河市华东印刷有限公司

装　　订：三河市华东印刷有限公司

本书如有破损、缺页、装订错误，请与本社联系调换，电话：010-63131930

开　　本：170mm×240mm

字　　数：323 千字　　　　　　　印　张：18

版　　次：2025 年 3 月第 1 版　　　印　次：2025 年 3 月第 1 次印刷

书　　号：ISBN 978-7-5194-8268-8

定　　价：98.00 元

版权所有　　翻印必究

序

目前，我国已发展为世界制造业第一大国，但是受到资源短缺、环境污染与新一轮工业革命等多重因素的共同影响，我国制造业的发展也面临重大挑战。制造业是国民经济的主体，但是我国传统制造业的高速发展模式导致我国大多数制造业仍然处于全球价值链的低端，并造成了资源滥用、环境恶化等问题。制造业作为环境问题的主要来源，为了保证制造业的可持续发展，亟须改变其传统生产运营方式，并加快向环境友好型和资源节约型的生产模式转变。习近平总书记在党的十九大报告中指出，我国经济已由高速增长阶段转向高质量发展阶段。十九届五中全会报告进一步强调"十四五"时期经济社会发展应以推动高质量发展为主题，且"十四五"时期经济社会发展的主要目标涉及生产生活方式绿色转型成效显著、主要污染物排放总量持续减少、生态环境持续改善等方面。习近平总书记在党的二十大报告中再次强调坚持把发展经济的着力点放在实体经济上，推进新型工业化，推动制造业高端化、智能化、绿色化发展。党中央对于我国经济发展的重要论断也为我国制造业发展方向提供了战略指导。

为了协调制造企业发展、环境保护与社会福祉的动态平衡，党的十八大以来，党中央、国务院把生态文明建设摆在更加重要的战略位置，纳入"五位一体"总体布局，做出一系列重大决策部署。这意味着，"绿色化"对于制造企业不再是模糊的道德要求，而是具有强制性的刚性约束，"绿色化"已成为我国制造业未来战略突围的主攻方向。在高质量发展的背景下，制造企业"绿色化"发展要求企业从仅关注经济增长的单一发展维度转向经济增长、社会公平、生态环境等多维协同发展，它不仅局限于寻求经济与环境的平衡，还要对企业的高质量发展各方面都赋予生态意义。

中小制造企业作为制造业的主体，它们的"绿色化"程度决定我国制造业全面绿色转型的进程，因此中小制造企业"绿色化"也成为我国目前亟待解决的课题。但是我国中小制造企业多以资源型、粗加工为主，技术创新能力薄弱、产业集中度较低、规模经济不足。因此，虽然"绿色化"发展要求中小制造企业大幅减少污染物排放，提升环境质量，但在短期产业结构、能源结构难以发生重大变化的情况下，中小制造企业在提升环境质量与短期经济利润获取、就业保障等方面也存在矛盾。同时，中小制造企业具有设备陈旧、劳动力素质低、融资渠道不畅等劣势，并且由于"成本—收益"不均衡、法律体系和市场环境不完善等问题，中小制造企业实现"生态—经济—社会"协调的高质量发展动力不足，还处于纸上谈兵的阶段。但中小制造企业组织结构简单、决策链短，相较于大型制造企业更易实现"绿色化"发展。因此，推进我国中小制造企业的"绿色化"进程，能够高效助力我国进入全面绿色制造的新时期。

我国中小制造企业"绿色化"是一个复杂的系统工程，需要企业、社会和政府共同努力以及技术支持的共同推进，只有充足的资源投入能够推动中小制造企业"绿色化"的要素，才能实现帕累托最优。因此，识别、评估我国中小制造企业"绿色化"驱动因素并分析其作用机理成为当务之急。围绕我国中小制造企业"绿色化"驱动因素这一研究主题，按照"提出问题—分析问题—解决问题"的研究思路，本研究主要划分为七个章节。

第一章：绪论。本章主要从可持续发展这一大背景出发，分析了我国中小制造企业"绿色化"的现实背景，结合前人研究成果，提出了本研究的研究问题。根据研究思路，阐述了本研究的研究目的和意义，在此基础上明确本研究的研究方法并设计了研究技术路线，最后对本研究的研究特色和创新点进行了总结。

第二章：文献综述。本章在梳理企业社会责任理论、利益相关者理论和可持续发展理论发展沿革的基础上，提出了未来绿色发展的研究趋势，为"绿色化"奠定了相关理论基础。剖析了"绿色化"相关概念及内容，并明确了"绿色化"未来的研究重点。同时，分别对"绿色化"驱动因素、"绿色化"行为以及"绿色化"与企业绩效的关系的相关研究进行了梳理。此外，对现有研究进行了综述，明确了研究空白与本研究研究的方向。

第三章：我国中小制造企业"绿色化"现状及障碍分析。本章在明确制造业可持续发展趋势的基础上，综合考虑我国中小制造企业的现实基础，提出中小制造企业"绿色化"的必要性。根据文献和访谈结果梳理了我国中小制造企业"绿色化"面临的障碍，运用解释结构模型（ISM）分析了障碍的层级并识别关键障碍，为"绿色化"驱动因素的识别提供了现实依据。

第四章：我国中小制造企业"绿色化"驱动因素模型解构。本章首先构建了我国中小制造企业"绿色化"驱动因素的概念框架,并通过相关理论推导出"绿色化"驱动因素的理论模型,其次,在此基础上,对模型涉及的驱动因素、绿色行为和可持续绩效进行解构。最后,结合理论模型和前人研究,辩证地提出相关假设。

第五章:我国中小制造企业"绿色化"驱动因素模型实证分析。首先,介绍了本章运用的统计方法:偏最小二乘法结构方程模型(PLS-SEM)。其次,进行了量表设计和小样本试测,根据试测结果对量表进行修正。最后,对研究数据的收集和描述进行阐述,并通过测量模型、结构模型和多群组分析验证了第四章提出的模型和假设。

第六章:我国中小制造企业"绿色化"驱动因素效率的评估与作用机理优化分析。本章在第五章的研究结论基础上,构建了驱动因素评估的指标体系,并融合 fuzzy-DEMATEL 和 fuzzy-TOPSIS 两种模糊决策评价法对驱动因素的效率进行评估。根据"绿色化"障碍与驱动因素的评估结果,提出我国中小制造企业"绿色化"驱动因素作用机理优化框架与优化方向。

第七章:研究结论与展望。本章主要是对全书的研究结论进行系统性的概述,阐释本研究的理论贡献、政策建议和管理启示。总结本研究的研究不足,并提出未来研究的方向和突破点。

基于以上研究内容,本研究丰富和完善了中小制造企业"绿色化"的理论模型和内涵,拓展并融合了工商管理和管理科学研究方法的运用范围。本研究创新性地提出了"障碍识别—理论推演—要素定位—效率评估—机理优化"的企业"绿色化"驱动因素研究新思路,提炼并总结了企业"绿色化"驱动因素的理论模型,同时融合了 PLS-SEM、fuzzy-DEMATEL 和 fuzzy-TOPSIS 三种方法,为驱动因素的识别和评估研究提供了新方法。本研究研究内容与研究结论有助于为政府决策者推动制造企业高质量发展以及助推中小制造企业绿色转型提供意见参考;为中小制造企业管理者应对经济高质量发展诉求引发的能源与技术变革提供应对策略;为学界研究者在中小制造企业绿色发展相关领域研究提供理论参考。

我国中小制造企业"绿色化"驱动因素的研究博大精深,本研究所涉及的内容仅是冰山一角,在本研究完成之际,正有大量的研究成果不断涌现。由于作者知识结构的局限,以及研究数据获取时间的限制,本研究所构建的框架体系与分析等还存在不尽如人意之处,尚待进一步深入与完善。书中若有不当之处,敬请各位专家、学者和广大读者提出宝贵意见!

感谢参考文献的所有作者,他们的真知灼见给了本研究极大的启示。书中引用的标注如有遗漏,谨此致歉。

感谢四川师范大学商学院、四川大学商学院、四川大学公共管理学院给予的大力支持和帮助。

感谢光明日报出版社对本研究出版给予的支持。

罗莹
2023.11.23

目 录
CONTENTS

第一章 绪 论 ………………………………………………………………… 1
  第一节 研究背景与问题提出 …………………………………………… 1
  第二节 研究目的与意义 ………………………………………………… 7
  第三节 研究方法与技术路线 …………………………………………… 9
  第四节 研究特色与创新点 ……………………………………………… 11

第二章 文献综述 …………………………………………………………… 14
  第一节 "绿色化"相关理论基础 ……………………………………… 14
  第二节 制造企业"绿色化"相关研究 ………………………………… 30
  第三节 相关研究评述 …………………………………………………… 54
  本章小结 …………………………………………………………………… 58

第三章 我国中小制造企业"绿色化"现状及障碍分析 ……………… 59
  第一节 我国中小制造企业"绿色化"现状 …………………………… 59
  第二节 我国中小制造企业"绿色化"障碍识别 ……………………… 64
  第三节 我国中小制造企业"绿色化"障碍评估 ……………………… 73
  本章小结 …………………………………………………………………… 91

第四章 我国中小制造企业"绿色化"驱动因素模型解构 …………… 92
  第一节 我国中小制造企业"绿色化"驱动因素概念框架 …………… 93
  第二节 我国中小制造企业"绿色化"驱动因素理论模型推导 ……… 97
  第三节 我国中小制造企业"绿色化"驱动因素模型要素解构 ……… 112

第四节 "绿色化"驱动因素的作用机理 …… 123
  第五节 "绿色化"行为与企业可持续绩效的关系 …… 142
  第六节 行业类型的调节作用 …… 150
  本章小结 …… 156

第五章 我国中小制造企业"绿色化"驱动因素模型实证分析 …… 157
  第一节 偏最小二乘法结构方程模型（PLS-SEM） …… 157
  第二节 量表设计与形成 …… 158
  第三节 研究数据样本收集与描述 …… 186
  第四节 "绿色化"驱动因素识别 …… 192
  本章小结 …… 216

第六章 我国中小制造企业"绿色化"驱动因素效率的评估与作用机理优化分析 …… 217
  第一节 "绿色化"驱动因素评估指标体系构建 …… 217
  第二节 "绿色化"驱动因素评估方法选择 …… 218
  第三节 "绿色化"驱动因素效率评估 …… 222
  第四节 "绿色化"驱动因素的作用机理优化 …… 235
  本章小结 …… 243

第七章 研究结论与展望 …… 245
  第一节 研究结论 …… 245
  第二节 理论贡献 …… 248
  第三节 实践启示 …… 249
  第四节 研究局限及展望 …… 251

参考文献 …… 253

附录 …… 269
  附录一 我国中小制造企业"绿色化"障碍问卷调查 …… 269
  附录二 我国中小制造企业"绿色化"驱动因素问卷调查 …… 274
  附录三 我国中小制造企业"绿色化"驱动因素评估问卷调查 …… 277

第一章

绪　论

第一节　研究背景与问题提出

在近几十年的发展进程中，制造业在提升国民经济和人民生活质量等方面起到了至关重要的作用。历史与实践证明，工业化有效促进了世界经济的快速增长，但由于全球化步伐的加快和工业化进程的不断推进，污染、资源滥用、气候变化等环境问题已经成为全世界普遍关注的焦点，可持续发展也成为世界各国研究的一个重要课题。美国能源情报署发布的 International Energy Outlook 2017 指出，从 1980 年到 2017 年，全球年均能源消费量从 82.9 亿吨增加到 116.6 亿吨，总增长率超过 40%，年均增长率为 1.33%，International Energy Outlook 2019 参考案例中预测，2018 年至 2050 年间，全球能源消费将增长近 50%，这种增长大部分来自非经济合作与发展组织（non-OECD）的国家，而且这种增长集中在强劲的经济增长正在推动需求的区域，特别是在亚洲。BP Energy Outlook 指出，由于能源使用产生的二氧化碳排放量继续小幅上升，到 2040 年将增加近 10%，并未大幅下降。2015 年，联合国所有成员国通过了《可持续发展目标》方案，作为一项全球行动，呼吁各国在 2030 年前消除贫困，保护地球，确保所有人民享有和平与繁荣，17 个可持续发展目标中有 6 个直接涉及环境保护和改善。英国能源学会公布了 2023 年《世界能源统计年鉴》，报告指出上年全球能源需求增长了 1%，可再生能源创纪录增长但并没有改变化石燃料的主导地位，化石燃料仍占全球能源供应量的 82%。环境恶化和资源枯竭导致了各种社会和经济问题，环境挑战成为实现全球可持续发展目标的一大障碍。

保罗·霍肯（Paul Hanken）于 1994 年出版了《商业生态学》，其开创性工作引起了全世界对工业与环境之间联系的关注，他指出商业领袖和工业专业人士必须公开承担环境退化的责任,社会也希望他们在应对环境危机中发挥主导作用。① 制造业作为资源消耗以及造成环境污染的主要产业,是可持续发展的关键。

由于制造业在采购和获取材料、制造和运输产品、产品使用寿命结束时处理产品以及管理废物等商业活动中采取非法、不道德或不负责任的方式,制造企业成了地区、国家和全球环境与社会经济问题的主要来源之一。② 在这种情况下,即使制造业是全球经济的关键贡献者,但快速的工业化进程也使得制造业难免过度开发自然资源并破坏生态系统,它也成为造成日益严重环境问题的罪魁祸首。③

随着政府、客户、供应商、投资者等利益相关者对制造企业生产活动的监督力度不断加大,制造企业目前受到来源于内外部利益相关者的压力也越来越大,企业被迫将运营重点从单一的经济利益转向协调自然环境绩效和相关社会经济福利上。④ 因此,为了生存和可持续发展,制造企业需要减少甚至消除其生产活动对环境的负面影响,"绿色化"成为制造企业满足利益相关者要求以维持合法性的主要途径。⑤ 制造企业"绿色化",即用可持续的理念设计产品,减少有毒、不可降解的原材料投入量,提高资源利用效率,控制污染物排放,减少甚至消除其生产活动对环境的负面影响。⑥

各个国家都在积极追求绿色发展,特别是21世纪以来,绿色经济、循环经济和低碳经济的概念被提出并付诸实施。但是,各国实施可持续发展的进程并不一致。发达国家,如美国和欧盟成员国,把发展绿色企业作为长期以来的主

---

① HAWKEN P. The Ecology of Commerce [M]. New York: Harper Collins, 1994: 69-91.
② FOO P-Y, LEE V-H, TAN G W-H, et al. A Gateway to Realising Sustainability Performance via Green Supply Chain Management Practices: A PLS-ANN Approach [J]. Expert Systems with Applications, 2018 (107): 1-14.
③ World Economic Forum's System Initiative on Shaping the Future of Production [EB/OL]. The world Economic Forum, 2018-01-12.
④ SPRENGEL D C, BUSCH T. Stakeholder Engagement and Environmental Strategy: the Case of Climate Change [J]. Business Strategy & the Environment (John Wiley & Sons, Inc), 2011, 20 (6): 351-364.
⑤ DEEGAN C. Introduction: The Legitimising Effect of Social and Environmental Disclosures: A Theoretical Foundation [J]. Accounting, Auditing & Accountability Journal, 2002, 15 (3): 282-311.
⑥ VRIES G, TERWEL B W, ELLEMERS N, et al. Sustainability or Profitability? How Communicated Motives for Environmental Policy Affect Public Perceptions of Corporate Greenwashing [J]. Corporate Social Responsibility and Environmental Management, 2015, 22 (3): 142-154.

要策略，而发展中国家（中国和印度）的绿色发展却仍处于初始阶段。我国作为最大的发展中国家，以及世界第一制造大国，在促进全球经济发展的同时，也对环境保护负有主要责任。

目前，我国面临的环境问题依然严峻。2023年3月2日国际能源署（IEA）发布的《2022年二氧化碳排放报告》（CO_2 Emissions in 2022）指出，2022年，全球与能源相关的二氧化碳排放量达368亿吨以上，同比增长0.9%，创下新的历史纪录，中国和美国是两大主要的二氧化碳排放国家，其中，中国碳排放量达到114.77亿吨，占全球碳排放总量的31.19%，美国碳排放总量为50亿吨，占全球碳排放总量的13.59%。[①] 作为全球最大的碳排放国，中国在实现环境可持续发展目标方面受到了广泛关注。英国石油公司（BP）发布的《BP世界能源统计年鉴2022》（BP Statistical Review of World Energy 2022）表明，在能源消费方面也存在类似的现象，2021年，中国能源消费量为157.65艾焦，占全球能源总消费量的26.5%，能源消费量排名第一。[②] 我国制造业在高速发展的同时，也消耗了大量能源并造成了一系列的污染问题。据统计，2020年我国能源总消费量498314万吨标准煤，其中工业能源消费量为332625万吨标准煤，工业能源消费量约占能源总消费量的66.75%，制造业能源消费量为279651万吨标准煤，制造业能源消费量约占能源总消费量的56.12%，制造业能源消费量约占工业能源消费量的84.07%。[③]

为了协调制造企业发展、环境保护与社会福祉的动态平衡，自党的十八大以来，党中央、国务院把生态文明建设摆在更加重要的战略位置，纳入"五位一体"总体布局，做出一系列重大决策部署。《中国制造2025》提出要加快建设制造强国，积极构建高效、清洁、低碳、循环的绿色制造体系，坚持把可持续发展作为建设制造强国的重要着力点，走生态文明的发展道路；2015年10月，习近平总书记在党的十八届五中全会上提出创新、协调、绿色、开放、共享的新发展理念，总书记指出，"绿色发展注重的是解决人与自然和谐问题。绿色循环低碳发展，是当今时代科技革命和产业变革的方向，是最有前途的发展领域，我国在这方面的潜力相当大，可以形成很多新的经济增长点"；习近平总书记在2016年1月5日召开的推动长江经济带发展座谈会上强调，要走生态优

---

① IEA. CO_2 Emissions in 2022 [EB/OL]. IEA, 2023-03-02.
② BP Statistical Review of World Energy 2022 [EB/OL]. Bp Qlobal, 2023-06-28.
③ 能源消费总量数据来源于《2022年中国统计年鉴》，由于《2022年中国统计年鉴》对于工业能源消耗量以及制造业能源消耗量的数据只更新到2020年，因此本研究为了数据的可比性，能源消费总量也选取2020年的数据。

先、绿色发展之路；习近平总书记在2017年10月18日党的十九大报告中提出，必须坚定不移贯彻创新、协调、绿色、开放、共享的发展理念，形成绿色发展方式和生活方式，加快发展先进制造业，在绿色低碳等领域培育新增长点，形成新动能；2018年5月18日，习近平总书记在全国生态环境保护工作会议上强调，绿色发展是形成高质量现代经济体系的重要途径，是解决污染问题的根本途径；2018年12月18日，习近平总书记在庆祝改革开放40周年大会上指出，我们要加强生态文明建设，牢固树立绿水青山就是金山银山的理念，形成绿色发展方式和生活方式，把我们伟大祖国建设得更加美丽，让人民生活在天更蓝、山更绿、水更清的优美环境之中；2020年9月，习近平总书记向世界宣布，中国将力争2030年前实现碳达峰、2060年前实现碳中和；《中华人民共和国国民经济和社会发展第十四个五年规划和2035年远景目标纲要》提出要推动绿色发展，促进人与自然和谐共生，提升生态系统质量和稳定性、持续改善环境质量、加快发展方式绿色转型；2021年9月22日《中共中央 国务院关于完整准确全面贯彻新发展理念做好碳达峰碳中和工作的意见》文件发布，提出了十方面的31项重点任务；2021年10月24日，国务院印发了《2030年前碳达峰行动方案》提出碳达峰的十大行动；2021年11月15日，工业和信息化部印发《"十四五"工业绿色发展规划》提出工业绿色发展的九大任务和四项保障措施，旨在实现"到2025年，工业产业结构、生产方式绿色低碳转型取得显著成效，绿色低碳技术装备广泛应用，能源资源利用效率大幅提高，绿色制造水平全面提升，为2030年工业领域碳达峰奠定坚实基础"的主要目标；2022年10月16日，习近平总书记在党的二十大报告中提出坚持把发展经济的着力点放在实体经济上，推进新型工业化，推动制造业高端化、智能化、绿色化发展。除此之外，政府还推出了各种面向市场的低碳政策计划，包括碳交易市场（2017年在发电行业初步实施）、清洁制造技术推广等。由此可见，"绿色化"已成为我国重要战略议程之一，也是制造业实现高质量发展的关键途径与必然选择。

虽然发达国家对"绿色化"进行了大量研究，但发展中国家的相关研究较少。[①] 此前的研究表明，未来几十年，亚洲制造企业的环境问题将变得越来

---

① GANDHI N S, THANKI S J, THAKKAR J J. Ranking of Drivers for Integrated Lean-Green Manufacturing for Indian Manufacturing SMEs [J]. Journal of Cleaner Production, 2018, 171: 675-689.

越严重。① 与发达国家不同，发展中国家的市场机制往往效率低下。此外，为了避免落入中等收入陷阱，发展中国家将更多的精力投入经济增长中，导致环境法律制度不完善。② 基于此，发展中国家缺乏良好的市场环境和法律制度来促进制造企业自觉进行绿色转型。因此，已有一些学者致力于研究哪些因素能够刺激发展中国家制造企业采取绿色实践，③ 从而找出制造企业"绿色化"的驱动因素。虽然我国属于新兴经济体，但情况比其他新兴经济体要特殊得多。作为世界上最大的转型经济体和最大的制造业国家，国际社会对中国的可持续发展提出了更高的要求。④

国务院促进中小企业发展工作领导小组第一次会议于2018年8月20日在北京召开，会议指出，我国中小企业具有"五六七八九"的典型特征，贡献了50%以上的税收、60%以上的GDP、70%以上的技术创新、80%以上的城镇劳动就业、90%以上的企业数量，因此，要充分认识促进中小企业发展的重要性。《2016中国环境状况公报》指出，中小企业造成的污染占到了污染总量的60%以上。中小制造企业作为中小企业的主要组成部分，由于设备陈旧、技术落后、劳动力素质低、金融资源不足、不可持续的生产方式，也成了我国主要污染来源之一。2021年12月，工业和信息化部联合国家发展改革委、科技部、财政部等19个部门和单位发布了《"十四五"促进中小企业发展规划》，规划提出了"十四五"时期促进中小企业发展的5个目标、7项任务和9大工程，其中"中小企业绿色发展促进工程"是9大工程之一。同时，由于我国中小企业具有涵盖范围广、产业类别齐全，清晰把握市场趋势、对市场需求更敏感，组织结构更具柔性、能够快速适应战略变化，具有较短的决策链、决策可以得到快速反馈

---

① DIABAT A, GOVINDAN K. An Analysis of the Drivers Affecting the Implementation of Green Supply Chain Management [J]. Resources, Conservation and Recycling, 2011, 55 (6): 659-667.
② YE G, ZHAO J. Environmental Regulation in a Mixed Economy [J]. Environmental and Resource Economics, 2016, 65 (1): 273-295.
③ SETH D, REHMAN M A A, SHRIVASTAVA R L. Green Manufacturing Drivers and Their Relationships for Small and Medium (SME) and Large Industries [J]. Journal of Cleaner Production, 2018 (198): 1381-1405.
④ QIN Y, HARRISON J, CHEN L. A Framework for the Practice of Corporate Environmental Responsibility in China [J]. Journal of Cleaner Production, 2019 (235): 426-452.

等特点，相较于大型企业更容易实施"绿色化"。因此，为了全面推进我国制造业绿色发展的进程，我国中小制造企业亟须向兼顾实现经济增长、资源节约和环境友好的绿色发展模式转变。

面对如此巨大的转型压力，以往的研究表明，我国大多数制造企业虽具有环境使命或理念，但是由于绿色发展是一项典型创造正外部性的活动，为第三方创造正向价值；成本—收益的不均衡使得中小制造企业对实施绿色发展持保留态度；市场机制、环境法规的不完善，无法促使中小制造企业自觉、积极地实施绿色实践等原因，目前中小制造企业的绿色发展大多停留在纸上谈兵的阶段，并未付诸实践，这恰好是中小制造企业"绿色化"动力不足的表现。

那么，我国中小制造企业绿色转型的驱动因素是什么，它们如何影响中小制造企业的绿色实践行为，是本研究需要研究的问题。如果企业无法从实施绿色制造中获得可持续利益，它们将失去绿色发展的原始动力，那么有必要在我国背景下探寻"绿色化"对我国中小制造企业绩效的影响。只有明确绿色发展带来的绩效，识别促进我国中小制造企业实施绿色行为的驱动要素，靶向瞄准关键驱动因素，才能有的放矢，全面推进我国中小制造企业"绿色化"的进程。另外，在不同行业类型背景下测试"绿色化"驱动因素、绿色行为与可持续绩效的关系也是重要的研究内容。

目前为止，很少有学者从不同的文化背景出发，运用不同的理论方法研究绿色制造、绿色行为和绿色驱动因素，① 关于绿色驱动因素的研究大多集中在整个制造业②。扎米尔（Zameer）等指出，当前关于绿色驱动因素的结果仍然模棱两可，需要学者进一步讨论，然而能够全面回答上述问题的文献却相对较少。③ 现有文献既没有全面结合研究背景识别驱动因素，也没有通过系统推导的成熟理论来解释驱动因素、绿色行为和绩效之间的关系，更没有在识别、评估

---

① RAUT R D, NARKHEDE B, GARDAS B B. To Identify the Critical Success Factors of Sustainable Supply Chain Management Practices in the Context of Oil and Gas Industries: ISM Approach [J]. Renewable and Sustainable Energy Reviews, 2017 (68): 33-47; BÜYÜKÖZKAN G, ÇIFÇI G. A Novel Hybrid MCDM Approach Based on Fuzzy DEMATEL, Fuzzy ANP and Fuzzy TOPSIS to Evaluate Green Suppliers [J]. Expert Systems with Applications, 2012, 39 (3): 3000-3011.

② MITTAL V K, SANGWAN K S. Ranking of Drivers for Green Manufacturing Implementation Using Fuzzy Technique for Order of Preference by Similarity to Ideal Solution Method [J]. Journal of Multi-Criteria Decision Analysis, 2015, 22 (1-2): 119-130.

③ ZAMEER H, WANG Y, YASMEEN H. Reinforcing Green Competitive Advantage through Green Production, Creativity and Green Brand Image: Implications for Cleaner Production in China [J]. Journal of Cleaner Production, 2019, 247 (2): 119119.

绿色驱动因素的基础上进一步剖析"绿色化"驱动因素的作用机理优化方向。因此，为了填补这些空白，本研究拟解决以下问题：第一，探析我国中小制造企业"绿色化"面临的障碍，为识别我国中小制造企业"绿色化"驱动因素提供现实依据；第二，从环境经济学、管理学、绩效评价等领域的理论出发，推导"绿色驱动因素—绿色行为—可持续绩效"的理论模型；第三，检验绿色驱动因素、绿色行为和可持续绩效之间的关系；第四，评估"绿色化"驱动因素的效率，识别关键驱动因素；第五，根据"绿色化"障碍、"绿色化"驱动因素的识别和评估结果，提出我国中小制造企业"绿色化"驱动因素作用机理的优化框架和方向。

第二节 研究目的与意义

"绿色化"是一种企业进行自我提升的发展模式，它将产品、工艺设计、制造规划与控制相结合，以识别、量化、评估和管理造成环境污染的废物，其目的是最小化对环境的影响，同时尽量提高资源利用率，以实现经济、环境、资源和社会效益的协调发展为目标。"绿色化"是我国中小制造业高质量发展的必然趋势与选择，它是一个组织变革、转型升级的过程。组织变革的主要目标是从现状向更好的状态过渡，而中小制造企业"绿色化"则是从环境不友好、不可持续的生产运营方式向可持续发展的生产运营方式转变。但是我国中小制造企业"绿色化"是一项复杂的工程，改变它们的传统生产运营模式，进行绿色变革及转型必然会遭受来自不同层面的阻力。抵制绿色变革且缺乏对新机遇的适当应对可能会导致我国中小制造企业的不可持续发展，而由中小制造企业实施绿色行为所带来的可持续绩效便成了其绿色转型的主要理由。我国中小制造企业"绿色化"需要企业、社会和政府的共同推动，不仅需要企业制订可持续发展的愿景，还需要识别和分析其"绿色化"进程中的障碍，以及那些能够消除我国中小制造企业"绿色化"发展中的阻力并其推动实现可持续绩效的"绿色化"驱动因素。

因此，本研究的主要研究目的是通过对我国中小制造企业"绿色化"障碍的分析以及相应理论的推导，明确"绿色化"驱动因素、"绿色化"行为与我国中小制造企业可持续绩效之间的关系，用中小制造企业"绿色化"关键驱动因素结合"绿色化"障碍的实证结果，探寻"绿色化"驱动因素的作用机理优化框架与方向。本研究的研究意义与价值体现在以下五方面：

从研究对象角度看，有利于推动我国中小制造企业"绿色化"驱动因素相关研究。由于各个国家的发展背景及现实需要不同，不同国家制造业"绿色化"的进程也不尽相同，国外对于制造业"绿色化"驱动因素的研究不能完全适用于我国的现实情境。大型企业与中小企业资源配置、经营方式等方面存在差距，关于我国制造企业"绿色化"的研究也应分别对其进行分析。本研究以我国中小制造企业为研究对象，并分行业类型对"绿色化"驱动因素进行探讨，有助于推动以此为切入点的其他我国中小制造企业相关研究的发展。

从研究理论角度看，有利于丰富和完善中小制造企业"绿色化"的理论模型和内涵。本研究系统梳理了企业社会责任、利益相关者、可持续发展三大理论的发展沿革，从理论视角上明确了绿色发展趋势和必要性。本研究从环境经济学、管理学、绩效评价等领域的理论出发，充分考虑经济创造力、资源利用效率、生态系统承载能力、社会服务力等因素，推导出中小制造企业"绿色化"的理论模型，丰富了中小制造企业"绿色化"的科学内涵。

从研究方法角度看，有利于拓展并融合工商管理和管理科学研究方法的运用范围。工商管理和管理科学虽同属于管理学领域，但是研究方法相差较大。本研究运用解释结构模型（Interpretative Structural Modeling，ISM）识别我国中小制造企业"绿色化"障碍，在此基础上使用偏最小二乘法的结构方程模型（PLS-SEM）评估驱动因素、绿色行为和可持续绩效的关系，结合测算结果融合fuzzy-DEMATEL和fuzzy-TOPSIS两种方法评估驱动因素效率，不仅扩展了方法的适用范围，也创新了方法的整合运用方式。

从研究应用角度看，有利于加快我国中小制造企业"绿色化"进程。本研究在明确我国中小制造企业"绿色化"的障碍和驱动因素，并评估关键驱动因素的基础上，分析了"绿色化"驱动因素的作用机理优化框架及方向。研究结果具有借鉴价值，有利于从政府、社会公众和企业三个层面出发，加快中小制造企业"绿色化"进程，使其提升绿色竞争力、获取竞争优势并创造更好的经济效益，对我国中小制造企业绿色转型具有一定的指导意义。

从社会效益角度看，有利于保护环境、节约资源。通过我国中小制造企业"绿色化"障碍、驱动因素的识别与评估，以及"绿色化"驱动因素的作用机理优化分析，政策制定将更加精准，社会监管途径也会更加完善，中小制造企业的发展将兼顾经济效益、生态承载力、资源利用率和社会福利。绿色生态产业链的形成，也将进一步推动我国制造业的可持续发展。

第三节　研究方法与技术路线

本研究遵循"提出问题—分析问题—解决问题"的研究思路，首先，通过文献分析法和田野调查法分析了我国制造业发展现状，明确了制造业绿色发展的必然趋势，结合我国中小制造企业的特点和重要性提出了其"绿色化"的必要性。其次，根据文献梳理和与中小制造企业管理者实际访谈结果，明确了我国中小制造企业"绿色化"障碍，通过ISM明晰了障碍的层级，为"绿色化"驱动因素的评估提供了实践依据。再次，在理论推导和总结前人研究成果的基础上，构建了我国中小制造企业"绿色化"驱动因素模型，运用偏最小二乘结构模型（PLS-SEM）验证了该模型。然后，结合模型验证结果，采用模糊决策评价法评估了我国中小制造企业"绿色化"驱动因素效率。最后，综合本研究研究成果，提出我国中小制造企业"绿色化"驱动因素作用机理优化建议。本研究使用的研究方法如下，研究技术路线见图1-1。

文献分析法。借助图书馆以及CNKI、EBSCO、WOS、ScienceDirect等中外文电子数据库，对国内外制造业绿色发展、绿色制造驱动因素等相关资料（包括学术论文、专著、新闻报道、政策等）进行检索、整理、对比和分析，明确了本研究的研究主题和方向。相关成熟理论的梳理以及对前人关于"绿色化"障碍和驱动因素的相关成果的提炼和总结，为"绿色化"驱动因素的识别、模型构建和作用机理优化提供了可靠有效的理论支撑。

访谈研究法。本研究采取非结构访谈方式访谈了中小制造企业高层管理者，初步探究了我国中小制造企业"绿色化"面临的障碍。同时，为了使量表更加符合我国中小制造企业实际现状，本研究采取了半结构访谈形式访谈了中小制造企业高层管理者，以科学有效地评估本研究构建的"绿色化"驱动因素理论模型。两轮访谈为本研究的分析提供了一手真实资料，使研究更具有应用价值和实践意义。

问卷调查法。本研究的问卷调查分为三个阶段：第一阶段是专家问卷调查，主要用于评估我国中小制造企业"绿色化"障碍；第二阶段主要是通过网络定向分发问卷的方式验证我国中小制造企业"绿色化"驱动因素、绿色行为以及可持续绩效之间的关系；第三阶段也是专家问卷调查，是在第二阶段问卷调查研究成果的基础上，评估我国中小制造企业"绿色化"驱动因素的效率。

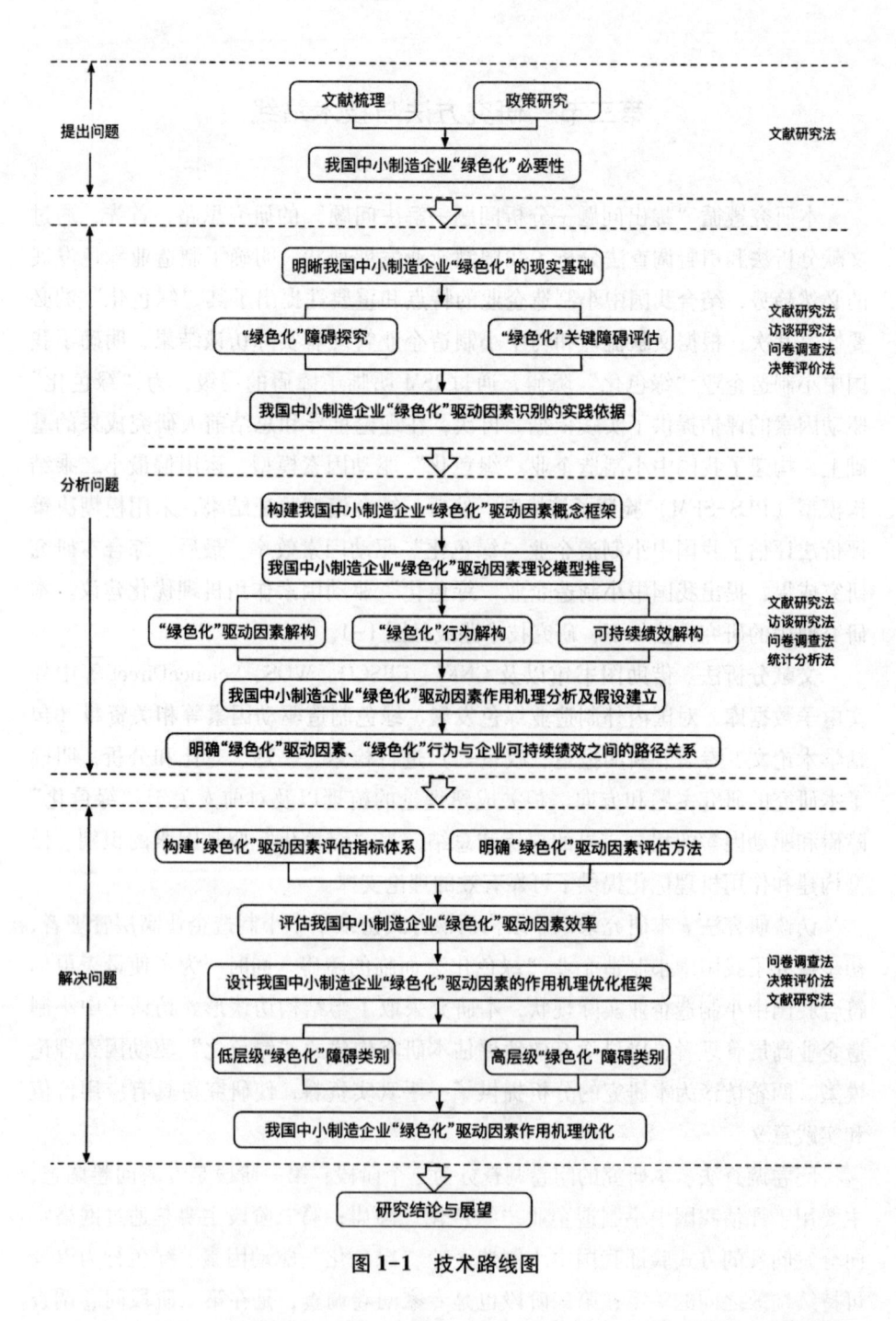

```
┌─────────────┬──────────────────────────────────────────────────┬──────────┐
│             │  ┌──────────┐      ┌──────────┐                  │          │
│  提出问题   │  │ 文献梳理 │      │ 政策研究 │                  │ 文献研究法│
│             │  └─────┬────┘      └─────┬────┘                  │          │
│             │        └────────┬────────┘                       │          │
│             │        ┌────────▼──────────────┐                 │          │
│             │        │我国中小制造企业"绿色化"│                 │          │
│             │        │       必要性           │                │          │
│             │        └───────────────────────┘                 │          │
├─────────────┼──────────────────────────────────────────────────┼──────────┤
│             │  ┌──────────────────────────────────┐            │ 文献研究法│
│             │  │明晰我国中小制造企业"绿色化"的现实基础│          │ 访谈研究法│
│             │  └──────────────────────────────────┘            │ 问卷调查法│
│             │   ┌──────────────┐   ┌──────────────────┐        │ 决策评价法│
│             │   │"绿色化"障碍探究│   │"绿色化"关键障碍评估│       │          │
│             │   └──────────────┘   └──────────────────┘        │          │
│             │   ┌────────────────────────────────────────┐     │          │
│             │   │我国中小制造企业"绿色化"驱动因素识别的实践依据│    │          │
│             │   └────────────────────────────────────────┘     │          │
│  分析问题   │   ┌────────────────────────────────────────┐     │          │
│             │   │构建我国中小制造企业"绿色化"驱动因素概念框架│     │          │
│             │   └────────────────────────────────────────┘     │ 文献研究法│
│             │   ┌────────────────────────────────────────┐     │ 访谈研究法│
│             │   │我国中小制造企业"绿色化"驱动因素理论模型推导│     │ 问卷调查法│
│             │   └────────────────────────────────────────┘     │ 统计分析法│
│             │   ┌────────────┐┌────────────┐┌────────────┐    │          │
│             │   │"绿色化"驱动 ││"绿色化"行为 ││ 可持续绩效  │    │          │
│             │   │  因素解构   ││    解构    ││    解构    │    │          │
│             │   └────────────┘└────────────┘└────────────┘    │          │
│             │   ┌────────────────────────────────────────┐     │          │
│             │   │我国中小制造企业"绿色化"驱动因素作用机理分析及假设建立│ │          │
│             │   └────────────────────────────────────────┘     │          │
│             │   ┌────────────────────────────────────────┐     │          │
│             │   │明确"绿色化"驱动因素、"绿色化"行为与企业可持续绩效之间的路径关系│ │          │
│             │   └────────────────────────────────────────┘     │          │
├─────────────┼──────────────────────────────────────────────────┼──────────┤
│             │  ┌──────────────────┐  ┌──────────────────┐     │          │
│             │  │构建"绿色化"驱动因素│  │明确"绿色化"驱动因素│    │          │
│             │  │    评估指标体系    │  │      评估方法      │    │          │
│             │  └──────────────────┘  └──────────────────┘     │          │
│             │  ┌────────────────────────────────────┐         │          │
│             │  │评估我国中小制造企业"绿色化"驱动因素效率│        │ 问卷调查法│
│  解决问题   │  └────────────────────────────────────┘         │ 决策评价法│
│             │  ┌────────────────────────────────────────┐     │ 文献研究法│
│             │  │设计我国中小制造企业"绿色化"驱动因素的作用机理优化框架│ │          │
│             │  └────────────────────────────────────────┘     │          │
│             │  ┌──────────────────┐  ┌──────────────────┐     │          │
│             │  │低层级"绿色化"障碍类别│ │高层级"绿色化"障碍类别│   │          │
│             │  └──────────────────┘  └──────────────────┘     │          │
│             │  ┌────────────────────────────────────┐         │          │
│             │  │我国中小制造企业"绿色化"驱动因素作用机理优化│     │          │
│             │  └────────────────────────────────────┘         │          │
├─────────────┴──────────────────────────────────────────────────┴──────────┤
│                      ┌──────────────┐                                    │
│                      │ 研究结论与展望│                                    │
│                      └──────────────┘                                    │
└───────────────────────────────────────────────────────────────────────────┘
```

图 1-1 技术路线图

统计分析法。本研究运用 PLS-SEM 验证了"绿色化"驱动因素的测量模型和结构模型,确保了数据样本的可靠性和有效性,并明确了"绿色化"驱动因素、绿色行为和可持续绩效的路径关系。同时，采取偏最小二乘法多群组分析（PLS-MGA）验证了在不同行业背景下"绿色化"驱动因素对绿色行为的影响是否存在差异。

决策评价法。通过运用 ISM 识别了我国中小制造企业"绿色化"关键障碍。在明确中小制造业"绿色化"发展的驱动因素后，构建了评估指标体系，采用 fuzzy-DEMATEL 的方法测度评估准则之间的影响度与被影响度，并为其赋权；采用 fuzzy-TOPSIS 的方法测算驱动因素最优解、最劣解的距离，以此对驱动因素进行排序，识别出关键驱动因素，为"绿色化"驱动因素的作用机理优化提供了实证支撑。

第四节 研究特色与创新点

本研究的研究主题是我国中小制造企业"绿色化"驱动因素，围绕这一研究主题，本研究首先对"绿色化"的相关理论和"绿色化"相关研究进行了梳理，明确了研究方向。为了更加全面地识别我国中小制造企业"绿色化"的驱动因素，本研究首先阐释了我国中小制造企业在绿色转型中所面临的障碍，通过对关键障碍的评估和分析，明确了我国中小制造企业"绿色化"的突破方向，为识别我国中小制造企业"绿色化"驱动因素提供了现实依据。通过成熟理论推导我国中小制造企业"绿色化"模型并对模型概念进行维度解构，为识别"绿色化"驱动因素奠定了理论基础。运用相关统计方法验证了"绿色化"驱动因素模型的路径关系，为识别"绿色化"驱动因素提供了实证数据支撑。结合实证研究结果，运用模糊决策评价法测算出关键驱动因素，并综合考虑"绿色化"障碍与"绿色化"驱动因素识别及评估的实证结果，进一步剖析了我国中小制造企业"绿色化"驱动因素的作用机理优化方向。为了确保研究结论的科学性，本研究在障碍识别、模型构建、假设建立、量表设计、效率评估、机理优化等过程中都充分考虑了现有文献的研究成果和我国中小制造企业面临的实际现状。本研究的创新点主要体现在如下三方面：

一、提出了"绿色化"驱动因素的理论推导模型

已有研究对于绿色驱动因素的理论分析，仅局限于从利益相关者、企业社会责任、资源基础观（RBV）等单一理论视角出发构建研究模型。根据"动机—行为—绩效"的思路，本研究首先构建了"绿色化""驱动因素—绿色行

为—可持续绩效"的概念框架。本研究从公共物品理论与外部性理论出发，首先明确了环境资源的特质，并结合制度理论、利益相关者理论与合法性理论分析了企业的环境压力来源。企业受到了来自各方的压力，就需要接受来自各方的监管，本研究根据庇古税、科斯定理和多中心治理的主要思想，从理论层面阐释了环境监管的参与主体，除了明确企业的环境监管参与主体，TOE (Technology-Organization-Environment) 框架和自然资源基础观 (NRBV) 还证实了技术对于"绿色化"的支撑作用。因此，本研究"绿色化"驱动因素分为技术、政策、企业和社会四大维度。本研究运用产品生命周期理论界定了绿色行为的维度和内容，并结合三重底线理论 (Triple Bottom Line, TBL) 和公共物品理论将企业的可持续绩效划分为经济绩效、环境绩效、资源绩效和社会绩效四个部分。通过上述理论的推演，本研究最终形成了我国中小制造企业"绿色化"驱动因素的理论模型。

二、构建了评估"绿色化"驱动因素的新型评价体系

现有聚焦于绿色驱动因素的研究主要分为两类，一类运用多元回归、结构方程模型等统计方法明确哪些要素能够促进企业的绿色发展；另一类则运用 AHP、TOPSIS 等专家评估的方法对已被证实的绿色驱动因素进行排序。本研究对以上两种研究进行了融合，首先运用偏最小结构二乘法验证了哪些要素能够促进我国中小制造企业"绿色化"，再根据本研究构建的理论模型，以企业可持续绩效为评估准则，以本研究识别的"绿色化"驱动因素为评估指标，运用模糊决策分析法评价驱动因素的效率。传统研究对于驱动因素的评估大多假设评估指标的评估准则是相对独立的，且准则赋权仅以专家判断为标准。但可持续绩效所涉及的四方面在一定程度上是具有耦合关系的，应该以准则之间的影响度和被影响的强度为准则赋权的标准。定性评价中专家的评价往往通过语言来表达，导致无法获取精确值进行评估，而模糊数能够很好地解决这一问题。考虑以上因素，本研究引入了 DEMATEL 的方法测算评估经济绩效、环境绩效、资源绩效和社会绩效的权重，用 TOPSIS 的方法评估"绿色化"驱动因素的效率。综上，本研究结合 PLS-SEM、DEMATEL 和 TOPSIS 3 种方法，构建了评估"绿色化"驱动因素的新型评价模型。

三、设计了"绿色化"驱动因素作用机理优化的框架

以往关于"绿色化"驱动因素作用机理的研究，都较多关注单个驱动因素如何影响企业实施"绿色化"行为。但为了更加科学、全面地优化"绿色化"

驱动因素的作用机理，本研究在"绿色化"障碍与"绿色化"驱动因素的识别与评估的实证研究结果的基础上，综合分析了"绿色化"障碍、"绿色化"驱动因素与"绿色化"行为之间的关系。本研究将我国中小制造企业"绿色化"障碍划分为具有相互影响关系但阻力效应不同的6个层级，源于企业层面的低层级"绿色化"障碍最容易被解决，因此，借助与之对应的单一"绿色化"驱动因素就能有效促进企业实施"绿色化"行为。而对于来源于技术和政策层面的高层级"绿色化"障碍，通常需要借助驱动因素之间的相互促进作用或者多个驱动因素的共同作用来增强驱动力，以有效解决高层级障碍的阻力效应，进一步为中小制造企业实施"绿色化"行为提供可能性。综上，根据"绿色化"障碍阻力层级的不同，本研究有针对性地设计了解决低层级"绿色化"障碍和解决高层级"绿色化"障碍这两种情况下的"绿色化"驱动因素作用机理优化框架。

第二章

文献综述

本研究的研究重点主要有两个：一是哪些因素能够驱动我国中小制造企业"绿色化"；二是这些驱动因素如何作用于我国中小制造企业的绿色发展。企业社会责任理论要求企业积极承担相关环境责任；利益相关者理论认为管理者进行经营管理活动需要综合平衡各方利益相关者的诉求；可持续发展理论关注企业的经济效益与生态效益的双重发展，这些理论为中小制造企业"绿色化"提供了理论基础。"绿色化"驱动因素存在的根本原因，是制造企业实施"绿色化"能够创造正面效益，而"绿色化"的本质是制造企业实施相应的绿色行为。因此，企业绩效是"绿色化"驱动因素的最终目标，"绿色化"行为则是"绿色化"驱动因素与企业绩效之间的有机契合点。为了科学分析"绿色化"驱动因素及其作用机理，需在界定"绿色化"驱动因素、"绿色化"行为和企业绩效的含义与内容的基础上，分析三者之间的关系。综上，本章将从制造企业"绿色化"相关理论基础、"绿色化"驱动因素、"绿色化"行为以及"绿色化"与企业绩效关系等四方面展开文献述评。

第一节 "绿色化"相关理论基础

随着全球工业化的不断推进，中小制造企业在经济价值创造中扮演着越来越重要的角色，但中小制造企业在做出贡献的同时，也对环境造成了极大的破坏。因此，中小企业的绿色发展已逐渐成为一个重要的研究领域。理论作为探索行为、事件和思想发生的原因和方式的途径之一，它有助于理解、描述、解释和预测现象。企业绿色发展是一个不断演进的过程，是由许多理论相互影响并逐渐交互完善的结果，本研究认为中小制造企业"绿色化"主要涉及企业社会责任理论、利益相关者理论和可持续发展理论等。

一、企业社会责任理论

企业社会责任的概念首次由英国学者谢尔顿（Sheldon）在1924年提出，他认为企业的社会责任应将道德因素考虑在内。1932年阿道夫·伯利（Adolf Berle）与梅里克·多德（Merrick Dodd）两名美国著名公司法学家也针对企业的社会责任问题展开了探讨。但是，直到1953年霍华德·鲍恩（Howard Bowen）出版的《商人的社会责任》，才首次将企业与社会的关系理论化。[①] 由于这本书产生的广泛影响，鲍恩被称为"企业社会责任之父"，他认为大公司是权力的中心，因此这些公司的战略与行为可以在各方面对公民的生活产生重大影响，他将商人的社会责任定义为："商人有义务奉行那些政策，做出那些决定，或者遵循那些符合我们社会目标和价值观的行动方针。"[②] 此后，"商人社会责任"逐渐演变为"企业社会责任"（CSR）。1970年，经济发展委员会（CED）出版了《企业社会政策新原理》，进一步实现了企业社会责任合理化的突破，[③] 该书指出，如果企业所处的社会环境恶化，企业将失去其重要的支持结构，因此，为社会提供福祉符合企业的长远利益。

企业社会责任主要是描述企业对经济收益、社会和谐和环境保护所负有的责任，不同学者对企业社会责任的定义不同。戴维斯（Davis）认为企业社会责任是一个复杂的系统性概念，应该从管理学的角度进行界定，即企业通过将狭隘的经济、技术和法律要求考虑在内，做出相应反应，以实现社会、环境以及传统的经济利益，并能够均衡各方利益相关者的需求，同时他也指出企业所承担的社会责任应与其影响力相匹配，这就是著名的"责任定律"。[④] 随后，美国佐治亚大学的卡罗尔（Carroll）提出了"企业社会责任综合说"[⑤]，他认为企业社会责任是社会对企业在法律、伦理、慈善等方面的期望，而不单是承担经济

---

① LEE M-D P. A Review of the Theories of Corporate Social Responsibility: Its Evolutionary Path and the Road Ahead [J]. International Journal of Management Reviews, 2008, 10 (1): 53-73.

② BOWEN H R. Social Responsibiliies of the Businessman [M]. Lowa: University of Lowa Press, 2013: 6.

③ LEE M-D P. A Review of the Theories of Corporate Social Responsibility: Its Evolutionary Path and the Road Ahead [J]. International Journal of Management Reviews, 2008, 10 (1): 53-73.

④ DAVIS K. Case for and Against Business Assumption of Social Responsibilities [J]. Academy of Management Journal, 1973, 16 (2): 312-322.

⑤ CARROLL A B. A Three-Dimensional Conceptual Model of Corporate Social Responsibility [J]. The Academy of Management Review, 1979, 4 (4): 479-505.

责任，所以一个完整的企业社会责任概念应当是这四种责任的综合，在此研究基础上，1991年他进一步创立了企业社会责任的全新框架——"金字塔模型"①。

卡罗尔的开创性工作点燃了研究者对研究企业社会责任理论框架的兴趣，20世纪70年代，一大批学者开始通过更精准的范畴来定义企业的社会责任的概念。但是，沃陶（Votaw）指出，在这一时期，每位学者关注点的不同导致他们所界定的企业社会责任这一概念的含义也不尽相同，有的学者更关注企业社会的法律责任，有的学者更偏向于社会伦理，甚至还有很多学者单纯地将慈善等同于企业社会责任。这一时期也有学者认为研究企业社会责任问题的关键在于明确企业如何响应社会责任及如何处理响应的结果，而不仅是识别它们应当承担哪些责任。② 卡罗尔也提出了"社会责任—社会问题—社会响应"的模型，并罗列出了一些与社会问题相关的领域，包括消费主义、环境、歧视、产品安全、职业安全和股东。他指出企业的社会反应是企业应对社会问题的策略，并确定了反应型、防御型、调节型和主动型四种策略。③ 在卡罗尔的研究基础上，企业社会责任理论又逐渐演变出了企业社会响应和社会表现两大理论。卡罗尔将企业社会响应界定为"企业在面对各种压力时所作出的回应，是它们在承担社会责任的过程中所具体实施的行动"④。伍德（Wood）认为社会表现是一种系统的架构，它是由企业所具备的社会责任原则、社会的响应过程、社会问题和相关结果组成。⑤ 正是这些以结果为导向的研究使得企业社会责任的相关研究跳出传统的研究模式，转而向衡量企业社会责任的实证研究发展。

国内对于企业社会责任的研究相对于西方国家较晚，主要经历了起步、初步发展、快速发展三个阶段。起步阶段对于企业社会责任概念的界定比较琐碎，

---

① CARROLL A B. The Pyramid of Corponte Social Responsibility: Toward the Management of Organizational Stakeholders [J]. Business Horizons, 1991, 34 (4): 39-48.
② VOTAW D. Corporate Social Reform - Educators Viewpoint [J]. California Management Review, 1973, 15: 67-73.
③ CARROLL A B. A Three - Dimensional Conceptual Model of Corporate Social Responsibility [J]. The Academy of Management Review, 1979, 4 (4): 479-505.
④ CARROLL A B. Managing Ethically with Global Stakeholders: A Present and Future Challenge [J]. Academy of Management Executive, 2004, 18 (2): 114-120.
⑤ WOOD D J. Corporate Social Performance Revisited [J]. Academy of Management Review, 1991, 16 (4): 691-718.

理解也相对狭窄；初步发展阶段对企业社会责任的理解出现了狭义和广义的分歧，且企业应履行社会责任的范畴认识呈现多样化的特点，研究尽管取得了初步进展，但总体上研究成果总量还比较有限，有创新性和有深度的概念探讨还不多见；快速发展阶段研究重点集中于公益捐赠、对员工负责、遵纪守法、关心环境和节约资源等方面。不同阶段的学者对于企业社会责任研究的代表性观点如表2-1所示。

表2-1　国内学者关于企业社会责任的定义

阶段	主要观点	来源
起步阶段 （20世纪80年代中期—20世纪90年代后期）	企业出于自愿，以积极主动的态度参与社会活动、解决社会问题，为社会做出贡献	王秋丞 （1987）
	企业在营销活动中有客观存在的、有义务完成的、维护公众利益、保证经济增长、促进社会发展方面的责任	徐淳厚 （1987）
	企业在争取自身生存与发展的同时，面对社会需要和各种社会问题，为维护国家、社会和人类的根本利益，需承担的义务	袁家方 （1990）
	公司不能仅以最大限度地为股东谋求利润作为自己唯一存在的目的，而应当负有维护和增进社会其他主体利益的义务	刘俊海 （1997）
初步发展阶段 （20世纪90年代末—2005年年末）	创设于企业经济责任之外、独立于企业经济责任并与经济责任相对应的另一类企业责任是企业在谋求股东利润最大化之外所应负有的维护和增进社会利益的义务	卢代富 （2002）
	企业社会责任是指企业应该承担的以利益相关者为对象，包含经济责任、法律责任和道德责任在内的一种综合责任	周祖城 （2005）
快速发展阶段 （2006年年初至今）	企业对股东、员工、客户、供应商、社区等利益相关者以及自然环境承担责任，以实现企业与经济社会可持续发展的协调统一	国家电网 （2006）

从20世纪80年代开始，逐渐有企业开始将保护环境作为社会责任的一部分，并纳入经营管理范畴中。因此，一批学者从企业社会责任的角度出发，研究企业的绿色管理、环境保护等问题。随着公众对环境可持续性的日益关注和

管理层的日益重视，企业环境责任已成为企业社会责任的重要组成部分。[1] 埃尔金顿（Elkington）最早提出了企业社会责任三重底线的概念，他认为企业的行为要同时满足经济、社会与环境三重底线，这是社会公众对企业提出的最低要求，遵循三重底线是保障企业生存与发展的前提条件。[2] TBL 从企业与社会之间的关系出发，明确企业应当承担经济、社会与环境责任，逐渐成为理解企业社会责任概念与内容的理论基础。

过去几十年来，有关环境问题的各种政治、社会和经济压力相继出现，不断促使各个企业在其战略和运营前景中更多地考虑这些问题。企业的竞争力已经不再是简单地以低成本生产高质量产品，而更多地体现在承担社会责任和处理社会问题上。[3] 将企业社会责任（CSR）倡议纳入组织被认为是实现可持续绩效的战略工具。[4] 自然环境已成为企业运营获取"可持续性"竞争力和承担社会责任的关注重点。[5] 不论是国外学者还是国内学者，对于企业社会责任的研究趋势的把握上，都将环境保护、资源节约等绿色理念纳入研究范畴之中。国合会"中国绿色发展中的企业社会责任"专题政策研究项目组指出，全球企业社会责任的演变主要经历了三个阶段：第一阶段是将企业慈善作为其主要特征；第二阶段的主要特征则为合规经营；第三阶段则顺应时代特性以绿色发展为特征。[6]

---

[1] MITCHELL R K, AGLE B R, WOOD D J. Toward a Theory of Stakeholder Identification and Salience: Defining the Principle of Who and What Really Counts [J]. Academy of Management Review, 1997, 22 (4): 853-886; KARASSIN O, BAR-HAIM A. Multilevel Corporate Environmental Responsibility [J]. Journal of Environmental Management, 2016 (183): 110-120.

[2] ELKINGTON J. Partnerships from Cannibals with Forks: The Triple Bottom Line of 21st-Century Business [J]. Environmental Quality Management, 1998, 8 (1): 37-51.

[3] PORTER M E, KRAMER M R. Strategy and Society: the Link Between Competitive Advantage and Corporate Social Responsibility [J]. Harvard Business Review, 2006, 84 (12): 78.

[4] SUGANTHI L. Examining the Relationship between Corporate Social Responsibility, Performance, Employees' Pro-Environmental Behavior at Work with Green Practices as Mediator [J]. Journal of Cleaner Production, 2019 (232): 739-750.

[5] SARKIS J, GONZALEZ-TORRE P, ADENSO-DIAZ B. Stakeholder Pressure and the Adoption of Environmental Practices: The Mediating Effect of Training [J]. Journal of Operations Management, 2010, 28 (2): 163-176.

[6] 国合会"中国绿色发展中的企业社会责任"专题政策研究项目组. 中国绿色发展中的企业社会责任 [J]. 环境与可持续发展, 2014, 39 (4): 74-87.

绿色发展理念下的企业社会责任，也可理解为企业环境社会责任。克拉弗（Claver）等进一步指出企业社会责任主要涉及外部环境规制、利益相关者推动、资源和能力的可利用性、适当的环境战略和企业绩效等方面。[1] 企业社会责任不是可选的附加条件，也不是慈善行为，具有社会责任的企业是一个可持续经营的企业，它将其对环境、社会和经济等方面积极或消极的影响都考虑在内。[2] 具有多学科思维方式的绿色理论，更是强调企业社会责任具有跨管理、环境、社会科学和可持续发展边界的多学科背景，并且主要关注环境、社会责任、公司治理以及人权等领域。[3]

目前大多数关于企业环境责任的研究都是基于西方理论，而这些理论均植根且被应用于发达国家的自由市场。[4] 这些研究强调了企业自愿的环境保护行为，因为它们假定企业的环保行为是由自由市场经济中建立的市场机制、法律体系和公共环境规范形成的。然而，我国作为世界上最大的发展中国家和转型经济体，市场机制效率不如发达国家那么理想，相关法律制度还不尽完善。[5] 企业实施绿色行为的主要推动力是竞争力提升、保持合法性以及承担企业社会责任，特别是近年来消费者和公众更加关注的企业环境责任，只有积极承担企业环境责任，企业的竞争优势和合法性才能够被保障。

企业社会责任的研究作为我国乃至全球的关注要点，将环境问题纳入企业社会责任范畴更是在各国达成了共识，因此，这种共识有助于进一步促进企业主动地参与环境保护相关的活动，并承担相应的环境责任。企业实施绿色行为就是承担其社会责任的表现，研究中国情境下的企业社会责任，以及促进企业承担环境责任的因素，有助于我国更好地实现可持续发展。

---

[1] CLAVER E, LÓPEZ M D, MOLINA J F, et al. Environmental Management and Firm Performance: A Case Study [J]. Journal of Environmental Management, 2007, 84 (4): 606-619.

[2] MARSDEN C. In Defence of Corporate Responsibility [M]//KAKABADSE A, MORSING M. Corporate Social Responsibility. London: Palgrave Macmillan, 2006: 24-39.

[3] DUUNE T, KURKI M, SMITH S. International Relations Theories: Discipline and Dibersity (Third Edition) [M]. Oxford: Oxford University Press, 2013: 11.

[4] ALRAZI B, DE VILLIERS C, VAN STADEN C J. A Comprehensive Literature Review on, and the Construction of a Framework for, Environmental Legitimacy, Accountability and Proactivity [J]. Journal of Cleaner Production, 2015 (102): 44-57.

[5] YE G, ZHAO J. Environmental Regulation in a Mixed Economy [J]. Environmental and Resource Economics, 2016, 65 (1): 273-295.

二、利益相关者理论

由于全球企业社会责任研究与实践的进程不断推进，企业对于能够指引其经营管理活动的科学理论的需求迫在眉睫。传统的企业理论关注的重点是企业经济责任，遵循"股东至上"的经营原则，将追求股东财富最大化视为企业的主要经营目标。① 但是，片面地追求股东财富最大化，而忽视企业应当承担的社会责任，会直接或间接地损害利益相关者的利益，企业便无法在开放、成熟的市场中生存。企业应当满足影响其生产经营活动的群体或组织的要求，同时也考虑受其生产经营活动所影响的群体或组织的诉求，只有这样才能使企业在现代激烈的市场经济环境中屹立不倒。从利益相关者这一概念出发理解企业社会责任理论，则强调利益相关者对企业施加力量的治理关系，即企业社会责任也是企业对利益相关者所负有的责任。② 因此，利益相关者理论应运而生，它与传统新古典经济学家只关注股东财富最大化的观点不同，它强调企业应当同时关注外部相关因素，并且利益相关者对企业施加的压力也会影响企业的行为，驱使企业遵守社会规范以及积极承担相应的社会责任。唐纳森（Donaldson）和普雷斯顿（Preston）指出利益相关者理论为研究学者提供了三种思路：第一，作为描述管理者为处理利益相关者关系而采取行动的描述性理论；第二，分析和确定利益相关者管理与企业传统目标之间关系的工具性理论；第三，从商业道德和企业社会责任角度提出管理者应该做什么的规范性理论。③

"利益相关者"（stakeholder）一词由"股东"（shareholder）一词演变而来，并以"股东"概念的对应面而提出。美国斯坦福研究院于1993年开始，使用"stakeholder"一词指代所有与企业的生产经营活动保持紧密联系的群体。虽然"利益相关者"的研究是一个传统课题，且有大量的学者投入其中，但是"利益相关者"的概念学术界仍然没有统一认识。其中，最受推崇的观点是弗里曼（Freeman）对"利益相关者"的定义："所有影响企业实现其自身的目标或被企业实现目标过程中所影响的个人或群体。"④ 同时，他也指出企业不应只追求

---

① 张兆国，梁志钢，尹开国. 利益相关者视角下企业社会责任问题研究 [J]. 中国软科学，2012（2）：139-146.

② PFARRER M. What is the Purpose of the Firm?: Shareholder and Stakeholder Theories [M]. Good Business: Exercising Effective and Ethical Leadership, 2010: 86-93.

③ DONALDSON T, Preston L E. The Stakeholder Theory of the Corporation: Concepts, Evidence, and Implications [J]. Academy of Management Review, 1995, 20 (1): 65-91.

④ FREEMAN R. Strategic Management: A Stakeholder Approach [M]. Boston: Pitman, 1984: vi.

个别群体的利益，而应把利益相关者的整体利益最大化当作经营目标。弗里曼的这一观点也与企业社会责任的主要思想相契合。其他具有代表性的国内外学者关于利益相关者的观点如表2-2所示。

表2-2 利益相关者相关代表性观点

主要观点	来源
利益相关者主要包括"与企业相互影响"和"拥有企业某种利益"两方面的群体	罗纳德·米切尔（Ronald K. Mitchell，1997）
利益相关者是对企业拥有利益要求的人，他们在企业中投入了实物资本、人力资本、财务资本或其他一些有价值的东西，并承担了由此所带来的某些风险	克拉克森（Clarkson，1995）
企业中享有一种或多种利益关系的个人或团体应该属于企业利益相关者的范畴	万建华、戴志望（1998）
那些在企业中进行了投资，并承担了一定风险的个体和群体，他们的行为会影响企业目标的实现	陈宏辉、贾生华（2003）

米切尔等指出，利益相关者理论需要回答清楚利益相关者的范畴。[1] 弗里曼将政府、债权人、股东、员工、顾客、供应商、消费者、竞争者等相关群体视为企业的利益相关者。[2] 萨维奇（Savage）以企业所感知的威胁或合作潜力的大小，将利益相关者划分为支持型、边缘型、混合型与反对型。[3] 克拉克森则从利益相关者在企业运营过程中承担的风险种类出发，将其划分为自愿型与非自愿型两类。[4] 根据与公司项目的相关程度，克拉克森将利益相关者分为主要利益相关者和次要利益相关者两大类，主要利益相关者群体是指没有持续参与公司管理或主要参与者无法实现其倡议目标的群体，而次要利益相关者包括那些间接

---

① MITCHELL R K, AGLE B R, WOOD D J. Toward a Theory of Stakeholder Identification and Salience: Defining the Principle of Who and What Really Counts [J]. Academy of Management Review, 1997, 22 (4): 853-886.

② FREEMAN R. Strategic Management: A Stakeholder Approach [M]. Boston: Pitman, 1984: vi.

③ SAVAGE G T N, WHITEHEAD T W, BLAIR C J, et al. Strategies for Assessing and Managing Organizational Stakeholders [J]. Academy of Management Executive, 1991, 5 (2): 61-75.

④ CLARKSON M B E. A Stakeholder Framework for Analyzing and Evaluating Corporate Social Performance [J]. The Academy of Management Review, 1995, 20 (1): 92-117.

影响或间接受到公司影响的群体。① 卡罗尔根据与公司的合同关系将利益相关者分为直接利益相关者和间接利益相关者,直接利益相关者是由与公司的合同关系定义的利益集团,间接利益相关者是指与公司没有直接合同关系的利益集团。② 万建华、戴志望、陈健以企业的契约关系为划分标准,将利益相关者划分为正式契约关系以及非官方契约关系两个层次:正式契约关系主要包括资本所有者、供应商、政府和顾客等与企业经营活动直接相关的群体;非官方契约关系是指那些与企业生产经营间接相关的群体,如社会公众、非政府组织、环境保护组织、社区、新闻媒体等。③

上述分类结果都将"自然环境"这一关键利益相关者忽略。自然环境在为企业的生产经营活动提供必要资源的同时,也会受到企业生产过程的影响,所以,企业应将自然环境纳入利益相关者范畴之内。④ 卡罗尔首次提出应将自然环境考虑在利益相关者范畴之内。⑤

RBV 的核心思想是,公司的内部资源和能力是卓越绩效的关键决定因素。该理论认为,通过开发和利用罕见的、有价值的、不可完全模仿的独特资源和能力束,企业可以实现卓越的绩效。⑥ 哈特(Hart)进一步扩展了这一观点,将自然环境施加的约束作为公司面临挑战和机遇的来源,他指出:在未来,企业(市场)将不可避免地受到生态系统(自然)的约束。⑦ 近年来,利益相关者对环境问题的关注显著增加,公司正面临来自不同利益相关者团体日益增长的环

---

① CLARKSON M B E. A Stakeholder Framework for Analyzing and Evaluating Corporate Social Performance [J]. The Academy of Management Review,1995,20(1):92-117.
② CARROLL A. The Corporation and Its Stakeholders [M]. Toronto:University of Toronto Press,1998:139-173.
③ 万建华,戴志望,陈健. 利益相关者管理 [M]. 深圳:海天出版社,1998:31-33.
④ ZSOLNAI L. Environmental Ethics for Business Sustainability [J]. International Journal of Social Economics,2011,38(11):892-899.
⑤ CARROLL A B. Managing Ethically with Global Stakeholders:A Present and Future Challenge [J]. Academy of Management Executive,2004,18(2):114-120.
⑥ WERNERFELT B. A Resource-Based View of the Firm [J]. Strategic Management Journal,1984,5(2):171-180.
⑦ HART S L. A Natural-Resource-Based View of Firm [J]. Academy of Management Review,1995,20(4):986-1014.

境压力,要求企业做出与保护自然环境目标相一致的战略、政策和实践。① 换句话说,未来几年的战略和竞争优势很可能植根于促进环境与经济可持续发展的能力。自然资源基础理论指出,企业通过可持续发展、污染防治和产品管理等活动与自然资源互动是获取竞争优势的来源,② 并且自然资源基础理论也指出利益相关者所发出的"环境声音"给企业的运营施加了一定压力。③ 因此,为了应对来自自然环境这一利益相关者的压力,企业具有采取绿色管理的动机。④

爱提亚(Artiach)等、马奎斯(Marquis)和雷纳德(Raynard)等人的研究表明,企业可持续发展战略受到政府组织、非政府组织、社会团体和媒体等一系列利益相关者的影响。⑤ 制造企业参与社会发展计划并考虑其经营活动对环境的影响,能够有效减少排放、浪费和污染,从而节约能源,这些正外部性促使不同的利益相关者建议并敦促制造企业将企业环境责任和绿色管理方法整合到它们的生产运作中,⑥ 来自这些利益相关者的压力才是推动企业开展绿色活动的主要动力。然而,考虑不同的利益相关者对公司的环境绩效和行为有不同的期望,企业与不同利益相关者也签订了不同的社会契约,与拥有最高权力、合法性和紧迫性的主要利益相关者团体签订的社会契约才是企业合法性的关键来

---

① KLASSEN R D, MCLAUGHLIN C P. The Impact of Environmental Management on Firm Performance [J]. Management Science, 1996, 42 (8): 1199-1214; JAVIER G-B, ÓSCAR G-B. Environmental Proactivity and Business Performance: An Empirical Analysis [J]. Omega, 2005, 33 (1): 1-15; HOFER C, CANTOR D E, DAI J. The Competitive Determinants of a Firm's Environmental Management Activities: Evidence from US Manufacturing Industries [J]. Journal of Operations Management, 2012, 30 (1): 69-84.

② HART S L. A Natural-Resource-Based View of Firm [J]. Academy of Management Review, 1995, 20 (4): 986-1014.

③ ABOELMAGED M. The Drivers of Sustainable Manufacturing Practices in Egyptian SMEs and Their Impact on Competitive Capabilities: A PLS-SEM Model [J]. Journal of Cleaner Production, 2018 (175): 207-221.

④ BUYSSE K, VERBEKE A. Proactive Environmental Strategies: A Stakeholder Management Perspective [J]. Strategic Management Journal, 2003, 24 (5): 453.

⑤ ARTIACH T, LEE D, NELSON D, et al. The Determinants of Corporate Sustainability Performance [J]. Accounting & Finance, 2010, 50 (1): 31-51; MARQUIS C, RAYNARD M. Institutional Strategies in Emerging Markets [J]. Academy of Management Annals, 2015, 9 (1): 291-335.

⑥ YU Y, HUO B. The Impact of Environmental Orientation on Supplier Green Management and Financial Performance: The Moderating Role of Relational Capital [J]. Journal of Cleaner Production, 2019 (211): 628-639.

源。① 因此，在我国，企业主要利益相关者是政府，此外，企业还需要考虑与社会团体和非政府组织等其他利益相关者的互动关系，因为利益相关者的决策和行为也会影响企业实施绿色行为的可能性，② 因此这些利益相关者在环境监督和治理体系中的作用越来越重要。③

学者们在研究绿色管理范畴内的利益相关者时，通常将利益相关者分为外部利益相关者与内部利益相关者。内部利益相关者主要包括员工和高层管理者，④ 员工往往是企业中实施绿色行为的发起者和接受者，⑤ 同时高层管理人员对环境问题的理解与实施绿色行为的承诺也至关重要，⑥ 特别是他们对于绿色管理的态度和观点、⑦ 实施绿色行为的解释⑧和绿色价值观念⑨都会影响企业关于自然环境活动的管理决策。⑩

---

① DEEGAN C. Legitimacy Theory [M]. Methodological Issues in Accounting Research: Theories and Methods, 2006: 161-182.
② VERHEUL H. How Social Networks Influence the Dissemination of Cleaner Technologies to SMEs [J]. Journal of Cleaner Production, 1999, 7 (3): 213-219.
③ ZHU Q, SARKIS J. Green Marketing and Consumerism as Social Change in China: Analyzing the Literature [J]. International Journal of Production Economics, 2016, 181 (Part B): 289-302.
④ DONG S, BURRITT R, QIAN W. Salient Stakeholders in Corporate Social Responsibility Reporting by Chinese Mining and Minerals Companies [J]. Journal of Cleaner Production, 2014 (84): 59-69.
⑤ DAILY B F, SU-CHUN H. Achieving Sustainability Through Attention to Human Resource Factors in Environmental Management [J]. International Journal of Operations & Production Management, 2001, 21 (12): 1539-1552.
⑥ ZHU Q, SARKIS J, CORDEIRO J J, et al. Firm-Level Correlates of Emergent Green Supply Chain Management Practices in the Chinese Context [J]. Omega, 2008, 36 (4): 577-591.
⑦ CORDANO M, MARSHALL R, SILVERMAN M. How do Small and Medium Enterprises Go "Green"? A Study of Environmental Management Programs in the U. S. Wine Industry [J]. Journal of Business Ethics, 2010, 92 (3): 463-478.
⑧ SHARMA S. Managerial Interpretations and Organizational Context as Predictors of Corporate Choice of Environmental Strategy [J]. The Academy of Management Journal, 2000, 43 (4): 681-697.
⑨ CP EGRI S H. Leadership in the North American Environmental Sector: Values, Leadership Styles, and Contexts of Environmental Leaders and Their Organizations [J]. Academy of Management Journal, 2000, 43 (3): 571-604.
⑩ FERNáNDEZ E, JUNQUERA B, ORDIZ M. Organizational Culture and Human Resources in the Environmental Issue: A Review of the Literature [J]. International Journal of Human Resource Management, 2003, 14 (4): 634-656.

然而以往研究表明，外部利益相关者群体的范围相对较广，无法分析不同利益相关者对企业实施绿色行为的影响。基于制度理论，秦（Qin）等从不同的视角出发，将利益相关者分为"机构性团体"和"企业商业活动"相关团体两类。①

企业商业活动相关团体，尤其是消费者与供应商，会直接影响企业是否实施绿色行为。消费者通过购买或抵制的行为对企业施加环保压力，消费者要求企业进行清洁生产，提供符合环境质量标准的产品，②并且他们也会要求供应商积极采取绿色行为以提高其环境绩效，而供应商通过选择只为企业提供环境友好的原材料，促使企业实施绿色行为。③当竞争对手在环保方面率先行动并取得成效后，就会获得竞争优势，为了抢占市场份额，会倒逼企业效仿竞争对手继而采取绿色行为。④

机构性团体则主要包括政府、监管机构、媒体、非政府组织等群体。政府、监管机构等相关部门对企业具有管辖权和制裁权，通常使用法律法规等强制性手段要求企业遵循绿色发展，不符合要求的企业会受到惩罚，同样，达到要求的企业会得到相应的奖励。⑤媒体、公众、非政府组织通过控制舆论导向，影响大众对企业的认知从而劝说或要求企业承担环境责任，⑥他们主要依靠舆论支持或反对来影响企业采取环境保护的相关绿色行为，研究表明，政府和社会团体（或非政府组织）是推动企业实施绿色实践的主要驱动力⑦。

利益相关者理论的不断发展，不仅将自然环境纳入了企业外部利益相关者

---

① QIN Y, HARRISON J, CHEN L. A Framework for the Practice of Corporate Environmental Responsibility in China [J]. Journal of Cleaner Production, 2019, 235: 426-452.
② HANDFIELD R, WALTON S V, SROUFE R, et al. Applying Environmental Criteria to Supplier Assessment: A Study in the Application of the Analytical Hierarchy Process [J]. European Journal of Operational Research, 2002, 141 (1): 70-87.
③ SARKIS J, GONZALEZ-TORRE P, ADENSO-DIAZ B. Stakeholder Pressure and the Adoption of Environmental Practices: The Mediating Effect of Training [J]. Journal of Operations Management, 2010, 28 (2): 163-176.
④ BANSAL P. Building Sustainable Value Through Fiscal and Social Responsibility [J]. Ivey Business Journal, 2005, 70 (2): 1-8.
⑤ BACKER L. Engaging Stakeholders in Corporate Environmental Governance [J]. Business & Society Review, 2007, 112 (1): 29-54.
⑥ FINEMAN S, CLARKE K. Green Stakeholders: Industry Interpretations and Response [J]. Journal of Management Studies, 1996, 33 (6): 715-730.
⑦ CHEN X, YI N, ZHANG L, et al. Does Institutional Pressure Foster Corporate Green Innovation? Evidence from China's Top 100 Companies [J]. Journal of Cleaner Production, 2018 (188): 304-311.

范畴，使得利益相关者理论与可持续发展理论交汇融合，也全面阐释了促进企业积极承担环境社会责任、主动实施绿色行为的相关主体，为识别我国中小制造企业"绿色化"驱动因素提供了思路。

三、可持续发展理论

"可持续性"一词因其研究领域或视角的不同而被贴上了不同的标签。因此，RBV将该词纳入了企业的战略分析，并从经济、市场、生态学的角度出发，指出不同机构的生产运营行为对环境的影响与企业的竞争优势息息相关。[①] 世界环境与发展委员会在1987年发布的《布伦特兰报告》将可持续发展定义为"既满足当代人的需求，又不损害后代人满足其需求能力的发展"，大会还指出经济、环境和社会是可持续发展的三大支柱，由于三大支柱具有独立性，所以任何一个支柱的失效都会导致整个系统变得不稳定。虽然经济、社会和环境通常被认为是可持续发展的三大支柱，但后者受到了最多的关注，而前者是最容易实施的，因为工业技术传统上注重提高生产的质量和数量，很少考虑环境和环境社会成本，环境意识的增长迫使大多数企业面对其行为的后果，而不仅是财务问题，因此，环境的可持续性日益成为实现可持续发展的重要组成部分。[②] 换言之，为了实现可持续发展，产品、过程和服务不仅应满足其功能、性能和成本方面的要求，还应能妥善解决环境和社会问题。所谓"可持续"的过程，它不仅应该有利于社会和经济发展，也应该减少对环境的污染，尽可能对环境产生正向影响。国内外学者对可持续发展的定义如表2-3所示。

表2-3 国内外学者关于可持续发展的定义

主要观点	来源
在保护、维持和增强未来需要的人力资源和自然资源的同时，采取满足企业及其利益相关者需求的商业战略和活动	国际可持续发展研究所（International Institute for Sustainable Development, IISD, 2002）
满足公司直接和间接利益相关者（股东、雇员、客户、压力集团、社区等）的需要，同时又不损害公司满足未来利益相关者需要的能力	戴立克、霍克茨（Dyllick、Hockerts, 2002）

[①] BARNEY J. Firm Resources and Sustained Competitive Advantage [J]. Journal of Management, 1991, 17 (1): 99-120.

[②] SARKIS J, RASHEED A. Greening the Manufacturing Function [J]. Business Horizons, 1995, 38 (5): 17-27.

续表

主要观点	来源
证明在商业运作和与利益相关者的互动中纳入社会和环境问题	范·马雷维克、维尔（van Marrewijk、Werre，2003）
寻求使用最佳商业实践来满足和平衡当前和未来利益相关者需要的商业和投资战略	爱提亚等（2010）
可持续性是一个公司在竞争激烈和变化的全球商业环境中繁荣的能力。那些通过关注质量、创新和生产率来预测和管理当前和未来经济、环境和社会机会及风险的公司将会成为更有可能创造竞争优势和长期利益相关者价值的领导者	萨姆（Sam）（2013）
可持续生产要求企业在各个生产阶段保持连续性，这就意味着企业必须关注产品的全生命周期	邹国胜（2001）
绿色制造是实现制造业可持续发展的一种具体的、先进的制造模式	沈德聪、阮平南（2006）
可持续发展将能够实现社会、经济与环境协调发展的产品视为对象，以社会、经济、自然的和谐与共赢为目标，以社会亲和、经济亲密、环境亲善的产品为对象，以企业为生产主体，在生产要素的配置中实现人力资本、人造资本、自然资本之间的相互协调，在生产组织上实现柔性化、减物质化、人性化、本地化的生产方式	夏传勇、张曙光（2010）

这些定义都强调了满足利益相关者的需要，以及平衡公司绩效的经济、环境和社会方面的重要性。更具体地讲，埃尔金顿指出了可持续发展所依据的三个原则：环境完整性、社会公平和经济繁荣，这三个原则也被称为企业运营的"三重底线"（Triple Bottom Line，TBL）。[①] 其中，环境完整性是指一个生态系统有限的再生能力；社会公平是指与所有利益相关者获得资源的权利相联系，建立透明的关系，并突出价值创造的分配；经济繁荣是指通过企业的生产能力所提升的生活质量。企业的可持续性通常由三重底线进行衡量。由于 TBL 包括社

---

① ELKINGTON J. Partnerships from Cannibals with Forks：The Triple Bottom Line of 21st-Century Business [J]. Environmental Quality Management，1998，8（1）：37-51.

会、环境和经济三个维度，所以与传统只包含会计利润的"底线"不同，TBL的概念为企业增加了社会与环境两条"底线"①。除TBL之外，可持续商业模型（Sustainable Business Model，SBM）也是衡量企业可持续性的一种重要方法。传统商业模型（Business Model，BM）描述了企业如何通过其产品或服务获得竞争优势，而可持续商业模型结合了TBL方法并考虑各种利益相关者的利益诉求，SBM帮助企业将可持续性这一理念更好地嵌入其商业目的和过程，通过促进企业的可持续性来获得竞争优势。②

绿色经济对可持续发展的政策制定起着至关重要的作用。③ 2005年，联合国亚洲及太平洋经济社会委员会举行的第五届亚洲及太平洋环境与发展部长级会议，首次将绿色增长的概念纳入政府讨论的范畴，从那时起，绿色经济和绿色增长的重要性不断增加，在国际和国家政策制定中也得到广泛认可。联合国环境规划署（环境署）将绿色经济定义为"改善人类福祉和社会公平，同时显著减少环境风险和生态短缺的经济"。根据联合国亚洲及太平洋经济社会委员会（亚太经社会）的说法，绿色增长是在可持续发展和减贫背景下建设绿色经济的先决条件。绿色增长的核心假设对当前的环境改善与经济增长而言是不可分割的。陈诗一指出中国经济的高速增长是以高能耗与高排放为代价的，必然伴随着对生态环境的巨大破坏。④ 在全球变暖已经成为共识的情况下，走可持续发展道路已经成为人类的唯一选择。

对制造企业来说，它们的可持续性主要集中在生产领域、环境影响和组织经济绩效等方面。⑤ 同时，一份来源于麦肯锡公司的报告指出，人们越来越关注环境、社会和经济问题的整合，制造企业应当更加致力于减少污染和节约自然资源的活动，这样将有助于改善员工的健康和安全、工作条件和福利以及推动全社会的发展。因此，制造企业实现可持续性的前提是对企业生产运营活动所

---

① SLAPER T F, HALL T J. The Triple Bottom Line: What Is It and How Does It Work [J]. Indiana Business Review, 2011, 86 (1): 4-8.
② BOCKEN N M P, SHORT S W, RANA P, et al. A Literature and Practice Review to Develop Sustainable Business Model Archetypes [J]. Journal of Cleaner Production, 2014 (65): 42-56.
③ GEELS F W. A Socio-Technical Analysis of Low-Carbon Transitions: Introducing the Multi-Level Perspective into Transport Studies [J]. Journal of Transport Geography, 2012 (24): 471-482.
④ 陈诗一. 能源消耗、二氧化碳排放与中国工业的可持续发展 [J]. 经济研究, 2009, 44 (4): 41-55.
⑤ ARAGÓN-CORREA J A, RUBIO-LÓPEZ E A. Proactive Corporate Environmental Strategies: Myths and Misunderstandings [J]. Long Range Planning, 2007, 40 (3): 357-381.

引起的环境和社会问题予以战略性响应,① 即全面实施绿色制造,积极进行绿色转型。

图 2-1 阐释了企业社会责任理论、利益相关者理论和可持续发展理论不断发展、交互融合的过程。三大理论主要解释了企业需承担的责任与使命,在承担责任的基础上应当考虑其生产经营活动的影响和被影响的范畴即可持续性对企业意味着什么,以及企业能为提高可持续性绩效做些什么。自从 TBL 出现以来,可持续性不再是企业的愿景,而是一种可以系统实施和监控的管理方法,研究重点也应该从"是什么"向"怎么做"转变。因此,绿色发展的研究应运而生,"绿色化"则是具体实施可持续发展的具体手段,是未来研究的主要方向,也是本研究的主要研究内容。

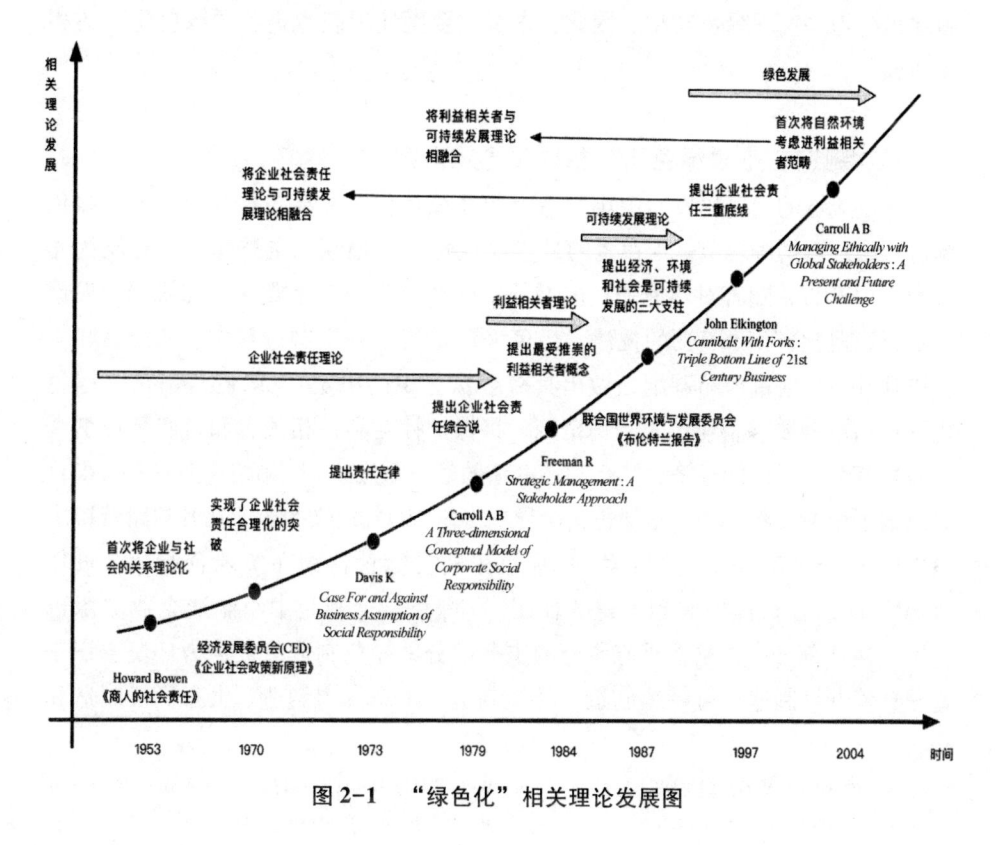

图 2-1 "绿色化"相关理论发展图

---

① SARKIS J, RASHEED A. Greening the Manufacturing Function [J]. Business Horizons, 1995, 38 (5): 17-27.

第二节　制造企业"绿色化"相关研究

绿色制造作为 20 世纪 90 年代在发达国家兴起的一种理念，主要指代的是一种生产方式，它能最大限度地减少对环境的负面影响，最大限度地提高资源利用效率。绿色制造已经成为追求可持续发展的前沿，在学术和实践方面都引起了越来越多的关注。经过近 30 年的发展，学者们已从不同的角度对绿色制造进行了丰富的研究，有必要从现有研究领域探索新的研究视角。与传统从生产视角研究绿色制造不同，"绿色化"是从企业的角度出发，研究制造企业如何实施绿色行为并实现绿色转型。因此，本节主要阐述了制造企业"绿色化"的相关研究。

一、制造企业"绿色化"相关概念及内容

从供应链的角度出发，中小制造企业"绿色化"主要包括绿色采购、绿色制造、绿色营销等环节。绿色采购是"绿色化"的前端，也被称为"环境优先采购"（EPP），随着对环境关注的增长，已经成为一个重要的研究议题。根据"供应管理协会"（ISM）的说法，绿色采购是指"在采购过程中，从产品和工艺设计开始，通过产品调配，做出具有环保意识的决定"。绿色营销是"绿色化"的后端，要求企业扩大营销范围，将保护社会利益相关者和自然环境纳入其战略营销目标，即经济、社会和环境绩效的三重底线。[①] 帕帕达斯（Papadas）等总结了相关文献，将战略绿色营销导向（SGMO）定义为企业在其战略营销决策中应该整合考虑的环境因素。[②] 绿色采购与绿色营销在实现企业社会责任（CSR）的综合目标中起到了重要作用。[③] 绿色制造则是中小制造企业"绿色化"的主体部分，也是本研究研究的主要部分，绿色制造又被称为环境意识制造、环境友好制造、可持续制造、环境制造、生态意识制造、生态责任制造和

[①] STOECKL V E, LUEDICKE M K. Doing Well While Doing Good? An Integrative Review of Marketing Criticism and Response [J]. Journal of Business Research, 2015, 68 (12): 2452-2463.

[②] PAPADAS K-K, AVLONITIS G J, CARRIGAN M. Green Marketing Orientation: Conceptualization, Scale Development and Validation [J]. Journal of Business Research, 2017, 80: 236-246.

[③] BLOME C, PAULRAJ A. Ethical Climate and Purchasing Social Responsibility: A Benevolence Focus [J]. Journal of Business Ethics, 2013, 116 (3): 567-585.

清洁生产。

(一) 绿色制造与"绿色化"

尽管环境问题和冲突在人类历史上频繁出现，但人们普遍认为，从农业文明向工业文明的过渡伴随着对有限资源的滥用与对自然环境的破坏，其速度之快令人震惊，并且引起了全世界的关注。[①] 工业革命使得制造业从人工时代向机器时代转变，但是工业革命极大提升生产效率的代价是严重的环境污染。绿色制造的研究可以追溯到20世纪80年代，从1987年，联合国发布《布伦特兰报告》开始，关于绿色制造的研究正式展开。但是系统性研究绿色制造的概念、内涵与主要内容始于梅朗克（Melngk）在美国制造工程师学会（SME）发布的绿色制造蓝皮书。[②] 在1996年引入ISO 14001之后，绿色制造开始受到广泛关注。

绿色制造作为实现人类可持续发展的重要领域之一，自20世纪90年代以来，随着几个同义词概念的演变，逐渐进入了研究者的视野。韦斯曼（Weissman）和塞库托夫斯基（Sekutowski）使用"环境意识制造"一词开启了广义上绿色制造概念的讨论，他们将其描述为"90年代的技术"。所谓"环境意识制造"主要涉及开发和实施制造工艺，目的是尽量减少或消除有害化学废物的排放，减少废料的产生或使得操作更加安全。[③] 这一定义不仅强调通过创建更清洁的工厂来促进环境保护的可持续性发展，而且指出环境意识制造可以降低未来产品的处置成本以及保护工人的健康从而产生社会效益，而实现环境意识制造最有效和最实际的战略是源头控制（通过避免使用产生废物和副产品的材料来消除废物和副产品）。迪金森（Dickinson）等首次使用"绿色制造"一词替代"环境意识制造"或"责任制造"，他认为绿色制造更加强调末端控制。[④] 萨尔基斯（Sarkis）和Rasheed还定义了三种对环境负责的方法，称之为实施绿色制造的"3R"准则，即在生产过程中减少原材料投入（Reduce）、再制造（Remanufacture）

[①] SARKIS J, RASHEED A. Greening the Manufacturing Function [J]. Business Horizons, 1995, 38 (5): 17-27.

[②] MELNGK S A, SMITH R T. Green Manufacturing [R]. Dearborn: Society of Manufacturing Engineers, 1996.

[③] WEISSMAN S H, SEKUTOWSKI J C. Environmentally Conscious Manufacturing: A Technology for the Nineties [J]. AT & T Technical Journal, 1991, 70 (6): 23-30.

[④] DICKINSON D A, DRAPER C W, Saminathan M, et al. Green Product Manufacturing [J]. AT & T Technical Journal, 1995, 74 (6): 26-35.

和再循环（Recycle）。① 随后，经济合作与发展组织（OECD）基于可持续性的三大支柱定义了"可持续制造"，即制造产品所使用的材料和工艺能够最大限度地减少对环境的负面影响，节约能源和自然资源，对员工、社区和消费者都是安全的，并且在经济上是合理的。② 虽然绿色制造在字面上倾向于生态环境，但在上述定义中我们可以看到，在实际应用中，一些研究在考虑绿色制造的定义时，仍然注重其经济效益和社会效益，这与可持续制造所考虑的三大支柱基本一致，因此两个概念存在相当大的重叠，在很多研究中可持续制造与绿色制造并无差别。国内外学者自20世纪90年代起关于绿色制造的概念探讨如表2-4所示：

表2-4 国内外学者关于绿色制造的定义

主要观点	来源
一种将产品和流程设计与制造计划、控制等问题相结合的系统，以识别、量化、评估和管理环境废物的流动，以减少或尽量消除对环境的影响，同时尽量提高资源效率	梅朗克（1996）
一种经济驱动的全系统综合方法，用于减少和消除与产品和材料的设计、制造、使用和（或）处置相关的所有废弃物	汉德菲尔德等（Handfield等，1997）
绿色制造是一个综合考虑资源优化利用、环境影响和产品生命周期的制造系统，其体系结构包括物料转化过程，产品生命周期全过程控制，绿色资源、绿色生产、绿色产品三项具体内容和环境保护与资源优化利用两个实现目标	刘飞（1998）；刘飞、曹华君（2000）
实现制造业产品全生命周期资源消耗、环境污染以及人体安全健康危害的减量化和源头控制，并有利于资源循环再利用，这就进一步拓展了绿色制造的社会效益的内涵，并把"循环制造"包括在其范畴之内	张伟（2006）
一种充分考虑资源消耗和环境影响的现代制造模式，其目标是在设计、制造、包装、使用等整个产品生命周期内，最大限度地减少环境影响、利用资源。处置与再制造，使企业经济效益与环境效益相协调	李等（Li等，2010）

这些学者关于"绿色制造"的定义都是相似的，他们认为绿色制造就是要在对环境影响最小化的同时将资源利用效率最大化。随着绿色制造的发展，现

---

① SARKIS J, RASHEED A. Greening the Manufacturing Function [J]. Business Horizons, 1995, 38 (5): 17-27.

② OECD. Towards Green Growth [R]. Paris: OECD Publishing, 2011.

在的学者更加关注在产品生产的整个生命周期中各个环节的系统整合。学者们也从不同的角度对绿色制造的相关研究进行了综述。保罗等从实践的角度回顾了绿色制造的定义、重要性和方法，介绍几个相关概念，如环境管理工具、可持续制造、可持续绿色运营、绿色供应链管理和绿色应用。① 另外，加雷蒂（Garetti）和泰施（Taisch）从技术应用的角度回顾了可持续制造的趋势和挑战，总结出4个研究集群，涉及电子商务模式和流程、资产和产品生命周期管理、资源和能源管理。②

根据以往的研究，可以发现绿色制造的概念有狭义与广义之分。③ 狭义的绿色制造是指绿色产品的制造，例如，产品的生产过程利用可再生能源系统和清洁技术设备；广义的绿色制造则是指通过减少浪费和节约资源来实现制造业的"绿色化"。④ 袁（Yuan）和向（Xiang）进一步指出企业要想实现"绿色化"就需要致力于对产品或服务运营流程进行根本性改革，将生产运营活动转变为环境友好型的行为。⑤ 本研究也基于广义的绿色制造的含义及企业"绿色化"。

（二）制造企业"绿色化"研究重点

虽然有少数人多年来一直关注绿色发展，但只有在《我们共同的未来》（Our Common Future）公布之后，绿色制造相关研究才开始历经快速发展，绿色战略也开始演变，并与运营及管理相结合。阿佐内（Azzone）和诺西（Noci）使用权变框架来分析在不同绩效测评系统中如何评估和实施绿色战略。⑥ 科尔克（Kolk）和平克斯（Pinkse）提出实现绿色化的6大策略，即过程优化、产品开

---

① PAUL I D, BHOLE G P, CHAUDHARI J R. A Review on Green Manufacturing：It's Important, Methodology and Its Application [J]. Procedia Materials Science, 2014, 6：1644-1649.

② GARETTI M, TAISCH M. Sustainable Manufacturing：Trends and Research Challenges [J]. Production Planning & Control, 2012, 23 (2-3)：83-104.

③ PANG R, ZHANG X. Achieving Environmental Sustainability in Manufacture：A 28-Year Bibliometric Cartography of Green Manufacturing Research [J]. Journal of Cleaner Production, 2019 (233)：84-99.

④ DORNFELD D. Green Manufacturing：Fundamentals and Applications [J]. Revue Dhistoire De Lamérique Française, 2013, 41 (4)：629-631.

⑤ YUAN B L, XIANG Q L. Environmental Regulation, Industrial Innovation and Green Development of Chinese Manufacturing：Based on an Extended CDM Model [J]. Journal of Cleaner Production, 2018, 176：895-908.

⑥ AZZONE G, NOCI G. Identifying Effective PMSs for the Deployment of "Green" Manufacturing Strategies [J]. International Journal of Operations & Production Management, 1998, 18 (4)：308-335.

发、新的产品和市场组合、排放减少的内部转化、排放权利、供应链评测。[1] 周（Zhou）等提出评估绿色战略的分析模型。[2]

随着绿色供应链和绿色产品等领域的迅速扩展，研究开始集中于特定领域，学者们开始进一步对涉及整个客户订单周期的供应链进行研究，[3] 并将环境思想集成到供应链管理中，诸如产品设计、材料采购和选择、制造工艺、向消费者交付最终产品以及产品全生命周期管理。[4] 根据对 Web of Science、ScienceDirect、Scopus、EBSCO 以及 SpringerLink 等数据库关于绿色制造相关文献的整理，发现目前关于"绿色化"的研究主要集中在绿色研发、绿色供应链、绿色制造、绿色物流、绿色服务、绿色回收和再利用等领域。其中，绿色研发的研究主要包括产品结构设计、绿色设计的材料、绿色产品的开发、产品设计的因素、产品设计的影响等；绿色供应链的研究则包括绿色供应链战略、供应链组织间的绿色互动、绿色供应链的影响因素、绿色供应链的可持续性实践等；绿色制造的研究主要集中于绿色生产线、绿色调度、绿色制造影响、绿色制造驱动力、绿色制造管理等；绿色物流的研究包括绿色物流路径规划、绿色物流优化、绿色物流网络配置、物流路径风险评估、物流车队管理、物流环境因素整合等；绿色服务的研究主要包括绿色节能服务、绿色服务创新、绿色服务满意度、消费者对绿色服务的行为反应、绿色服务因素；绿色回收与再利用的研究主要包括回收与再利用的优化、回收与再利用策略、可持续回收与再利用、回收与再利用闭环供应链、水处理与再利用等。

庞（Pang）和张（Zhang）运用文献计量的方法分析了 1991 年至 2018 年被 SCI 和 SSCI 收录的期刊与绿色制造及环境意识、负责任制造、良性制造和可持续制造等几个同义词有关的论文。基于共词矩阵的层次聚类，他们用策略图和多维标度图对绿色制造相关研究进行聚类识别和可视化展现，发现目前研究主

---

[1] KOLK A., PINKSE J. Business Responses to Climate Change: Identifying Emergent Strategies [J]. California Management Review, 2005, 47: 6-31.

[2] ZHOU M, PAN Y, CHEN Z, et al. Selection and Evaluation of Green Production Strategies: Analytic and Simulation models [J]. Journal of Cleaner Production, 2012, 26: 9-17.

[3] HANDFIELD R B, WALTON S V, SEEGERS L K, et al. "Green" Value Chain Practices in the Furniture Industry [J]. Journal of Operations Management, 1997, 15 (4): 293-315.

[4] SRIVASTAVA S K. Green Supply-Chain Management: A state-of-the-art Literature Review [J]. International Journal of Management Reviews, 2007, 9 (1): 53-80; WEE H-M, LEE M-C, YU J C P, et al. Optimal Replenishment Policy for a Deteriorating Green Product: Life Cycle Costing Analysis [J]. International Journal of Production Economics, 2011, 133 (2): 603-611.

要涵盖绿色化工材料、绿色制造原理与方法、通用分析工具、工业企业绿色制造实施、绿色供应链、工业生态、温室气体排放、绿色加工工具与工艺等研究课题。① 该研究指出未来的研究方向是将绿色制造系统的驱动力与可持续性绩效联系起来,将绿色制造系统嵌入广泛的经济社会生态系统中。因为绿色制造系统的建立受到政策环境、企业意识、利益相关者行为等外部因素的影响。同时,绿色制造系统还会影响经济、社会、环境等方面,从而进一步影响绿色驱动力。要通过绿色制造实现不同的可持续发展目标,企业就必须准确地实施绿色行为,建立适当的绿色制造体系,并在更广泛的背景下对经济、社会和生态效益进行综合评价。

因此,制造企业"绿色化"未来主要的研究方向则为考量"绿色化"驱动因素、绿色行为以及企业绩效三者之间的关系,主要包括对"绿色化"驱动因素的识别,明确这些"绿色化"驱动因素的作用机理,即它们如何影响企业实施绿色行为,并且考量企业实施绿色行为所创造的绩效。

二、制造企业"绿色化"驱动因素

现有关于制造企业绿色发展的研究主要集中在外部利益相关者和制度压力②等先行因素,以及企业内部的资源和能力。③ 但是,考虑企业的长期行为,寻求战略导向至关重要,所以应该精准识别企业施行绿色实践的驱动因素,并有必要评估这些驱动因素如何影响企业追求"绿色化"的行为。④

(一) 驱动因素相关研究

过去,大量研究集中于绿色制造的一般概念和具体内容,传统观点认为,

---

① PANG R, ZHANG X. Achieving Environmental Sustainability in Manufacture: A 28-Year Bibliometric Cartography of Green Manufacturing Research [J]. Journal of Cleaner Production, 2019, 233: 84-99.
② HALEEM F, FAROOQ S, WÆHRENS B V. Supplier Corporate Social Responsibility Practices and Sourcing Geography [J]. Journal of Cleaner Production, 2017 (153): 92-103; SANCHA C, LONGONI A, GIMÉNEZ C. Sustainable Supplier Development Practices: Drivers and Enablers in a Global Context [J]. Journal of Purchasing and Supply Management, 2015, 21 (2): 95-102.
③ GUALANDRIS J, GOLINI R, KALCHSCHMIDT M. Do Supply Management and Global Sourcing Matter for Firm Sustainability Performance?: An International Study [J]. Supply Chain Management, 2014, 19 (3): 258-274.
④ BABIAK K, TRENDAFILOVA S. CSR and Environmental Responsibility: Motives and Pressures to Adopt Green Management Practices [J]. Corporate Social Responsibility and Environmental Management, 2011, 18 (1): 11-24.

绿色制造的实施对行业利润率可能产生的不利影响更为企业家所关注。但由于公众环保意识的增强和绿色产品需求的增加，制造业"绿色化"逐渐成为抢占竞争优势的关键所在。因此，近年来，一些研究者开始对实施绿色制造的驱动因素进行研究。莫罗（Morrow）和隆迪内利（Rondinelli）、安门堡（Ammenberg）和桑丁（Sundin）提出了环境管理体系动机。① 卢肯（Luken）和范隆佩（Van Rompaey）识别了采用环保技术的驱动因素与障碍。② 研究者还从不同国家的情境分析绿色制造的驱动因素：米塔尔（Mittal）和桑湾（Sangwan）、③ 戈文丹（Govindan）、④ 马苏德（Massoud）等，⑤ 这些学者分析了印度情境下的绿色驱动因素；易（Yi）、⑥ 亚乌兹·阿甘（Yavuz Agan）、⑦ 安门堡和桑丁、⑧ 桑托拉里亚（Santolaria）等、⑨ 莫克塔迪尔（Moktadir）等⑩分别研究了美国、土耳其、

---

① MORROW D, RONDINELLI D. Adopting Corporate Environmental Management Systems: Motivations and Results of ISO 14001 and EMAS Certification [J]. European Management Journal, 2002, 20 (2): 159; AMMENBERG J, SUNDIN E. Products in Environmental Management Systems: Drivers, Barriers and Experiences [J]. Journal of Cleaner Production, 2005, 13 (4): 405-415.

② LUKEN R, VAN R F. Drivers for and Barriers to Environmentally Sound Technology Adoption by Manufacturing Plants in Nine Developing Countries [J]. Journal of Cleaner Production, 2008, 16 (1): S67-S77.

③ MITTAL V K, SANGWAN K S. Ranking of Drivers for Green Manufacturing Implementation Using Fuzzy Technique for Order of Preference by Similarity to Ideal Solution Method [J]. Journal of Multi-Criteria Decision Analysis, 2015, 22 (1-2): 119-130.

④ GOVINDAN K, DIABAT A, SHANKAR K M. Analyzing the Drivers of Green Manufacturing with Fuzzy Approach [J]. Journal of Cleaner Production, 2015, 96: 182-193.

⑤ MASSOUD M A, FAYAD R, EL-FADEL M, et al. Drivers, Barriers and Incentives to Implementing Environmental Management Systems in The Food Industry: A Case of Lebanon [J]. Journal of Cleaner Production, 2010, 18 (3): 200-209.

⑥ YI H. Green Businesses in a Clean Energy Economy: Analyzing Drivers of Green Business Growth in U.S. States [J]. Energy, 2014, 68: 922-929.

⑦ AGAN Y, ACAR M F, BORODIN A. Drivers of Environmental Processes and Their Impact on Performance: A Study of Turkish SMEs [J]. Journal of Cleaner Production, 2013, 51: 23-33.

⑧ AMMENBERG J, SUNDIN E. Products in Environmental Management Systems: Drivers, Barriers and Experiences [J]. Journal of Cleaner Production, 2005, 13 (4): 405-415.

⑨ SANTOLARIA M, OLIVER-SOLÀ J, GASOL C M, et al. Eco-Design in Innovation Driven Companies: Perception, Predictions and the Main Drivers of Integration. The Spanish Example [J]. Journal of Cleaner Production, 2011, 19 (12): 1315-1323.

⑩ MOKTADIR M A, RAHMAN T, RAHMAN M H, et al. Drivers to Sustainable Manufacturing Practices and Circular Economy: A Perspective of Leather Industries in Bangladesh [J]. Journal of Cleaner Production, 2018, 174: 1366-1380.

瑞典、西班牙、孟加拉国等国情境下的绿色驱动因素。

尽管不同情境的驱动因素不尽相同，但大多数研究表明，监管仍然是一个重要的驱动因素。卢肯和范隆佩认为环保制度和市场压力似乎比社会压力对环保技术的采用影响更大。[1] 林（Lin）等对791家中国民营制造企业进行调查，发现法律、供应商、消费者和竞争对手是绿色发展的主要压力，也是其主要动力。[2]

中小制造企业"绿色化"驱动因素与大企业是不相同的。施图德（Studer）等表明，虽然法律规制是中小企业实施绿色行为的关键推动力，但对中小企业来讲，法律规制不会影响其形象和声誉，它们更倾向于服从而不是提高竞争力。[3] 舍恩赫尔（Schoenherr）的研究表明，ISO 4000认证、污染预防、材料回收以及废物减少是中小企业"绿色化"的关键驱动力。[4] 甘地（Gandhi）等研究发现，最高管理层承诺、技术提升、现行立法、绿色品牌形象和未来立法是中小企业实施绿色行为最主要的5个推动因素。[5] 亨里克斯（Henriques）和卡塔里诺（Catarino）指出"绿色化"的目标是要指引中小企业在减少污染、遵守法律法规的同时，节约资源成本并提高生产率。[6]

帕克（Parker）等的研究指出，影响中小制造企业实现环境和绿色改善的关键因素可能源于外部（规章、财政激励、援助、教育和外部需求），也可能源

---

[1] LUKEN R, VAN R F. Drivers for and Barriers to Environmentally Sound Technology Adoption by Manufacturing Plants in Nine Developing Countries [J]. Journal of Cleaner Production, 2008, 16 (1): S67-S77.

[2] LIN H, ZENG S X, MA H Y, et al. Can Political Capital Drive Corporate Green Innovation? Lessons from China [J]. Journal of Cleaner Production, 2014, 64: 63-72.

[3] STUDER S, TSANG S, WELFORD R, et al. SMEs and Voluntary Environmental Initiatives: A Study of Stakeholders' Perspectives in Hong Kong [J]. Journal of Environmental Planning and Management, 2008, 51 (2): 285-301.

[4] SCHOENHERR T. The Role of Environmental Management in Sustainable Business Development: A Multi-Country Investigation [J]. International Journal of Production Economics, 2012, 140 (1): 116-128.

[5] GANDHI N S, THANKI S J, THAKKAR J J. Ranking of Drivers for Integrated Lean-Green Manufacturing for Indian Manufacturing SMEs [J]. Journal of Cleaner Production, 2018, 171 (Supplement C): 675-689.

[6] HENRIQUES J, CATARINO J. Motivating towards Energy Efficiency in Small and Medium Enterprises [J]. Journal of Cleaner Production, 2016, 139: 42-50.

于内部（知识优势、承诺、通过环境改善而获取业绩增长）。① 蒙特埃尔（Montiel）和赫斯特德（Husted）、② 齐（Qi）等，③ 这些学者将推动企业实施环境管理的驱动力分为两类：内部驱动力和外部驱动力。内部驱动力来自公司的内部动机（企业本身），例如，寻求进入国际市场的国际化、企业声誉、管理体系的估值，以及公司对员工健康的环境责任。来自外部的驱动力在促进企业环境管理方面同样重要，可分为政府驱动力、市场驱动力和社会驱动力三方面。④ 亚历山德拉（Alessandra）等通过总结 1997 年至 2017 年之间关于工业可持续发展驱动因素的文献，也得出类似的研究结论，他们认为外部驱动因素源于外部利益相关者，主要包括法律规制、外部支持、社会公众和消费者等外部压力、市场环境等方面；内部驱动因素则源于公司内部，由内部利益相关者推动且不受外部各方的影响，主要涉及组织、员工、信息、创新和经济五个层面。⑤

除了根据内外部来源对"绿色化"驱动因素进行划分，TOE 框架为识别"绿色化"驱动因素提供了另一种思路。TOE 框架是由托纳茨基（Tornatzky）和弗莱舍（Fleischer）提出用来反映企业实施创新实践的三个情境：技术环境反映影响创新实践实施的技术基础设施、过程和能力；组织环境涉及与创新有关的资源和互动；环境背景反映了外部因素，如竞争、利益相关者压力和影响创新的制度环境。⑥ TOE 框架指出，当内部和外部驱动因素能够正确平衡时，企业能够有效实施创新实践，TOE 框架的主要优点之一是它的灵活性能反映刺激或

---

① PARKER C M, REDMOND J, SIMPSON M. A Review of Interventions to Encourage SMEs to Make Environmental Improvements [J]. Environment and Planning C: Government and Policy, 2009, 27 (2): 279-301.

② MONTIEL I, HUSTED B. The Adoption of Voluntary Environmental Management Programs in Mexico: First Movers as Institutional Entrepreneurs [J]. Journal of Business Ethics, 2009, 88: 349-363.

③ QI G Y, SHEN L Y, ZENG S X, et al. The Drivers for Contractors' Green Innovation: An Industry Perspective [J]. Journal of Cleaner Production, 2010, 18 (14): 1358-1365.

④ ZENG S X, MENG X H, ZENG R C, et al. How Environmental Management Driving Forces Affect Environmental and Economic Performance of SMEs: A Study in the Northern China District [J]. Journal of Cleaner Production, 2011, 19 (13): 1426-1437.

⑤ NERI A, CAGNO E, SEBASTIANO G D, et al. Industrial Sustainability: Modelling Drivers and Mechanisms with Barriers [J]. Journal of Cleaner Production, 2017, 194: 452-472.

⑥ TORNATZKY L G AND FLEISCHER M. The Processes of Technological Innovation [M]. Lexington: Lexington Books, 1990: 117-148.

阻碍各种创新实施的因素的分类。① 基于此，安杰利斯（Angeles）的研究指出TOE框架也适合作为识别可持续性发展或绿色发展驱动因素与实践的理论基础。② 同时，阿博尔马吉德（Aboelmaged）进一步指出，由于TOE框架的广泛运用，它在各个情境中的普适性使得运用它来识别绿色制造的关键驱动因素成为一个合适的选择。③ 然而，由于TOE框架首先被应用于企业创新实践的研究，其三维结构和相应的内容应用于制造企业"绿色化"驱动因素则具有一定的局限性，因此需要结合相关理论和现实基础，在应用TOE框架的时候对其进行一定的修正。本研究根据中小制造企业"绿色化"发展所涉及的不同方面，在TOE基础上进一步扩展为技术、企业、政策和社会四大维度，创建TEPS（Technology Enterprise Policy Society）框架，对驱动因素进行分类，如表2-5所示。

表 2-5　TEPS框架下的驱动因素的分类

维度	驱动因素	解释	来源
技术	技术引进	国内同行业企业技术转移与引进国外技术以提高制造企业全绿色生产率	哈利克·维加（Halleck Vega）和曼德尔（Mandel）（2018）、刘（Liu）等（2017）、马宗达（Majumdar）和卡尔（Kar）（2017）、费尔南多（Fernando）和华（Wah）（2017）、孔（Kong）等（2016）
技术	技术创新	涉及节能、减排、资源再利用等方面的绿色技术创新，如基于低温冷却和最小润滑量的组合技术	蔡（Cai）和李（Li）（2018）、费尔南多和华（2017）、韦克福德（Wakeford）等（2017）、袁和向（2017）、冯（Feng）等（2017）、波尔沃罗萨（Polvorosa）等（2017）、佩雷拉（Pereira）等（2016）

---

① ABOELMAGED M G. Predicting E-Readiness at Firm-Level: An Analysis of Technological, Organizational and Environmental (TOE) Effects on e-Maintenance Readiness in Manufacturing Firms [J]. International Journal of Information Management, 2014, 34 (5): 639-651.
② ANGELES R. Using the Technology-Organization-Environment Framework for Analyzing Nike's "Considered Index" Green Initiative, a Decision Support System-Driven System [J]. Journal of Management and Sustainability 2014, 4 (1): 96-103.
③ ABOELMAGED M. The Drivers of Sustainable Manufacturing Practices in Egyptian SMEs and Their Impact on Competitive Capabilities: A PLS-SEM Model [J]. Journal of Cleaner Production, 2018, 175: 207-221.

续表

维度	驱动因素	解释	来源
企业	高层管理者承诺	管理者、所有者或投资者高度致力于提高环境绩效、道德、社会价值等	莫克塔迪尔等（2018）、戈文丹等（2015）、米塔尔和桑湾（2015）、安门堡和桑丁（2005）
企业	员工需求	员工对于企业安全、绿色生产与工作的需求	宋（Song）等（2018）、戈文丹等（2015）、安门堡和桑丁（2005）、易（2014）
企业	竞争力	迎合市场绿色新趋势，获取新的市场机会，抢占市场份额，增强与合作伙伴的贸易联系，获取竞争优势	法尔加尼（Fargani）等（2016）、林等（2014）、卢肯和范隆佩（2008）、辛普森（Simpson）等（2004）
企业	经济利益	节约资源，节约成本	冯等（2017）、加齐拉（Ghazilla）等（2015），亚乌兹·阿甘（2013）
企业	公司形象	绿色行为有助于提升公司形象，增加公司信誉	西芒（Simão）和里斯本（Lisboa）（2017）、帕切科-布兰科（Pacheco-Blanco）和巴斯坦特-切卡（Bastante-Ceca）（2016）、亚乌兹·阿甘（2013）
政策	激励	投资补贴、绿色溢价、R&D支持、对认证公司的奖励或免税、能源的潜在利用等	甘地等（2018）、白（Bai）等（2018）、戈文丹（2015）、米塔尔和桑湾（2015）、卢肯和范隆佩（2008）、尤克塞尔（Yüksel）（2008）
政策	规制	现行的污染控制规范、排污权交易、污水排放规范和生态标签立法以及更严格的法律颁布和实施的期望	陈（Chen）等（2018）、甘地等（2018）、张等（2018）、戈文丹（2015）、米塔尔和桑湾（2015）、亚乌兹·阿甘（2013）、卢肯和范隆佩（2008）、林等（2014）

续表

维度	驱动因素	解释	来源
社会	消费者需求	终端用户对环保产品的需求,以及他们关注绿色或环境问题的程度	莫克塔迪尔等(2018)、陈(2017)、朱(Zhu)和萨尔基斯(2016)、帕切科-布兰科和巴斯坦特-切卡(2016)、亚乌兹·阿甘(2013)、林等(2014)
	供应链压力	供应链上下游要求产品易于分解,在产品制造过程中使用可回收材料	帕切科-布兰科和巴斯坦特-切卡(2016)、塞勒斯(Seles)等(2016)、法尔加尼等(2016)、林等(2014)、亚乌兹·阿甘(2013)、苏约(Su-Yol)和克拉森(Klassen)(2008)
	社会公众压力	来自当地社区、政治家、非政府组织、媒体和审计员的绿色需求和对环境保护的关注	廖(Liao)和施(Shi)(2018)、陈等(2018)、程(Cheng)和刘(2018)、阿万(Awan)等(2017)、林等(2014)、加齐拉等(2015)

(二)绿色制造驱动因素评估方法

现有文献关于绿色制造驱动因素评估分析方法主要分为两类:一类是运用结构方程模型(SEM)或者回归分析等方法评估绿色制造驱动因素与绿色行为或企业绩效之间的关系;另一类则是以专家判断为依据,构建决策评估指标体系,对文献梳理而得的驱动因素进行排序。

亚乌兹·阿甘通过 SEM 分析了土耳其中小制造企业绿色发展的驱动因素,表明只依靠管制无法解决制造业造成的环境污染以及气候变暖的问题,中小制造企业还需寻求合作伙伴和政府的帮助;[①] 阿博尔马吉德运用 PLS-SEM 分析了技术、环境、组织三方面的驱动因素如何作用于企业实施可持续制造,以及可持续制造对产品成本、质量、运输和生产灵活性的影响;[②] 王(Wang)通过 SEM 构建了驱动因素与绿色供应链管理实践及环境绩效的模型,评估了来源于

[①] AGAN Y, ACAR M F, BORODIN A. Drivers of Environmental Processes and Their Impact on Performance: A Study of Turkish SMEs [J]. Journal of Cleaner Production, 2013: 23-33.

[②] ABOELMAGED M. The Drivers of Sustainable Manufacturing Practices in Egyptian SMEs and Their Impact on Competitive Capabilities: A PLS-SEM Model [J]. Journal of Cleaner Production, 2018, 175: 207-221.

消费者和成本两方面的驱动因素。①

甘地等运用 TOPSIS 方法评估了印度中小制造企业精益制造与绿色制造的驱动因素，并将结果与模糊 Borda 系数方法下的评价结果相比较，实证表明，三种方法结论相差无几；② 赛斯（Seth）通过 ISM 对比分析了印度大型和中小型制造企业的绿色驱动因素；③ 戈文丹运用 DEMATEL 的方法分析绿色制造驱动因素，并将语义量表法与重心法、中位数法的结果相比较，三种方法的测量结果具有高度一致性；④ 米塔尔和桑湾从政府、企业、专家的视角出发，采用 TOPSIS 对绿色驱动因素进行排序；⑤ 布尤科兹坎（Büyüközkan）和奇夫奇（Çifçi）基于 DEMATEL、ANP 和 TOPSIS 三种方法，研究了绿色供应商选择的问题，并为绿色制造驱动因素的评估提供了新思路。⑥

三、制造企业"绿色化"行为

广义上来说，制造企业的"绿色化"行为通常是指企业为尽量减少其生产经营活动对自然环境的不利影响而采取的一切行为，"绿色化"行为包括对"管道末端"或污染预防技术的投资、⑦ 环境教育和培训计划、⑧ 生态设计和绿色供

---

① WANG Z, WANG Q, ZHANG S, et al. Effects of Customer and Cost Drivers on Green Supply Chain Management Practices and Environmental Performance [J]. Journal of Cleaner Production, 2018, 189: 673–682.

② GANDHI N S, THANKI S J, THAKKAR J J. Ranking of Drivers for Integrated Lean-Green Manufacturing for Indian Manufacturing SMEs [J]. Journal of Cleaner Production, 2018, 171 (Supplement C): 675–689.

③ SETH D, REHMAN M A A, SHRIVASTAVA R L. Green Manufacturing Drivers and Their Relationships for Small and Medium (SME) and Large Industries [J]. Journal of Cleaner Production, 2018, 198: 1381–1405.

④ GOVINDAN K, DIABAT A, SHANKAR M K. Analyzing the Drivers of Green Manufacturing with Fuzzy Approach [J]. Journal of Cleaner Production, 2015, 96: 182–193.

⑤ MITTAL V K, SANGWAN K S. Ranking of Drivers for Green Manufacturing Implementation Using Fuzzy Technique for Order of Preference by Similarity to Ideal Solution Method [J]. Journal of Multi-Criteria Decision Analysis, 2015, 22 (1–2): 119–130.

⑥ BÜYÜKÖZKAN G, ÇIFÇI G. A Novel Hybrid MCDM Approach Based on Fuzzy DEMATEL, Fuzzy ANP and Fuzzy TOPSIS to Evaluate Green Suppliers [J]. Expert Systems with Applications, 2012, 39 (3): 3000–3011.

⑦ KLASSEN R D. Exploring the Linkage between Investment in Manufacturing and Environmental Technologies [J]. International Journal of Operations & Production Management, 2000, 20 (2): 127–147.

⑧ KLASSEN R D, WHYBARK D C. Environmental Management in Operations: The Selection of Environmental Technologies * [J]. Decision Sciences, 1999, 30 (3): 601–631.

应链倡议、[1] 环境管理系统、[2] 环境活动的内部和外部沟通,[3] 以及其他物质、人力、社会和组织资本投资。[4]

更具体来讲,制造企业的绿色行为可以从管理和生产经营这两个角度来理解。从管理视角出发,认为"绿色化"已经成为企业实现卓越绩效的有效管理工具。"绿色管理"这一新范式通过应用生态标准来兼顾经济和环境方面,它包括从绿色采购到产品的全生命周期管理。[5] 达纳尔(Darnall)和小爱德华兹(Edwards Jr.)指出制造企业绿色管理包括五个步骤:确保环境管理责任的承诺;对业务运作和目标设定的评估;建立相应的管理结构和与商业伙伴的联系;[6] 必要时监测和采取纠正措施;管理评审,提供关键评估、新的环境问题和建议。因此,Lun认为绿色管理由一系列业务流程组成,它要求企业评估其经营行为对环境造成的影响、确定环境目标、实施环境操作、监测目标实现情况并接受管理审议。[7]

为了更好地解释企业的环境管理实践(EMP),金德、林登伯格、多米尼克研究与分析(Kinder, Lyndenberg, Domini Research and Analytics, KLD),一家为公开交易公司发布企业社会责任评级的公司,开发出6个评估企业的环境友好强度项目,具体如表2-6所示。这些措施反映了公司是否实质上参与了一些重要的环境倡议,包括以下六项:污染预防计划、通过替代燃料的能效计划、使用再生材料、开发有益的绿色产品和服务、参与内部或外部环境通信,以及

---

[1] SROUFE R. The New Product Design Process and Design for Environment [J]. International Journal of Operations & Production Management, 2000, 20 (2): 267-291.

[2] SROUFE R. Effects of Environmental Management Systems on Environmental Management Practices and Operations [J]. Production & Operations Management, 2003, 12 (3): 416-431.

[3] SROUFE R, MONTABON F, NARASIMHAN R, et al. Environmental Management Practices [J]. Greener Management International, 2002 (40): 23-44.

[4] LUCAS M T. Understanding Environmental Management Practices: Integrating Views from Strategic Management and Ecological Economics [J]. Business Strategy and the Environment, 2010, 19 (8): 543-556.

[5] NIEMANN J, TICHKIEWITCH S, WESTKÄMPER E. Design of Sustainable Product Life Cycles [M]. Berlin: Springer Berlin Heidelberg, 2009: 1-7.

[6] DARNALL N, EDWARDS D Jr. Predicting the Cost of Environmental Management System Adoption: the Role of Capabilities, Resources and Ownership Structure [J]. Strategic Management Journal, 2006, 27 (4): 301-320.

[7] LUN Y H V. Green Management Practices and Firm Performance: A Case of Container Terminal Operations [J]. Resources, Conservation and Recycling, 2011, 55 (6): 559-566.

任何其他重要的环境举措。

表 2-6 KLD "环境强度" 项目

KLD 项目	解释
污染防治	企业制订了强大污染预防计划，包括减排和减少毒性原材料使用计划
回收	企业在其制造过程中将回收材料作为其生产原材料，也是循环产业中的重要参与者
替代性能源	企业能够从替代燃料中获得可观的收入（"替代燃料"包括天然气、风能和太阳能等新能源），并且企业对能源效率计划或者提供能源具有较高的承诺
有益的绿色产品和服务	企业从创新补救产品、环境服务或促进能源有效利用的产品中获得可观的收入，或者开发具有环境效益的创新型产品
有效沟通	该公司是 CERES 原则①的签署者，发布了一份具有实质性的环境报告，以及为了实施最佳的环境友好行为建立了具有显著成效的内部通信系统
其他措施	该公司展示了 KLD 评级类别未涉及的强大环境属性

资料来源：LUCAS M T, NOORDEWIER T G. Environmental Management Practices and Firm Financial Performance: The Moderating Effect of Industry Pollution-Related Factors [J]. International Journal of Production Economics, 2016 (175): 24, 28.

更多的学者从中小制造企业运营的角度出发研究"绿色化"行为，如表 2-7 表示。运营管理视角下的"绿色化"是一套技能和概念，企业的"绿色化"行为包括与产品相关的实践（替代污染和有害物质、产品设计侧重于减少资源消耗和废物产生等）和与生产过程相关的环境实践（排放过滤器；末端控制；购买、使用清洁技术设备等）。也就是说，制造企业"绿色化"行为是一个系统的过程，它涉及绿色产品设计、环保原材料的选取与使用、环保包装和分销以及产品生命周期结束后再利用与回收。②"绿色化"还强调以最低的环境成本生

---

① CERES 原则即《环境责任经济联盟原则》，是由环境责任经济联盟 1989 年提出的《瓦尔德斯原则》发展而来。
② REHMAN M A, SETH D, SHRIVASTAVA R L. Impact of Green Manufacturing Practices on Organisational Performance in Indian Context: An Empirical Study [J]. Journal of Cleaner Production, 2016 (137): 427-448.

产最具经济价值的产品,① 也就是说,在生产过程中应消耗更少的材料和更少的能源,且应转变使用原材料的性质(无毒原材料代替有毒原材料,可再生能源代替不可再生能源),减少非期望产出,并实施积极的回收和再利用行动。②

表2-7 企业运营视角下国内外学者关于"绿色化"行为的研究

作者	区域范畴	主题	"绿色化"行为
刘飞、曹华军 (2000)	中国	绿色制造的理论框架	绿色制造应当包括从原材料生产、制造加工、产品装配、产品包装、产品报废、回收处理的全过程
蒙塔邦等 (Montabon等,2007)	全球	绿色实践与环境绩效	回收、减少废物、再制造、生态设计和基于环境问题的市场监督
鲁辛科 (Rusinko,2007)	美国	绿色实践与竞争优势	污染预防、减少能源与原材料的投入、减少固体废物、废水、废气的排放、进行水循环
彭格拉萨米 (Phungrassami,2008)	泰国	绿色制造实践	减少环境污染,并减少原材料、水、能源等资源的成本与数量
拉贾等 (Raja等,2010)	马来西亚	中小企业环境行为动机	回收活动,减少废物与排放是最重要的环境战略
德斯佩斯等 (Despeisse等,2012)	全球	可持续制造的行为	进行绿色产品设计,实施绿色供应链,采用绿色生产技术以及减少资源浪费等行为
加雷蒂和泰施 (2012)	全球	环境制造的新趋势	从产品全生命周期看待绿色行为,包括产品设计、产品生产以及产品回收
周星 (2013)	中国	绿色采购行为影响因素	绿色采购是实施"绿色化"的重要部分

---

① THANKI S, GOVINDAN K, THAKKAR J. An Investigation on Lean-Green Implementation Practices in Indian Smes Using Analytical Hierarchy Process (AHP) Approach [J]. Journal of Cleaner Production, 2016 (135): 284-298.
② SETH D, REHMAN M A A, SHRIVASTAVA R L. Green Manufacturing Drivers and Their Relationships for Small and Medium (SME) and Large Industries [J]. Journal of Cleaner Production, 2018 (198): 1381-1405.

续表

作者	区域范畴	主题	"绿色化"行为
迪加尔瓦等 （Digalwar等，2013）	印度	绿色行为的绩效研究	与供应商的环境合作、环境友好型采购、减少和消除产品对环境的影响
谭克等 （Thanki等，2016）	印度	精益制造与绿色制造的影响	绿色化程度由有害排放物和能源消耗的减少所决定
谭克 （Duarte，2017）	全球	绿色及精益生产行为评估	减少废物产生、从环境和道德友好的角度出发采购材料、ISO 14001认证、逆向物流、与客户的环境合作、生态设计、环境友好包装等

哈特和米尔斯坦（Milstein）从绿色行为表现形式出发，将绿色行为划分为内部绿色行为与外部绿色行为两类，内部绿色行为主要是企业在生产运营过程中进行的污染防治或积极使用清洁技术等内部表现形式，有助于最大限度降低成本，并为未来可持续发展提供相应的保障；外部绿色行为则是指企业向公众传达的可持续发展观念以及其绿色管理的理念，有助于将利益相关者的观点整合到业务与企业运营中，并且有利于企业制订未来的商业轨迹。① 根据哈特和米尔斯坦创建的可持续价值框架，企业的最终经营目标是同时通过内部（污染预防和清洁技术）和外部（产品管理和可持续发展愿景）的绿色实践为股东创造可持续价值。② 米罗什尼琴科（Miroshnychenko）等从企业可持续发展观念的视角出发，进一步将企业的绿色行为划分为污染防治、绿色供应链管理、绿色产品开发与环境管理系统四类。③

谢（Xie）等根据企业态度的不同将上述绿色实践分为积极型（主动或预防）绿色行为和消极型（被动或控制）绿色行为两大类。④ 积极的行为主要指

---

① HART S L, MILSTEIN M B. Creating Sustainable Value [J]. Academy of Management Perspectives, 2003, 17 (2): 56-67.
② HART S L, MILSTEIN M B. Creating Sustainable Value [J]. Academy of Management Perspectives, 2003, 17 (2): 56-67.
③ MIROSHNYCHENKO I, BARONTINI R, TESTA F. Green Practices and Financial Performance: A Global Outlook [J]. Journal of Cleaner Production, 2017, 147: 340-351.
④ XIE X M, ZANG Z P, QI G Y. Assessing the Environmental Management Efficiency of Manufacturing Sectors: Evidence from Emerging Economies [J]. Journal of Cleaner Production, 2016, 112: 1422-1431.

与工艺结构改变和跟环保资源的使用相关的生产运营行为。[1] 通常，企业将这些积极的环境管理行为纳入战略规划之中，因为这些行为往往是公司的"增值"来源，它们可以通过减少材料使用或避免废物管理成本的产生来降低总生产成本。[2] 相反，消极的行为主要与末端控制等相关，这些行为主要识别、捕获和处理生产过程中造成的污染物排放，并不会直接干预对环境不友好的生产过程。

从企业态度出发，罗德里格（Rodrigue）等对企业绿色实践进行了另一种划分，他将企业的环境管理行为分为象征性和实质性两种方式。[3] 所谓象征性的方式主要是为了符合基本的社会规范，但缺乏一种具有实际意义的改变来持续改善企业周围的自然环境。这种类型的绿色实践也被称为印象管理，也就是说，管理者的目标是向社会展示他们对环境的承诺，并通过实施绿色行为来提高企业的声誉。但是，付诸实践的绿色行为更侧重于短期环境规划。相反，实质性的绿色行为旨在广泛和具体地改善企业与自然环境的互动关系，即将绿色行为纳入企业的战略制订范围。与象征性绿色行为相比，实质性绿色行为更侧重于扩大企业的道德意识和环境治理范围。

从绿色行为涉及的不同层面以及其潜在影响的不同，蒙塔邦等将这些行为分为操作性、战术性与战略性三类。[4] 穆尼奥斯·维拉米扎（Muñoz-Villamizar）等认为消极型绿色行为是在不干预企业生产运营活动的前提下解决环境问题从而满足利益相关者的要求，而积极型绿色行为则是将环境目标纳入企业的战术与战略范围中。[5] 因此，蒙塔邦等所认为的操作性绿色行为[6]与蒙塔邦等界定的

---

[1] GALEAZZO A, FURLAN A, VINELLI A. Lean and Green in Action: Interdependencies and Performance of Pollution Prevention Projects [J]. Journal of Cleaner Production, 2014 (85): 191-200.

[2] CHERRAFI A, ELFEZAZI S, CHIARINI A, et al. The integration of Lean Manufacturing, Six Sigma and Sustainability: A Literature Review and Future Research Directions for Developing A Specific Model [J]. Journal of Cleaner Production, 2016 (139): 828-846.

[3] RODRIGUE M, MAGNAN M, CHO C H. Is Environmental Governance Substantive or Symbolic? An Empirical Investigation [J]. Journal of Business Ethics, 2013, 114 (1): 107-129.

[4] MONTABON F, SROUFE R, NARASIMHAN R. An Examination of Corporate Reporting, Environmental Management Practices and Firm Performance [J]. Journal of Operations Management, 2007, 25 (5): 998-1014.

[5] MUÑOZ-VILLAMIZAR A, SANTOS J, VILES E, et al. Manufacturing and Environmental Practices in the Spanish context [J]. Journal of Cleaner Production, 2018, 178: 268-275.

[6] MONTABON F, SROUFE R, NARASIMHAN R. An Examination of Corporate Reporting, Environmental Management Practices and Firm Performance [J]. Journal of Operations Management, 2007, 25 (5): 998-1014.

消极型绿色行为[1]是一致的，战术和战略性绿色行为与积极型绿色行为相一致。综上，不同学者对于绿色行为的分类如表 2-8 所示。

表 2-8　不同学者对于"绿色化"行为的分类

分类标准	类别	来源
绿色行为表现形式	内部绿色行为 外部绿色行为	哈特和米尔斯坦（2003）
企业态度	积极型绿色行为 消极型绿色行为	谢等（2016）
	象征性绿色行为 实质性绿色行为	罗德里格等（2013）
涉及层面以及 其潜在影响	操作性绿色行为 战术性绿色行为 战略性绿色行为	蒙塔邦等（2007）

阿巴斯（Abbas）将管理与运营视角相融合，认为企业绿色行为应当包括绿色流程、绿色产品及绿色管理三个部分。[2] 绿色流程是指企业最大限度减少生产过程中自然资源的消耗，从而将原材料转化为有价值的产品，通过遵循绿色流程，企业可以在运营流程中进行系统改进，并确保其生产活动不会污染空气、土壤和水等自然环境；[3] 绿色产品则是指改进产品的设计，以使其生产过程消耗无毒且可生物降解的化合物，从原材料投入的源头最大限度减少污染物的产生；绿色管理是指对现有管理系统、战略和政策进行重组，使企业向环境友好型的战略系统转变，以最大限度减少组织生产和管理战略对环境产生的负面影响[4]。

综合考虑各学者的研究成果，"绿色化"行为应该对产品进行绿色设计，选

---

[1] XIE X M, ZANG Z P, QI G Y. Assessing the Environmental Management Efficiency of Manufacturing Sectors: Evidence from Emerging Economies [J]. Journal of Cleaner Production, 2016, 112: 1422-1431.

[2] ABBAS J. Impact of Total Quality Management on Corporate Green Performance through the Mediating Role of Corporate Social Responsibility [J]. Journal of Cleaner Production, 2020, 242: 118458.

[3] DAI R, ZHANG J. Green Process Innovation and Differentiated Pricing Strategies with Environmental Concerns of South-North Markets [J]. Transportation Research Part E: Logistics and Transportation Review, 2017 (98): 132-150.

[4] LI D, ZHAO Y, ZHANG L, et al. Impact of Quality Management on Green Innovation [J]. Journal of Cleaner Production, 2018 (170): 462-470.

取清洁的原材料，运用绿色基础进行清洁生产，减少"三废"的排放，产品有利于回收处理。本研究从企业运营的视角出发，根据产品的全生命周期，将"绿色化"流程主要分为"绿色设计—原材料选取—生产—污染处理—回收再利用"五个阶段。

四、制造企业"绿色化"与企业绩效的关系

自20世纪90年代以来，学者们一再表明，积极主动的环境战略既有利于保护地球，又有益于提高企业声誉和财务业绩。[1] 积极主动的环境战略被界定为超出监管要求而自愿实践的系统模式，如在减少废物和从源头防止污染方面。[2] 但是，在公认的环境管理实践取得进展之后，许多公司却发现他们的环境和财务改善都不如预期。[3] 因此，虽然一些公司在环境问题上采取了一定的措施，但仍有部分公司在寻找合适的企业环境优化方针。那么"绿色化"与可持续绩效到底是什么关系呢？这个问题值得深入探讨。

莱因哈特（Reinhardt）提出了一种潜在的、富有成效的方法来阐明环境管理行为与企业财务绩效之间的关系，他认为核心问题不是"企业是否值得绿色转型"，而是"在什么情况下企业实施环境实践可能会有所回报"。[4] 这种观点跳脱出传统具有争议性的中间立场，他认为"环境管理实践—财务绩效"关系需要一个明显的权衡。[5] 波特（Porter）认为经济生态权衡不是"固有的和固定的"，他明确标明了一家企业活跃的管理行为不一定会产生高于行业平均水平的回报。[6]

---

[1] CHRISTMANN P. Effects of "Best Practices" of Environmental Management on Cost Advantage: the Role of Complementary Assets [J]. Academy of Management Journal, 2000, 43（4）: 663-680.

[2] BUYSSE K, VERBEKE A. Proactive Environmental Strategies: A Stakeholder Management Perspective [J]. Strategic Management Journal, 2003, 24（5）: 453.

[3] HUSTED B W. Governance Choices for Corporate Social Responsibility: to Contribute, Collaborate or Internalize? [J]. Long Range Planning, 2003, 36（5）: 481.

[4] REINHARDT F L. Environmental Product Differentiation: Implications for Corporate Strategy [J]. California Management Review, 1998, 40（4）: 43-73.

[5] REINHARDT F L. Environmental Product Differentiation: Implications for Corporate Strategy [J]. California Management Review, 1998, 40（4）: 43-73.

[6] PORTER M, VAN DER LINDE C. Green and Competitive: Ending the Stalemate [J]. Long. Range Plan, 1995, 28（6）: 128-129.

在传统观点里，企业家更关注实施绿色化可能对企业利润产生的不利影响，①然而，大量的研究表明这个观点是不正确的。波特指出绿色实践与企业的竞争力高度相关，他认为企业的绿色行为具有大量节约资源、缩短停机时间、便于利用副产品、工作环境更安全、降低操作和产品处理成本、产品质量更高、产品转售和废品价值更高等优点。②绿色行为协助企业仔细检查其内部运作，让员工参与环境问题，持续监测环境改善情况，并增加他们对其运作的了解，所有这些行动也可以帮助企业改善内部运作，并获得更高的效率。③一旦这些行为发展成为竞争对手难以模仿的知识与技能，它们会进一步创造机会以获得竞争优势。④

企业因实行"绿色化"对产品和工艺改进，还可以增加制造操作的灵活性，改进生产流程，生产出满足客户期望的优质产品，并加速向客户交付产品和服务，进一步帮助提高企业的市场份额。⑤"绿色化"可以通过提高生产效率、保护生产安全、将生产成本降至最低，对经营绩效产生积极影响，⑥并且"绿色化"对企业的影响是递增的，它可以在长期内提升企业竞争优势和利润。⑦绿色行为可以通过提高中小企业的能源效率，降低生产成本、提升利润率，从而提高企业的盈利能力和竞争力，⑧实施绿色发展为中小企业提供多种福利，特别

---

① HUI I K, CHAN A H S, PUN K F. A Study of the Environmental Management System Implementation Practices [J]. Journal of Cleaner Production, 2001, 9 (3): 269-276.

② PORTER M, VAN DER LINDE C. Green and Competitive: Ending the Stalemate [J]. Long. Range Plan, 1995, 28 (6): 128-129.

③ LUN Y H V. Green Management Practices and Firm Performance: A Case of Container Terminal Operations [J]. Resources, Conservation and Recycling, 2011, 55 (6): 559-566.

④ HART S L. A Natural-Resource-Based View of Firm [J]. Academy of Management Review, 1995, 20 (4): 986-1014.

⑤ BHARDWAJ B R. Role of Green Policy on Sustainable Supply Chain Management [J]. Benchmarking: An International Journal, 2016, 23 (2): 456-468; DEIF A M. A System Model for Green Manufacturing [J]. Journal of Cleaner Production, 2011, 19 (14): 1553-1559.

⑥ SEZEN B, ÇANKAYA S Y. Effects of Green Manufacturing and Eco-Innovation on Sustainability Performance [J]. Procedia-Social and Behavioral Sciences, 2013, 99 (Supplement C): 154-163.

⑦ AGAN Y, ACAR M F, BORODIN A. Drivers of Environmental Processes and Their Impact on Performance: A Study of Turkish SMEs [J]. Journal of Cleaner Production, 2013 (51): 23-33.

⑧ HENRIQUES J, CATARINO J. Motivating Towards Energy Efficiency in Small and Medium Enterprises [J]. Journal of Cleaner Production, 2016 (139): 42-50.

是减少废物排放、保护环境。①

斯劳夫（Sroufe）探讨了"绿色化"与企业经营业绩之间的关系，他综合考虑了各种"绿色化"行为的直接和间接影响，得出"绿色化"与经营业绩指标之间存在着正相关关系的结论。②鲁辛科研究环境可持续性与企业具体竞争能力之间的关系，他对美国地毯行业的市场调查显示环境实践与企业竞争力呈正相关。③斯特凡（Stefan）和保罗指出，环境战略可以创造增加收入和削减成本的机会，因为环境绩效的改善通过降低收入和成本与财务绩效协同运作。④桑湾通过实证研究证实了中小制造企业实施"绿色化"所带来的效益。⑤惠（Hui）等通过对香港地区的调查研究发现，"绿色化"能够加强客户忠诚度、提高盈利能力、增强公司形象、鼓舞员工士气，并进一步为企业带来重要的商业利益。⑥李等运用多元回归、聚类分析和方差分析，研究了"绿色化"战略与中国企业组织绩效之间的联系，通过对88名中国经理人的实证研究，得出绿色战略对组织绩效有正向影响的结论。⑦同样，弗朗德尔（Frondel）等证明了实施环境管理系统（EMS）对企业的业务绩效的潜在积极影响，这种有利的影响主要表现在产品生产因采用了更有效的生产工艺，以及获得 ISO 14001 和 EMS 认证而获得了更好的销售机会，从而增加了收入。⑧

---

① SETH D, REHMAN M A A, SHRIVASTAVA R L. Green Manufacturing Drivers and Their Relationships for Small and Medium (SME) and Large Industries [J]. Journal of Cleaner Production, 2018 (198): 1381-1405.

② SROUFE R. Effects of Environmental Management Systems on Environmental Management Practices and Operations [J]. Production & Operations Management, 2003, 12 (3): 416-431.

③ RUSINKO C A. Green Manufacturing: An Evaluation of Environmentally Sustainable Manufacturing Practices and Their Impact on Competitive Outcomes [J]. Ieee Transactions on Engineering Management, 2007, 54 (3): 445-454.

④ STEFAN A, PAUL L. Does It Pay to Be Green? A Systematic Overview [J]. Academy of Management Perspectives, 2008, 22 (4): 45-62.

⑤ SANGWAN K S. Development of a Multi Criteria Decision Model for Justification of Green Manufacturing Systems [J]. International Journal of Green Economics, 2011, 5 (3): 285-305.

⑥ HUI I K, CHAN A H S, PUN K F. A Study of the Environmental Management System Implementation Practices [J]. Journal of Cleaner Production, 2001, 9 (3): 269-276.

⑦ LI C, LIU F, TAN X, et al. A Methodology for Selecting a Green Technology Portfolio Based on Synergy [J]. International Journal of Production Research, 2010, 48 (24): 7289-7302.

⑧ FRONDEL M, KRÄTSCHELL K, ZWICK L. Environmental Management Systems: Does Certification Pay? [J]. Economic Analysis and Policy, 2018, 59: 14-24.

各个国家的学者从不同研究主题出发,都证实了"绿色化"对企业产生的正向影响,如表2-9所示。

表2-9 国内外学者关于"绿色化"和企业绩效之间关系的研究

作者	区域范畴	主题	"绿色化"对企业的影响
孟古和欧赞 (Menguc 和 Ozanne, 2005)	澳大利亚	实施"绿色化"的挑战	环境导向的高阶结构与利润和市场份额显著相关
鲁辛科 (2007)	美国	评估环境制造	中小制造企业实施环境管理与企业的竞争优势相关
约翰等 (John 等, 2012)	英国	实施绿色发展的定性特征	实施绿色管理有利于减少运营成本,使得企业长期获得经济效益,并且能更稳健地面对市场的变化,增加企业的灵活性
法蒂玛 (Fatimah, 2013)	印度尼西亚	通过再制造策略评估绿色制造	实施绿色制造能够带来生态效率、清洁生产和绿色技术等方面的改善,使现有再制造产品取得在技术、经济、环境和社会上的可持续发展效益
塞曾和钱卡亚 (Sezen 和 Çankaya, 2013)	土耳其	绿色制造与企业创新的关系	绿色化能够增加生产效率、保证员工安全并减少产品成本,这会使企业获得经济与社会上的效益
辛格等 (Singh 等, 2015)	印度	评估可持续制造的指标	可持续制造的指标应该分别具有经济、环境与社会特性
马菲尼和穆波希 (Mafini 和 Muposhi, 2017)	南非	绿色制造的影响	实施绿色制造能够对环境合作产生积极影响,而更高水平的环境合作会进一步激发更高水平的中小企业财务表现
博斯·布鲁沃斯 (Bos-Brouwers, 2009)	全球	可持续创新	可持续创新可以提升中小企业的经济绩效并降低产品的成本
迪恩和麦克马伦 (Dean 和 McMullen, 2007)	全球	环境导向领导	企业家通过改善与环境相关的市场失灵以增强生态可持续性

续表

作者	区域范畴	主题	"绿色化"对企业的影响
约克和文卡塔拉曼（York 和 Venkataraman，2010）	全球	企业对于环境问题的态度	积极解决不确定和棘手的环境问题，有利于企业营利以及寻找新的机会
马尔卡耶奇等（Mrkajic 等，2017）	全球	绿色领导的优势	当企业基于绿色技术或产品开展活动，对投资者来说，"生而为绿色"是一个可靠的信号，有助于获得良好的社会反应
什里瓦斯塔瓦和塔姆瓦达（Shrivastava 和 Tamvada，2017）	全球	绿色化对企业绩效的影响	企业实施外部绿色策略对企业经济效益绩效和社会反应都有积极的影响
谢志明等（2015）	中国	绿色供应链对企业绩效的影响	绿色供应链将社会、环境责任信息公开和公众参与融入链式管理体系中，能协同上下游企业环境管理活动，监督环境违规行为，实现环境绩效与财务绩效的双赢
戴化勇和鲍升华（2010）	中国	绿色企业文化对企业经营绩效的影响	企业文化对环境绩效影响显著，并通过管理绩效与操作绩效影响企业的长期经营绩效

根据学者们的研究成果，"绿色化"行为能够有助于企业减少资源的利用，获得更多的利润，增加对市场反应的灵敏度，并且有利于保护环境，赢得良好的社会反响。由于制造企业的绿色实践与企业绩效之间的关系在现有文献中存在异质性的结果，因此绿色行为对企业绩效的影响是众多学者长期探讨的内容。[1] 企业面临来自外部利益相关者巨大的压力，其要求企业提升可持续绩效。[2] 为了改善

---

[1] MIRAS-RODRÍGUEZ M M, ESCOBAR-PÉREZ B, MACHUCA J A D. Sustainability Drivers, Barriers and Outcomes: Evidence from European High Performance Manufacturing Companies [C]. New York: IEEE, 2016: 963-967.

[2] STACCHEZZINI R, MELLONI G, LAI A. Sustainability Management and Reporting: the Role of Integrated Reporting for Communicating Corporate Sustainability Management [J]. Journal of Cleaner Production, 2016 (136): 102-110.

与外部利益相关者的关系,① 制造企业必须通过实施绿色行为以提高和保护其声誉,以此获得合法性。康(Kang)指出制造企业"绿色化"研究中最受学者关注的问题依然是企业实施环境战略与公司绩效之间的因果关系,以及这种关系是否具有积极或消极影响。② 张等指出,关于制造企业"绿色化"绩效的相关研究仍处于早期阶段,值得进行更加深入的探讨,并丰富相关研究。③

第三节 相关研究评述

一、相关代表性成果及观点分析评价

通过前文对绿色制造、"绿色化"、"绿色化"驱动因素、"绿色化"行为及其与企业绩效关系等相关文献的梳理与回顾,已经初步把握了与本研究研究主题相关的代表性研究成果与观点。

第一,"绿色化"相关研究较为薄弱。梅朗克首次提出绿色制造的系统化定义,即一种将产品和工艺设计问题与制造计划及控制问题相结合的系统,其方式是识别、量化、评估和管理环境废物的流动,以减少并最终最小化环境影响,同时尽量提高资源效率。④ 随后汉德菲尔德等,⑤ 刘飞,⑥ 刘飞、曹华君,⑦ 张

---

① FUENTE J A, GARCÍA-SÁNCHEZ I M, LOZANO M B. The Role of The Board of Directors in the Adoption of GRI Guidelines for the Disclosure of CSR Information [J]. Journal of Cleaner Production, 2017 (141): 737-750.

② KANG S-W. Mainstreaming Corporate Environmental Strategy in Management Research [J]. Benchmarking: An International Journal, 2016, 23 (3): 618-650.

③ ZHANG D, RONG Z, JI Q. Green Innovation and Firm Performance: Evidence from Listed Companies in China [J]. Resources, Conservation and Recycling, 2019, 144: 48-55.

④ MELNGK S A, SMITH R T. Green Manufacturing [R]. Dearborn: Society of Manufacturing Engineers, 1996.

⑤ HANDFIELD R B, WALTON S V, SEEGERS L K, et al. "Green" Value Chain Practices in the Furniture Industry [J]. Journal of Operations Management, 1997, 15 (4): 293-315.

⑥ 刘飞,张华,岳红辉. 绿色制造: 现代制造业的可持续发展模式 [J]. 中国机械工程, 1998 (6): 76-78, 94.

⑦ 刘飞,曹华军. 绿色制造的理论体系框架 [J]. 中国机械工程, 2000 (9): 10-13, 4.

伟,① 李等,② 这些学者从他们的研究视角丰富和完善了绿色制造的定义。但是大多数研究都只从狭义的绿色制造概念出发,将绿色制造视为一种同时实现环境和经济效益的生产方式或制造模式。仅有少数学者从广义的角度解析绿色制造,多恩菲尔德(Dornfeld)扩展了绿色制造的内涵边界,将绿色制造视为制造企业的可持续发展模式,他认为绿色制造是通过减少浪费和节约资源来实现制造业的"绿色化"。③ 目前关于绿色制造概念、内涵、方式及战略的研究已经较为成熟,但是从制造企业层面研究"绿色化",以及涉及企业"绿色化"的动因、行为及结果的研究还比较薄弱。

第二,系统构建"绿色化"驱动因素模型的研究较少。米塔尔和桑湾,④ 戈文丹等,⑤ 易,⑥ 亚乌兹·阿甘,⑦ 桑托拉里亚等,⑧ 莫克塔迪尔等,⑨ 谭克

---

① 张伟,刘仲谦,张纾,等. 绿色制造与再制造技术研究与发展 [J]. 中国表面工程, 2006 (S1): 76-81.
② LI C, LIU F, TAN X, et al. A Methodology for Selecting a Green Technology Portfolio Based on Synergy [J]. International Journal of Production Research, 2010, 48 (24): 7289-7302.
③ DORNFELD D. Green Manufacturing: Fundamentals and Applications [J]. Revue Dhistoire De Lamérique Française, 2013, 41 (4): 629-631.
④ MITTAL V K, SANGWAN K S. Ranking of Drivers for Green Manufacturing Implementation Using Fuzzy Technique for Order of Preference by Similarity to Ideal Solution Method [J]. Journal of Multi-Criteria Decision Analysis, 2015, 22 (1-2): 119-130.
⑤ GOVINDAN K, DIABAT A, SHANKAR K M. Analyzing the Drivers of Green Manufacturing with Fuzzy Approach [J]. Journal of Cleaner Production, 2015, 96: 182-193.
⑥ YI H. Green Businesses in a CLEAN ENERGY ECONOMY: Analyzing Drivers of Green Business Growth in U.S. States [J]. Energy, 2014, 68: 922-929.
⑦ AGAN Y, ACAR M F, BORODIN A. Drivers of Environmental Processes and Their Impact on Performance: A Study of Turkish SMEs [J]. Journal of Cleaner Production, 2013: 23-33.
⑧ SANTOLARIA M, OLIVER-SOLÀ J, GASOL C M, et al. Eco-design in Innovation Driven Companies: Perception, Predictions and the Main Drivers of Integration. The Spanish Example [J]. Journal of Cleaner Production, 2011, 19 (12): 1315-1323.
⑨ MOKTADIR M A, RAHMAN T, RAHMAN M H, et al. Drivers to Sustainable Manufacturing Practices and Circular Economy: A Perspective of Leather Industries in Bangladesh [J]. Journal of Cleaner Production, 2018, 174: 1366-1380.

等,① 马尔卡耶奇等,② 马菲尼和穆波希,③ 这些学者已分别从不同研究主题和不同国家背景出发研究绿色制造或"绿色化"驱动因素、行为和企业绩效。现有研究大多数对驱动因素、绿色行为与企业绩效进行单维度分析,有部分研究以对驱动因素进行排序为目的综合考虑了"绿色化"驱动因素与企业绩效之间的关系,④ 也有部分研究为了明确"绿色化"的效益构建了涉及驱动因素、绿色行为和企业绩效三者关系的模型⑤。但是现有关于"绿色化"驱动因素模型的研究,大多建立在前人研究成果基础上,既缺乏符合研究对象和背景的实践依据,也缺少成熟理论的支撑。现有对于"绿色化"驱动因素模型的研究,仅仅停留在绿色驱动因素的识别或者评估的层面,没有进一步扩展研究的边界。

第三,"绿色化"驱动因素评估体系有待融合创新。现有研究大多独立运用SEM 明确"绿色化"驱动因素模型各要素之间的关系,⑥ 或使用决策评价法对"绿色化"驱动因素进行排序。也有少部分学者综合运用了如 DEMATEL、ANP、

---

① THANKI S, GOVINDAN K, THAKKAR J. An Investigation on Lean-Green Implementation Practices in Indian SMEs Using Analytical Hierarchy Process (AHP) Approach [J]. Journal of Cleaner Production, 2016, 135: 284-298.

② MRKAJIC B, MURTINU S, SCALERA V G. Is Green the New Gold? Venture Capital and Green Entrepreneurship [J]. Small Business Economics, 2019, 52: 929-950.

③ MAFINI C, MUPOSHI A. The Impact of Green Supply Chain Management in Small to Medium Enterprises: Cross-Sectional Evidence [J]. Journal of Transport and Supply Chain Management, 2017, 11: 1-11.

④ GANDHI N S, THANKI S J, THAKKAR J J. Ranking of Drivers for Integrated Lean-Green Manufacturing for Indian Manufacturing SMEs [J]. Journal of Cleaner Production, 2018, 171: 675-689.

⑤ ABOELMAGED M. The Drivers of Sustainable Manufacturing Practices in Egyptian SMEs and Their Impact on Competitive Capabilities: A PLS-SEM Model [J]. Journal of Cleaner Production, 2018 (175): 207-221; MIRAS-RODRÍGUEZ M D M, MACHUCA J A D, ESCOBAR-PÉREZ B. Drivers That Encourage Environmental Practices in Manufacturing Plants: A Comparison of Cultural Environments [J]. Journal of Cleaner Production, 2018 (179): 690-703.

⑥ AGAN Y, ACAR M F, BORODIN A. Drivers of Environmental Processes and Their Impact on Performance: A Study of Turkish SMEs [J]. Journal of Cleaner Production, 2013 (51): 23-33.

TOPSIS、PROMETHEE 等决策评价法构建了评估方法体系①。但是，在"绿色化"驱动因素评估中，鲜少有学者综合运用 SEM 识别驱动因素，以及运用决策评价法评估驱动因素效率。同时，目前学者们构建"绿色化"驱动因素的评估指标体系，大多建立在评估准则之间是相互独立的假设基础之上，② 并直接根据专家经验判断对评估准则赋权，没有考虑准则之间的耦合关系，也并未从评估准则之间的影响度和被影响度出发计算其权重。因此，不管是"绿色化"驱动因素的评估方法还是评估指标体系都有待进一步融合创新。

二、有待拓展的研究空间

第一，扩展"绿色化"驱动因素模型研究边界。"绿色化"驱动因素模型的研究不应只局限于从研究成果分析模型涉及的"绿色化"驱动因素、绿色行为和企业绩效三者之间的关系，也需要考虑模型前端的"绿色化"障碍，以及模型后端的"绿色化"驱动因素的作用机理。"绿色化"障碍阻碍了企业的"绿色化"进程，而"绿色化"驱动因素则是能够缓解甚至消除由障碍带来的阻力作用，进而促进企业实施绿色行为的要素。因此研究"绿色化"障碍为识别"绿色化"驱动因素提供了现实依据，也符合我国中小制造企业的实际情境。同时，"绿色化"驱动因素模型的构建，不能简单从经验法则出发，而应该通过成熟的理论推导，为模型各要素的解构和要素之间的关系提供理论支撑。另外，在"绿色化"障碍和"绿色化"驱动因素模型实证结果的基础上，可以进一步优化"绿色化"驱动因素的作用机理，最终形成一个完整的研究闭环。

---

① GOVINDAN K, KANNAN D, SHANKAR M. Evaluation of Green Manufacturing Practices Using a Hybrid MCDM Model Combining DANP with PROMETHEE [J]. International Journal of Production Research, 2015 (53): 6344-6371; BÜYÜKÖZKAN G, ÇIFÇI G. A Novel Hybrid MCDM Approach Based on Fuzzy DEMATEL, Fuzzy ANP and Fuzzy TOPSIS to Evaluate Green Suppliers [J]. Expert Systems with Applications, 2012, 39 (3): 3000-3011; LUO Y, JIE X W, LI X P, et al. Ranking Chinese SMEs Green Manufacturing Drivers Using a Novel Hybrid Multi-Criterion Decision-Making Model [J]. Sustainability, 2018, 10 (8): 23.

② GANDHI N S, THANKI S J, THAKKAR J J. Ranking of Drivers for Integrated Lean-Green Manufacturing for Indian Manufacturing SMEs [J]. Journal of Cleaner Production, 2018, 171: 675-689; MITTAL V K, SANGWAN K S. Ranking of Drivers for Green Manufacturing Implementation Using Fuzzy Technique for Order of Preference by Similarity to Ideal Solution Method [J]. Journal of Multi-Criteria Decision Analysis, 2015, 22 (1-2): 119-130; GOVINDAN K, DIABAT A, SHANKAR K M. Analyzing the Drivers of Green Manufacturing with Fuzzy Approach [J]. Journal of Cleaner Production, 2015 (96): 182-193.

第二，完善我国中小制造企业"绿色化"驱动因素评估体系。

现有关于"绿色化"驱动因素的研究大多以制造企业为研究对象，且很少有研究聚焦于中国情境，现有研究成果对于我国中小制造企业"绿色化"的借鉴意义有限。因此，根据"绿色化"驱动因素模型，可以进一步完善我国中小制造企业"绿色化"评估体系的指标选择和方法的融合运用。通过运用ISM探究我国中小制造企业"绿色化"障碍的层级关系，明确符合我国中小制造企业实际情况的"绿色化"驱动因素，再采用PLS-SEM验证"绿色化"驱动因素模型。企业因"绿色化"获取的绩效是"绿色化"驱动因素的最终目的，也是其原始动因，因此以企业绩效为评估准则，运用DEMATEL的方法测算各方面绩效之间的影响度与被影响度并为其赋权。以经过验证的"绿色化"驱动因素为指标，运用TOPSIS将其排序，进一步评估"绿色化"驱动因素的效率。最终，融合多种方法，从障碍识别到效率评估，形成系统的我国中小制造企业"绿色化"驱动因素评估体系。

本章小结

本章在梳理企业社会责任理论、利益相关者理论和可持续发展理论的基础上，明确了"绿色化"的研究趋势。通过阐述制造企业"绿色化"相关概念和内容，明确了绿色制造与"绿色化"之间的关系，并探索了制造企业"绿色化"的研究重点。通过对制造企业"绿色化"相关研究的梳理，本章发现尽管国内外学者对绿色制造以及绿色驱动因素已进行了一些有益探讨，但仍有很多尚待深化与完善的地方。从现有研究来看，以企业社会责任理论、利益相关者理论和可持续发展理论为理论基础开展绿色研究的较多，从三个理论沿革出发以三种理论的融合发展为理论指导的研究较少；以广义制造企业为研究对象分析绿色制造内涵、特征、战略和绿色行为的研究较多，以我国中小制造企业为对象研究"绿色化"驱动因素的很少；单维度研究驱动因素、绿色行为与企业绩效的较多，多维度、系统地研究驱动因素、绿色行为与企业绩效的作用关系及模型的较少；独立运用结构方程模型、层次分析法、决策评价法评估绿色驱动因素的研究较多，综合运用ISM、SEM、模糊理论与多准则决策评价法评估驱动因素的研究很少。同时，根据现有研究空白，本章提出扩展"绿色化"驱动因素模型研究边界和完善我国中小制造企业"绿色化"驱动因素评估体系两大研究方向。

第三章

我国中小制造企业"绿色化"现状及障碍分析

我国已发展为世界第一制造业大国，但因受到资源滥用、环境污染与新一轮工业革命等多重因素的共同影响，我国制造业的发展面临重大挑战。绿色发展是我国制造业未来战略突围的主攻方向，作为我国制造业主要构成部分的中小制造企业，它们的"绿色化"程度决定我国制造业全面绿色转型的进程。但是相较于大型制造企业，我国中小制造企业具有设备陈旧、劳动力素质低、融资渠道不畅等先天劣势，导致中小制造企业"绿色化"面临诸多阻碍。精准识别我国中小制造企业"绿色化"障碍，并分析这些障碍之间的关系，有助于我国中小制造企业的管理层和相关政府部门的领导者能够优先解决阻碍有效实施"绿色化"的关键障碍，为精准识别我国中小制造企业"绿色化"驱动因素提供现实依据，也成为科学分析我国中小制造企业"绿色化"驱动因素的初始步骤。

第一节 我国中小制造企业"绿色化"现状

2019年9月20日，时任中华人民共和国工业和信息化部（以下简称"工信部"）部长苗圩在国务院新闻办公室发布会上提到，70年来我国工业增加值增长超970倍，形成了独立完整的现代工业体系，是全世界唯一拥有联合国产业分类中所列全部工业门类的国家，用几十年走过发达国家几百年所走的工业化历程。同时，我国制造业作为工业化和现代化的主导力量，是国民经济的支柱产业，我国高度重视制造业的发展与建设，经过70年的发展，按照国民经济行业分类，我国制造业有31个大类、179个中类和609个小类，是全球产业门类最齐全、产业体系最完整的制造业。① 而中小制造企业又是制造业的主要组成部分，明确我国制造业"绿色化"发展趋势，有助于分析我国中小制造企业"绿色化"现状。

一、我国制造业"绿色化"发展趋势

自改革开放以来，我国工业文明发展成果丰硕，我国制造业的发展对提高国民经济水平和人民生活质量起到了至关重要的作用。特别是近10余年来，我国制造业持续发展，总体规模得到大幅提升，在对国内经济做出重要贡献的同时，也极大促进了全社会的发展，并逐渐成为世界经济发展的重要支撑力量。从世界范围来看，根据世界银行的数据，2010年我国的制造业增加值超过美国跃居全球第一。2022年，我国制造业增加值为33.5亿万元，占全球制造业比重接近30%，成为驱动全球工业增长的重要引擎。②

历史和实践证明，虽然工业化有效促进了经济的快速增长，③ 但是伴随着快速工业化，如气候变化、环境污染和资源短缺等负面效应，已成为全球关注的主要问题。④ 因此，由于温室气体排放量的快速增加、自然资源的枯竭、能源短缺、垃圾填埋场问题以及土壤和水的不健康退化，可持续发展已成为全球关注的重点。⑤

2008年国际金融危机后，联合国环境署提出绿色经济发展议题，旨在解决经济危机，提供更多就业机会，改善环境问题。在2009年的二十国集团会议上，这一议题被各国广泛接纳，绿色经济开始成为未来发展的一大方向。各国为在未来世界经济竞争中占据一席之地，均围绕"绿色经济"制定战略规划，

---

① 国家统计局. 关于执行国民经济行业分类第1号修改单的通知［EB/OL］. https：//www.stats.gov.cn/xxgk/tjbz/gjtjbz/201905/t20190521_1758938.html.

② 中国统计局与工业和信息化部规划司副司长常国武在"第二届中国产业链创新发展峰会"上的讲话［EB/OL］. https：//www.gov.cn/xinwen/2023-01/18/content_5737708.htm. https：//static.nfapp.southcn.com/content/202304/03/c7524691.html.

③ XU R, LIN B. Why Are There Large Regional Differences in CO_2 Emissions? Evidence from China's Manufacturing Industry［J］. Journal of Cleaner Production, 2017, 140（3）：1330-1343.

④ CHUN Y, BIDANDA B. Sustainable Manufacturing and the Role of the International Journal of Production Research［J］. International Journal of Production Research, 2013, 51（23-24）：7448-7455.

⑤ MITTAL V K, SANGWAN K S. Development of a Model of Barriers to Environmentally Conscious Manufacturing Implementation［J］. International Journal of Production Research, 2014, 52（2）：584-594.

加大资金投入。欧盟已经启动了绿色工业发展计划，并围绕"绿色经济"投资上千亿欧元；美国已开始积极干预行业发展，直指高端制造业，并不断探索最新的发展方向。与此同时，一些成熟的工业化国家为了维持现有竞争优势，制定准入门槛，并不断提高绿色壁垒。需要明确的是，全球化进程中不断有新挑战和机遇出现，而绿色制造将成为国际竞争的重点之一，未来国家间的比拼也可能会聚焦在绿色制造这一领域。表3-1罗列了发达国家提出绿色制造重要性的相关文件。

表3-1 发达国家关于制造业绿色发展的相关文件

国家/组织	文件	阐述
美国	《加快美国先进制造业发展》(Speeding up Advanced Manufacturing Industry in the United States)	将可持续制列为振兴制造业的关键因素，提出制造业的主攻方向应当有利于绿色产业的发展
德国	《工业4.0》(Industry 4.0)	将"资源效率"列为"工业4.0"的8个关键领域之一
英国	《未来制造业》(Future Manufacturing)	实施绿色制造，以改善现有产品的生态性能，重建完整的可持续产业体系
日本	《绿色发展战略总体规划》(General Plan of Green Development Strategy)	重点关注可再生能源在制造过程中的应用并提高能源利用效率
欧盟	《未来十年能源绿色战略》(Energy Green Strategy for the Next Decade)	确立了欧盟发展绿色产业、提高能源效率的路线图

资料来源：文献整理所得。

随着环境退化成为未来人类生存的主要威胁之一，全球越来越多的制造企业将绿色管理作为实现环境保护和经济增长的战略。2021年12月25日，国家发展和改革委员会指出我国单位GDP能耗约为OECD国家的3倍、世界平均水平的1.5倍。资源与环境成本低，其价值未得到反映，市场机制无法在资源和环境因素的合理配置中发挥重要作用。非法成本低与环境监管力度不强也是环境问题屡屡得不到改善的重要原因。《2022年中国生态环境状况公报》显示，我国空气质量优良天数比例为86.5%，比2021年下降1%，全国339个地级及以上城市，仍有126个城市空气环境质量不达标；我国海洋生态环境状况基本稳定，但是近岸局部海域污染较严重。伴随着资源紧缺、环境承载力变弱以及要素成本上升等约束趋紧，我国制造业环境污染问题日益突出，绿色发展也成了我国制造业面临的重大难题。"绿色化"被视为我国制造业未来发展的主要方向，这不仅是全球制造业竞争焦点的转变，也是我国制造业发展模式的变革。

二、我国中小制造企业"绿色化"的必要性

由于可持续发展被各国提上日程，更为严格的国际法规、环境保护公约以及消费者环境主义的兴起对企业构成了巨大挑战，[1] 尤其是中小企业。[2] 我国从"十二五"规划开始便已经指出，我国制造业要实现全面的绿色升级需要众多中小企业的参与。由于一些内生和外生的原因，中小制造企业的环境管理绩效仍然不理想，并不时被报道出严重的污染事件。[3] 公司经营活动产生的污染引发的安全隐患，导致废水、天然气或其他固体废物污染物排放超标等环境事故，[4] 严重危害了自然环境和社会环境。

中小制造企业是我国制造业的重要组成部分。在充分认识促进中小制造企业发展重要性的基础上，也应认识到我国中小制造企业对自然和社会环境造成的负面效应。中小制造企业可能因为设备陈旧、劳动力素质较低和金融资源不足等原因使得它们无法摆脱高度不可持续的生产方式，导致自然资源滥用、大气污染、水资源破坏、土壤退化、废物难处理等许多经济、环境和社会问题，尤其是隶属于资源密集型和污染最严重的行业，它们消耗了我国的大部分能源和资源。[5] 另外，生态环境部发现，在我国3000万中小企业中，80%以上存在环境污染问题，占全国污染总量的60%。[6]《2016中国环境状况公报》进一步指

---

[1] CHEN Y-S, LAI S-B, WEN C-T. The Influence of Green Innovation Performance on Corporate Advantage in Taiwan [J]. Journal of Business Ethics, 2006, 67 (4): 331-339.

[2] PERES W, STUMPO G. Small and Medium-Sized Manufacturing Enterprises in Latin America and the Caribbean Under the New Economic Model [J]. World Development, 2000, 28 (9): 1643.

[3] CORDANO M, MARSHALL R, SILVERMAN M. How Do Small and Medium Enterprises Go "Green"? A Study of Environmental Management Programs in the U. S. Wine Industry [J]. Journal of Business Ethics, 2010, 92 (3): 463-478.

[4] ZENG S X, MENG X H, ZENG R C, et al. How Environmental Management Driving Forces Affect Environmental and Economic Performance of SMEs: A Study in the Northern China District [J]. Journal of Cleaner Production, 2011, 19 (13): 1426-1437.

[5] DIAO X D, ZENG S X, TAM C M, et al. EKC Analysis for Studying Economic Growth and Environmental Quality: A Case Study in China [J]. Journal of Cleaner Production, 2009, 17 (5): 541-548.

[6] 中小企业合作发展促进中心. 中国中小企业社会责任指南 [EB/OL]. csc9000.org.cn, 2014-01-13.

出，在338个地级城市中，75.1%的城市环境空气质量较差，中小企业占污染的60%以上。因此，即使中小企业对我国现代经济的发展有着不可磨灭的贡献，但它们也造成了严重的环境污染和资源枯竭，这也促使它们亟须寻找一种新的发展方式，即"绿色化"发展。中小制造企业作为我国中小企业的主力军，更是污染的主要源头之一。

面临愈加严重的环境压力，政府法规、社区参与和市场也更加强调中小制造企业要在更广泛的绿色经济竞争环境中改善其环境管理和绩效，我国中小制造企业的发展内涵正在发生变化，这种变化不仅来自外部环境的压力，更多源于制造业的内生压力。这种内生压力要求中小制造企业摆脱对外部资源和资本的高度依赖，注重依靠技术进步提高生产率以满足有效供给的能力；要求激发各子系统积极应对变化的能力，提高生产效率的同时注重生态效益。这种由外生到内生的变化，要求我国中小制造企业加快形成节约资源、保护环境的生产方式，并加快向资源节约型、环境友好型的绿色制造企业转型。

相对于中小制造企业，我国大型制造企业的绿色行为更为活跃，[1] 它们更加倾向于推行绿色实践，[2] 因为在我国，大部分大型企业都是国有性质，它们更容易获得优惠政策、资源与外部支持，[3] 并且，它们的生产运营行为也更多地受公众监督。然而，我国中小制造企业因为现金流不足、缺乏经济激励政策、环境执法不严和初始资本成本高等潜在障碍的存在，使得它们处于弱势的经济地位，并极大影响它们实施环保项目。[4] 因此，由于缺乏有效的企业环境管理体系和激励机制，中小企业很难克服资源利用不合理、环保技术缺失等困难。但是，由于大多数中小企业的组织结构、系统和程序相对简单，因此它们通常具有较好的灵活性，能够快速反馈，并且具有较短的决策链，在转型升级的过程中，中小制造企业可以充分发挥决策灵活、执行力强的优势。更重要的是，与大型企业相比，中小企业通常对市场趋势和客户需求有更好的理解和更快的反应。因此，要有效解决环境污染和资源短缺问题，需从我国中小制造企业开始全面实

---

[1] ZHANG J, CHANG Y, WANG C, et al. The Green Efficiency of Industrial Sectors in China: A Comparative Analysis Based on Sectoral and Supply-Chain Quantifications [J]. Resources, Conservation and Recycling, 2018 (132): 269-277.

[2] ZHENG H. Do SOEs Outperform Private Enterprises in CSR? Evidence from China [J]. Chinese Management Studies, 2016, 10 (3): 435-457.

[3] ZENG S X, MENG X H, YIN H T, et al. Impact of Cleaner Production on Business Performance [J]. Journal of Cleaner Production, 2010, 18 (10-11): 975-983.

[4] MARQUIS C, QIAN C. Corporate Social Responsibility Reporting in China: Symbol or Substance? [J]. Organization Science, 2013, 25 (1): 127-148.

施"绿色化",将产品、工艺设计问题与制造计划、控制相结合,以便能够轻松识别、量化、评估和管理其环境废弃物,从而减少并最终最小化环境污染,同时最大限度地提高资源效率。

第二节 我国中小制造企业"绿色化"障碍识别

我国政府制定了一系列政策法规规制企业的非环保行为,甚至勒令不满足环保要求的企业关闭整改。在政策压制企业非环保行为的同时,政府也制定了一系列激励措施促使企业主动积极地承担环境责任,例如,对绿色型企业的税收优惠,鼓励对企业的环保行为进行投资,或者直接资助企业的绿色创新研究。虽然我国中小制造企业绿色转型受国际大趋势以及国内政策引导的双向驱动,但是其在"绿色化"进程中仍然面临诸多障碍。目前关于制造企业绿色发展障碍的研究,大多以文献梳理的方式总结阻碍制造业绿色发展的因素,这些文献都是以一个宏观的视角梳理全球制造企业的绿色发展障碍,很少有文献以中小制造企业为研究对象。与大企业相比,中小企业缺乏实施绿色制造所需的资源、技术专长和经验,因此中小制造企业实施绿色行为的障碍与大企业是不同的。不同文化、国家背景下,社会结构与组织政策并不一致,所以关于中小制造企业"绿色化"障碍分析应当聚焦于某一特定文化背景。因此,需要在梳理全球文献的基础上,罗列出现有文献中提到的"绿色化"障碍,整理出具有共性的"绿色化"障碍框架,进一步结合国内相关文献以及我国中小制造企业高层管理者的实地访谈结果,调整"绿色化"障碍框架,形成具有中国特色的"绿色化"障碍框架。

一、我国中小制造企业"绿色化"障碍探究

虽然一些阻碍中小制造企业"绿色化"的成因是具有行业特定属性的,但毫无疑问,找到一些与多个行业或组织相关的障碍也是可能的。[1] 资金缺乏就是所有中小制造企业"绿色化"发展进程中面对的主要障碍。尽管传统制造企业粗放型生产运营方式对环境和社会造成了巨大的负面效应,制造业越来越重视

---

[1] ZHU Q. Institutional Pressures and Support from Industrial Zones for Motivating Sustainable Production Among Chinese Manufacturers [J]. International Journal of Production Economics, 2016 (181): 402-409.

可持续发展，但大多数制造企业仍然更注重经济可持续性，而不是环境和社会层面的可持续性。① 在竞争激烈的市场中，面对国外先进企业和国内大型企业的双向挤压，中小制造企业已然是夹缝中求生存。它们的主要经营目标便是获取利润，而获取利润的主要渠道则是提供"物美价廉"的产品。这使得大多数中小制造企业都走成本领先的经营战略。但是中小制造企业要实现绿色转型意味着它们需要将更多的资金投入清洁技术的研发和引进、环境系统开发、员工绿色理念培养等方面，这将大大增加企业的经营成本，这种"无端的成本"在一定程度上不符合传统中小制造企业的经营理念。

收益不确定性是中小制造企业实施绿色行为的另一个阻碍。中小制造企业要全面实施绿色发展，就需要重新设计其产品。产品的设计思路、原料选取、生产、回收等环节都要进行绿色、环保价值提取，采取再利用或再制造等手段来克服污染环境等问题。然而，这种产品、工艺和流程的重新设计与创新需要大量的初始资本投资（人力及物力资源、基础设施、员工培训等），绿色发展的成本投入是能够即时被测量的，但是绿色收益的显现却是一个长期的过程，这无疑进一步限制了中小制造企业采取绿色行为的可能性，因为对以营利为主要目的的中小制造企业而言，它们只有在明确此类投资的实际收益时，才会将有限的资源投入新的计划中。

绿色及环保理念匮乏是阻碍我国中小制造企业绿色化发展的另一个重要原因。改革开放几十年来，我国经济增长仍然无法摆脱传统的粗放型发展方式，我国制造业的高速发展也主要依赖长期大量的资源要素投入，中小制造企业更是资源消耗的主要来源。近年来，由于大气污染现象等环保问题越发严重，公众逐渐意识到了环境问题的严峻，但是社会公众对于环保方面的知识仍然比较匮乏。因此，当消费者进行消费时没有将企业生产是否符合环保要求这一指标考虑在内，并且当真正涉及产品购买时，消费者很少主动寻求绿色环保的产品。

绿色市场监管体制不完善进一步催生了中小制造企业的不环保行为。中小制造企业所生产的产品最终都会流入市场，在市场中进行交易和流转。但是，资源、能源、环境、品质等绿色属性（环保、节能、节水、循环、低碳、再生、有机、有害物质限制使用等）认证制度的不完善，市场内流转的产品鱼龙混杂，导致消费者无法正确识别绿色产品，从而影响了终端绿色消费。这一现象又将进一步导致"劣币驱逐良币"效应，使得满足绿色认证的产品和企业被驱逐出

---

① TRIANNI A, CAGNO E, NERI A. Modelling Barriers to the Adoption of Industrial Sustainability Measures [J]. Journal of Cleaner Production, 2017 (168): 1482-1504.

市场。

　　刚性的环保规章制度也阻碍了中小制造企业绿色化转型的步伐。为了避免制造企业造成如大气污染、水污染等问题，对于污染严重的企业，政府采取在一定时间内没有达标便勒令关闭等严厉措施。但是由于粗放型的生产行为无法在短时间内完全摒弃，刚性关闭工厂的措施会间接促使部分中小制造企业不采取任何绿色环保措施，而是直接放弃原有场地，另寻新的生产地。对于某些中小制造企业，不仅没有促使它们进行绿色转型，反而使得它们另辟蹊径，转移生产所在地，将具有环境污染的工厂转移至西部等环境政策不那么严厉的省、市。

　　绿色企业文化构建不全面同样也在一定程度上限制了企业绿色行为的实施。2018年，在国务院促进中小企业发展工作领导小组第一次会议中，全国工商联、中国人民银行再次提出中小企业融资难、融资贵等问题。这造成中小制造企业的首要经营目标仍以营利为准。由于"代理人"的存在，中小企业的经营仍然追求股东权益最大化。组织文化由最高管理者通过有效沟通组织内的共享价值来塑造，由于中小制造企业很难形成绿色管理理念，很难成功构建绿色企业文化，所以不管是中小制造企业的管理者还是基层员工都缺少企业社会责任的意识，无法在日常生产经营活动中考虑承担企业的环境责任，Judge和Elenkov也通过实证研究证明了缺乏绿色组织文化可能会阻碍企业的环境绩效。①

　　企业内部员工缺乏相关的绿色环保等知识理念及相关技能培训也进一步遏制了企业采取绿色行为。绿色企业文化是高层管理者为企业发展制订的一个愿景，是一个大的发展方向。但是具体的生产行为涉及的却是基层管理者和一线工作人员，因此企业进行绿色人力资源管理至关重要。绿色人力资源管理不同于传统的人力资源管理，它拓宽了传统人力资源管理的范畴，使人力资源管理不简单局限于绩效考核与评估上，而是要增强员工的绿色理念，培养他们的环保意识，还要系统地培训相关绿色技术与技能，让员工真正参与到绿色决策之中，形成从下至上的问题反馈链，即让员工识别企业生产运营中的不环保行为，并提出相应的解决方案，真正实现从源头控制环境不友好行为的发生。但是目前很少有中小制造企业进行绿色人力资源管理，这对中小制造企业的绿色发展是非常不利的。

---

① JUDGE W Q, ELENKOV D. Organizational Capacity for Change and Environmental Performance: an Empirical Assessment of Bulgarian Firms [J]. Journal of Business Research, 2005, 58 (7): 893-901.

技术知识获取渠道不畅是中小制造企业无法成功绿色转型的关键障碍。企业要成功实施绿色转型，就需要加快研发具备污染减量化、废弃物资源化利用和无害化处理等功能的高效、低碳、清洁、循环的工艺技术。但是，最先进的技术、材料、操作和工业流程通常不易被中小制造企业获得。在政府政策鼓励的背景下，由于专业人才的缺乏，前期技术知识薄弱，中小制造企业即使获得了足够的资金资助，也没有办法独立突破核心技术，研发出能够推广运用的绿色高新技术。在产学研合作渠道上，中小制造企业也处于相对劣势，与大企业不同，中小制造企业没有健全的合作渠道，它们与高校、科研机构等创新集中地的合作程度不高，无法有效传达企业的技术需求，这种技术创新平台不完善的现状，也间接导致中小制造企业研发出绿色新技术的可能性大大降低。由于信息渠道不畅等问题，中小制造企业技术引进存在壁垒，也无法从外部获取先进的绿色技术。

上述问题致使中小制造企业没有实施结构化、系统性的绿色管理和实践。中小制造企业的管理层对绿色实践的了解并不能有效转化为实际的商业实践，因为他们认为实施绿色行为将产生高昂的成本，并且绿色行为所产生的收益无法抵消其成本。社会公众及消费者环保意识的匮乏，为中小制造企业的非环保行为创造了社会条件。市场监管体制不完善以及刚性规制政策放慢了中小制造企业绿色化转型的步伐。由于市场环境对绿色理念的不敏感，以及法律法规的不完善，中小制造企业很难成功建设绿色企业文化。即使中小制造企业管理层具有较高的责任意识，愿意构建绿色企业文化，绿色人力资源管理也并非那么容易实施。此外，由于合作渠道与信息渠道不畅，缺乏获取与绿色实践相关的资源，中小企业的研发支持不足，引进绿色技术难度较大。

结合文献梳理结果以及我国实际情况，我国中小制造企业实施绿色制造、绿色管理等绿色行为的障碍可以被初步划分为组织、环境知识、商业环境、社会影响、技术、政策、经济、供应商等八方面，具体见表3-2。

表3-2 我国中小制造企业"绿色化"障碍初步探究

障碍	序号	具体表述
组织	1	组织架构很难支撑绿色行为的实施
	2	缺乏自上而下的授权以支持绿色行为的实施
	3	内部政策的高度紧张会延迟执行关于绿色行为的决策
	4	管理者抗拒采取绿色行为

续表

障碍	序号	具体表述
组织	5	很难将绿色理念积极转换为绿色行为
	6	所有者与管理者相分离的领导模式阻碍了绿色行为的实施
	7	存在针对绿色产品及流程管理的限制性公司政策
	8	高度犹豫将传统生产行为转换为绿色生产行为
	9	外部资源影响组织采取绿色行为的能力是有限的
	10	认为绿色行为属于责任外的范畴
	11	没有在企业内建立起绿色文化
	12	缺少成功实施绿色行为的示范
	13	不合理的上下级沟通结构
	14	对绿色行为产生的效益没有正确的认识
	15	很难将企业有限的资源分配到绿色行为实施中
	16	缺少懂得绿色制造相关知识、技术的专家
	17	缺少环境责任意识
	18	缺少外部利益相关者的参与
	19	管理层及工作人员缺乏实施或维护绿色行为的时间
环境知识	20	关于绿色行为存在态度和感知方面的问题
	21	缺少绿色管理、制造、营销等方面的知识
	22	缺少取得外部绿色技术支持的渠道
	23	很难获取绿色行为潜在改进的措施
商业环境	24	基于绿色生产和绿色供应产品的市场地位薄弱
	25	绿色制造的工具、业务案例和认证程序目前主要针对大型企业
	26	绿色制造的战略适应能力很难影响中小制造企业变革
	27	市场缺乏对于绿色产品的需求及偏好
	28	工业所具有的特质导致了低水平的绿色实践
	29	缺少绿色制造对于企业经营活动影响的认知
	30	不完善的工业绿色制造规范
	31	缺少有效测量企业绿色化程度的措施
	32	绿色认证市场不规范

续表

障碍	序号	具体表述
商业环境	33	缺少有经验的绿色认证员
	34	缺少对于绿色行为合法性的认知
	35	缺少绿色行为对于企业竞争力影响的认知
社会影响	36	社会缺少绿色态度
	37	消费者缺少对于绿色产品和绿色生产的认知
	38	社会公众向企业施加绿色生产的压力偏小
技术	39	组织内的研发、设计和测试不足以支持绿色行为的实施
	40	缺少新技术、材料和流程支持企业的绿色行为实施
	41	缺少额外的基础设施支持企业的绿色行为实施
	42	无法设计出基于绿色行为的替代方案
	43	设计的复杂性阻碍了绿色行为的实施
	44	切换到基于绿色制造的系统缺乏灵活性
	45	支持绿色行为实施的技术研发能力有限
	46	缺乏绿色创新的能力
	47	绿色生产制造过程缺乏灵活性
	48	缺乏绿色技术
	49	缺乏懂得使用绿色技术的人力资源
	50	缺乏获得相关技术信息的来源
政策	51	缺乏环境执法
	52	监管部门缺乏对企业绿色制造的支持和指导
	53	政府缺乏对于企业绿色制造的培训和咨询
	54	缺乏财政激励措施
	55	缺乏实施绿色行为的指南
经济	56	实施绿色行为存在的机会成本可能使企业蒙受损失
	57	很难获取金融资本以支持企业实行绿色制造
	58	实施绿色行为的初始成本很高
	59	有限的财政资源

续表

障碍	序号	具体表述
经济	60	实施绿色行为的收益表现不佳
	61	绿色认证或验证的高成本对中小制造企业造成不同程度的损失
供应商	62	供应障碍（获取绿色技术信息、原材料和金融等方面的困难）
	63	供应商对其绿色行为承诺不佳
	64	供应商无法正确认识绿色的问题

资料来源：在Neri等（2018），Raja Ariffin Raja Ghazilla（2015），马蒂亚扎甘（Mathiyazhagan）等（2013）的研究成果基础上整理所得。

二、我国中小制造企业"绿色化"障碍解构

针对文献梳理出的中小制造企业"绿色化"发展障碍，借助国家社科基金重点项目的研究平台，本研究召集了中小制造企业高层管理者7名、研究课题组专家6名，以圆桌讨论的形式探析我国中小制造企业"绿色化"障碍。为了避免先入为主的误区，也确保本研究最终获得的"绿色化"障碍是符合我国实际情境的，在开始集体讨论之前，首先要求参与讨论的7名中小制造企业的高层管理者在白纸上写下所在企业在绿色转型过程中遭遇了什么样的困境，以及我国中小制造企业整体绿色转型大环境存在的障碍。整理管理者所罗列的障碍因素，剔除具有"个性化"的障碍（某一企业自身特点所导致的在绿色转型中面临的障碍，该障碍不适用于我国大多数中小制造企业），将类似表达进行归类合并。有趣的是，对比由文献整理所得的"绿色化"障碍，发现我国中小制造企业管理者并没有高频提及涉及供应商和竞争者的障碍。这可能源于我国中小制造企业所面临的现状，中小制造企业的供应商与竞争者基本都隶属于中小企业，前文已经提及，我国中小制造企业不像大企业容易获得政策、资源、技术等方面的支持，它们的绿色行为都不算活跃，所以不管是中小制造企业的供应商还是竞争者，它们大多对绿色转型的态度相差无几，"绿色化"进程都趋于一致，因此无法构成我国中小制造企业"绿色化"的障碍。最终，本研究整理出具有实践意义且符合我国中小制造企业实际情境的"绿色化"障碍维度，即经济、技术、政策、社会、组织五个维度，具体见表3-3。

表 3-3　我国中小制造企业管理者所罗列的"绿色化"障碍

障碍	类似表达	出现频次
经济障碍	企业面临生存危机	1
	企业经济效益不理想	3
	企业没有多余资金实施"绿色化"发展	1
	无法确定绿色制造的效益	2
技术障碍	缺乏相应的绿色技术	3
	无法获取支撑绿色制造的技术	3
	现有技术无法改变生产模式	1
政策障碍	政策导向不明确	1
	没有被强制要求执行绿色制造	2
	补贴与投入不成正比	2
	绿色制造界定不清晰	1
社会障碍	绿色产品价格较高不易被接受	
	不进行绿色制造的企业也没承受太大舆论压力	1
	消费者需求不明显	3
组织障碍	环保是大企业的事	2
	中小制造企业应以营利为主	1
	企业上下没有"绿色化"概念	1

资料来源：我国中小制造企业高层管理者填写记录整理所得。

在对高层管理者的结果进行综合整理后，课题组专家成员与高层管理者展开了圆桌会议讨论。首先，课题组专家成员要求管理者各自说明企业绿色发展的现状并阐释他们所填写障碍的实践依据，以确保管理者所填障碍符合实际；其次，根据本研究对文献梳理的结果，专家组对高层管理者进行细化提问，从管理者所提出的表面障碍挖掘更深层次的障碍因素；再次，遵循德尔菲法，由课题组专家与高层管理者共同商讨总结出更细化且具有共性的"绿色化"障碍；最后，通过对会议记录的整理、提炼、归纳，根据表 3-3 所划分的维度，本研究梳理出符合我国实际情境的中小制造企业的 19 个"绿色化"障碍，具体见表 3-4。

表 3-4 我国中小制造企业"绿色化"障碍

类别	障碍	描述
经济	GO1：投入成本高昂	购买或研发新技术、投资新设备、培训工作人员等成本高
	GO2：获取金融支持难度大	实施绿色战略、行为导致的资金缺口，很难从外部投资者处获得相应的金融支持
	GO3：收益不确定性	在新技术、设备、人员上进行巨额投资后的可实现效益具有不确定性
社会	GO4：社会施加的绿色压力较小	缺乏来源于当地社区、媒体、非政府组织、银行、保险公司等主要社会行动者施加的绿色压力
	GO5：消费者绿色需求薄弱	由于价格敏感、绿色理念薄弱以及对绿色产品的不熟悉，消费者对绿色产品和工艺的需求较低
政策	GO6：环境法律体系不完善	没有系统、科学、有效的环境法律体系
	GO7：环境执法不力	缺乏基础设施、训练有素的人力资源以及监测成本高昂等原因，导致环境法执行不力
	GO8：未来法律的不确定性	即将出台的立法可能对中小制造企业的绿色行为产生不可预见的影响
	GO9：绿色认证体系不完善	企业绿色生产、绿色产品、绿色管理等方面的认证程序不完善，缺乏详细、系统的验证制度以及专业执行绿色认证的人员
	GO10：缺乏绿色制造的示范项目	成功实施绿色行为企业的经验无法通过示范项目等有效手段传递给大部分中小制造企业
组织	GO11：高层管理者承诺较低	高层管理人员的环保承诺很低，缺乏对环保失责的认知，无法影响、支持在整个组织的内部环境倡议或实际制订和部署绿色行为
	GO12：绿色企业文化建设不全面	没有将绿色经营理念全面导入企业的核心价值观中，无法正确协调企业自身发展与生态保护之间的关系

续表

类别	障碍	描述
组织	GO13：组织结构支撑力度不强	中小制造企业存在"代理人问题"，高度集中的企业内部政治会抵抗绿色管理，且僵硬的、自上而下的沟通结构会延迟绿色行为的实施
组织	GO14：绿色人力资源管理体系构建不全面	对企业内部人员绿色理念、技能等培训和考核的不完善，使得中小制造企业很难将绿色理念转化为绿色行为
组织	GO15：员工参与度较低	员工被动执行高层管理者的决策，没有主动理解绿色管理理念，无法积极地参与到企业绿色行为实施中
技术	GO16：新技术难获得	最先进的技术、材料、操作和工业流程通常不会成本低廉地提供给中小制造企业，且中小制造企业很难独立研发出绿色技术
技术	GO17：产学研合作渠道不畅	中小制造企业没有健全的产学研合作渠道，无法将技术诉求顺利传达给高校、科研机构等技术研发密集地，得不到有利的外部支持
技术	GO18：技术信息不对称	缺乏相关的绿色、环保知识，由于技术专利权等问题，中小制造企业无法获取最新的低碳、清洁、高效等技术知识以改进企业绿色行为
技术	GO19：技术引进渠道不畅	中小制造企业缺乏引进高新技术的资金、资源与渠道

资料来源：圆桌讨论结果整理所得。

第三节 我国中小制造企业"绿色化"障碍评估

单从文献梳理所得出的制造企业绿色发展障碍，无法明确障碍之间的相互影响关系，不能分析出障碍的严重程度，不具有针对性。因此，在明确了我国中小制造企业"绿色化"面临的障碍后，需要借助 ISM 法和交叉影响矩阵相乘法（MICMAC），评估各障碍之间的相互影响关系，寻找出关键影响因素，有利于为我国中小制造企业"绿色化"驱动因素的识别及作用机理分析奠定基础。

一、评估方法选择

（一）解释结构模型（ISM）法

解释结构模型（Interpretative Structural Modeling，ISM）法是一种经过时间检验的结构模型化技术，是处理复杂问题的一种有效方法。约翰·沃菲尔德（John N. Warfield）于1976年在 *Societal Systems: Planning, Policy, and Complexity* 一书中正式提出这一方法。目前，该方法已经在现代系统工程中广泛使用，也广泛应用于包括NASA在内的许多著名组织。[①]

ISM是一个交互式学习过程，它将一组不同且直接相关的元素构造成一个全面的系统模型，[②] 这样形成的模型以精心设计的模式（包括图形和文字）描绘了一个复杂问题的结构、系统或研究领域。它以专家的实践经验及系统知识为基础，并借助计算机相关功能，将原本复杂的系统逐级分解、简化成若干个子系统（元素），最终形成多级递阶的一种结构模型。因为它能够将模糊不清、无法具体化的理念与想法转化为能够直观反映问题本质的结构关系模型，所以特别适用于系统分析那些变量众多、变量之间关系复杂且结构不清晰的问题，也能应用于可选方案的排序。它有助于在现实复杂系统现象中建立各种因素之间的系统和逻辑关系，并降低影响系统或现象的因素之间关系的复杂性。

ISM使用解释性方法（基于专家的判断）来确定问题或问题的不同和直接相关因素之间的上下文关系。它呈现为层次化的拓扑图，用于解释复杂的关系模式。它通过设定复杂关系的顺序和方向，将不清晰的解释模型转换为对许多应用有用的、可见的、正确定义的模型。这一方法被研究者广泛使用，以简化的方式，直接和间接地将不同行业确定的标准或因素联系起来。它提供固定物体的相互预处理，并有助于识别系统内的结构。

拉杰（Raj）等认为，ISM具有以下四个特点：第一，这种方法是解释性的，因为专家的判断决定了不同要素之间是否存在关联以及如何关联；第二，这种关联关系是结构性的，即从复杂的变量群中集中提取出整体结构；第三，这是一种建模技术，因为在有向图模型中描绘了特定的关系和整体结构；第四，

[①] ORJI I J. Examining Barriers to Organizational Change for Sustainability and Drivers of Sustainable Performance in the Metal Manufacturing Industry [J]. Resources, Conservation & Recycling, 2019 (140): 102-114.

[②] WARFIELD J N. Developing Subsystem Matrices in Structural Modeling [J]. IEEE Transactions on Systems, Man, and Cybernetics, 1974, SMC-4 (1): 74-80.

它有助于将顺序和方向施加于系统各个元素之间的关系上，以简化系统的复杂性。[1] 当然，ISM方法也有一些局限性，要素之间的关系取决于评判专家的知识及其对企业、行业等相关部门的熟悉程度。因此，评判专家的偏见可能会影响最终结果。[2]

基于ISM的特点，它能有效地将复杂问题简单结构化，因此特别适合用于对复杂社会问题进行成因归类分析。马蒂亚扎甘等，[3] 贾扬特（Jayant）和爱资哈尔（Azhar）[4] 等学者运用ISM方法评估了中小制造企业绿色供应链的障碍。劳特（Raut）等运用ISM分析了绿色供应行为的驱动因素，[5] 随后劳特等将SEM、人工神经网络（ANN）与ISM相结合，创新提出三阶段要素评估方法（SEANIS），分析了云计算的影响因素。[6] 库马拉（Kumar）和迪克西（Dixit）将ISM与DEMATEL的方法相结合对影响浪费处理行为的障碍进行了分析。[7] 辛徒（Sindhu）等基于集成模糊集、ISM与MICMAC的方法对印度农村太阳能实施障碍进行了识别与分析。[8] 王等在此方法的研究基础上，进一步融合了

---

[1] RAJ T, SHANKAR R, SUHAIB M. An ISM Approach for Modelling the Enablers of Flexible Manufacturing System: the Case for India [J]. International Journal of Production Research, 2008, 46 (24): 6883-6912.

[2] KANNAN G, POKHAREL S, SASI K P. A Hybrid Approach Using ISM and Fuzzy TOPSIS for the Selection of Reverse Logistics Provider [J]. Resources, Conservation and Recycling, 2009, 54 (1): 28-36.

[3] MATHIYAZHAGAN K, GOVINDAN K, NOORULHAQ A, et al. An ISM Approach for the Barrier Analysis in Implementing Green Supply Chain Management [J]. Journal of Cleaner Production, 2013, 47: 283-297.

[4] JAYANT A, AZHAR M. Analysis of the Barriers for Implementing Green Supply Chain Management (GSCM) Practices: An Interpretive Structural Modeling (ISM) Approach [J]. Procedia Engineering, 2014, 97: 2157-2166.

[5] RAUT R D, NARKHEDE B, GARDAS B B. To Identify the Critical Success Factors of Sustainable Supply Chain Management Practices in the Context of Oil and Gas Industries: ISM Approach [J]. Renewable and Sustainable Energy Reviews, 2017, 68: 33-47.

[6] RAUT R D, PRIYADARSHINEE P, GARDAS B B, et al. Analyzing the Factors Influencing Cloud Computing Adoption Using Three Stage Hybrid SEM-ANN-ISM (SEANIS) Approach [J]. Technological Forecasting and Social Change, 2018, 134: 98-123.

[7] KUMAR A, DIXIT G. An Analysis of Barriers Affecting the Implementation of E-Waste Management Practices in India: A Novel ISM-DEMATEL Approach [J]. Sustainable Production and Consumption, 2018, 14: 36-52.

[8] SINDHU S, NEHRA V, LUTHRA S. Identification and Analysis of Barriers in Implementation of Solar Energy in Indian Rural Sector Using Integrated ISM and Fuzzy MICMAC Approach [J]. Renewable and Sustainable Energy Reviews, 2016, 62: 70-88.

AcciMap 模型，评估了潜在系统事故的成因。[①] 赵（Zhao）等使用 ISM 的方法剖析了我国可再生能源发电项目的影响要素。[②] 卡斯旺（Kaswan）和拉蒂（Rathi）通过 ISM 的方法实现了精益六西格玛实施机制的分析与建模。[③] 这些研究只是 ISM 应用于评估因素的示例。目前，世界各地的研究人员都认可 ISM 作为因素的评估方法，ISM 的广泛适用性使研究人员能够将其与其他传统评估方法进行科学、合理的整合，并在研究绿色制造和其他领域持续发挥优势。ISM 的主要步骤如下。

步骤一：通过实地调研或文献梳理等方式确定与研究问题相关的要素。

步骤二：确定所有要素之间的相互关系。

步骤三：明确各要素之间的成对关系，以此建立一个结构自作用矩阵（SSIM）。一般应用 ISM 方法会使用四种符号解释矩阵中各要素关系，其中"O"代表各要素之间没有关系；"X"代表要素 i 和要素 j 之间存在相互促进的关系；"V"代表要素 i 能促进要素 j 的发展；"A"代表要素 j 能促进要素 i 的发展。

步骤四：根据 SSIM 建立邻接矩阵。

SSIM 转换为邻接矩阵 $\tilde{A}$ 的原理如下：

如果 SSIM 中 (i, j) 的条目为"V"，则可达性矩阵中 (i, j) 的值将为"1"，(j, i) 的值将为"0"；

如果 SSIM 中 (i, j) 的条目为"A"，则二进制矩阵中 (i, j) 的值变为"0"，(j, i) 的值将为"1"；

如果 SSIM 中 (i, j) 的条目为"X"，则可达性矩阵中 (i, j) 和 (j, i) 的值将为"1"；

如果 SSIM 中 (i, j) 的条目为"O"，则二进制矩阵中 (i, j) 和 (j, i) 的值变为"0"。

步骤五：计算可达矩阵 $\tilde{R}$。ISM 的一个基本假设是矩阵中各要素之间具有传递性，它定义了如果要素"a"与"b"相关，"b"与"c"相关，那么"a"与"c"类似。ISM 方法中邻接矩阵的计算原理遵循布尔运算法则，即逻辑乘取小、

[①] WANG W, LIU X, QIN Y, et al. Assessing Contributory Factors in Potential Systemic Accidents Using AcciMap and Integrated Fuzzy ISM-MICMAC Approach [J]. International Journal of Industrial Ergonomics, 2018, 68: 311-326.

[②] ZHAO Z-Y, CHEN Y-L, LI H. What Affects the Development of Renewable Energy Power Generation Projects in China: ISM Analysis [J]. Renewable Energy, 2019, 131: 506-517.

[③] KASWAN M S, RATHI R. Analysis and Modeling the Enablers of Green Lean Six Sigma Implementation Using Interpretive Structural Modeling [J]. Journal of Cleaner Production, 2019, 231: 1182-1191.

逻辑加取大，矩阵各要素的运算原理示例如下：
$$1×1=1；1×0=0；0×1=0；0×0=0$$
$$1+1=1；1+0=1；0+1=1；0+0=0$$
如果有 $m<(n-1)$ 满足：
$$(I+\tilde{A})^m = (I+\tilde{A})^{m+1}$$
$\tilde{R}=(I+\tilde{A})^m$，其中 I 为单位矩阵。

因此，我们假设 $(I+\tilde{A})$ 为初始可达矩阵，经过考虑初始矩阵各要素之间的传递性，使初始矩阵不断自乘直至矩阵数值不发生任何改变，则获得最终可达矩阵。

步骤六：从最终可达矩阵中得到每个关键要素的可达集和先行集。单个要素的可达集由其他因素和自身组成，它可能有助于实现这些因素。先行集由要素本身和其他因素组成，这些要素有助于先行集的形成。这两个集合的交集是针对所有其他关键因素得到的。同时具有可到达性和交集的因子集相同，可确保层次结构中的顶层安全。该设置由所有其他因素驱动，不影响其他因素。高层要素与其余要素分开，对所有其他要素重复此过程，以确定各层级的要素。这些级别有助于构建有向图和最终 ISM。

步骤七：从最终可达矩阵出发建立结构模型。为了显示两个因子 i 和 j 之间的关系，从 i 到 j 显示一个箭头，生成的图称为初始有向图，删除初始有向图的传递链接即可绘制最终有向图。

步骤八：通过用语句替换元素节点，将结果有向图转换为基于 ISM 的模型。

步骤九：审查模型，以检查概念上的不一致性，并进行必要的修改。

（二）交叉影响矩阵相乘法（MICMAC）

交叉影响矩阵相乘法（Matriced Impacts Croises – Multipication Applique, MICMAC）是在矩阵乘法性质基础上提出来的。[1] 它通常与 ISM 方法结合使用，用于对相关因素进行分类，因为 MICMAC 的工作原理是基于矩阵的多重应用性质。MICMAC 分析有助于分析一个系统中各要素的驱动功率（影响其他要素的程度）和依赖功率（受其他要素影响的程度）。通过 MICMAC 的分析能够有效识别各类系统的关键推动要素。结合 ISM 测算的部分结果，MICMAC 的运用主要有两个步骤。

第一，计算各因素的驱动力和依赖性。通过对 ISM 中最终可达矩阵的每一

---

[1] MANDAL A. Vendor Selection Using Interpretive Structural Modelling (ISM) [J]. International Journal of Operations & Production Management, 1994, 14 (6): 52-59.

行求和，可以得到各要素的驱动力；通过对最终可达矩阵的每一列求和，可以得到各要素的依赖性。

第二，绘制 MICMAC 坐标系，横坐标为要素的依赖性，纵坐标为要素的驱动力，根据各要素驱动力和依赖性的强弱，要素一般被分为四类：第一类为自治要素，这种类别要素的驱动力和依赖性都相对较弱，它们与系统内其他要素的交互作用很小，一般处于坐标轴的第一象限；第二类为依赖要素，主要是指那些驱动力弱但依赖性强的要素，这类要素很容易受其他要素的影响，它们位于第二象限；第三类为联系要素，它们具有强大的驱动力和强烈的依赖性，这些要素极为不稳定，虽然它们能对其他要素产生影响，但同时也会对自身产生反馈影响，它们位于第三象限；第四类为独立要素，它们具有强大的驱动力但依赖性较弱，这类要素能显著影响其他要素，位于第四象限，是最应该受到关注的要素。

二、数据来源

ISM 主要依靠的是专家判断，因此，为了避免单一企业特性现象的存在而造成分析结果不具有普适性的问题，通过邮件、微信、电话和直接访问等方式联系了 19 位专家学者。其中有来自高校和科研机构的研究学者，他们都长期致力于研究中小制造企业的发展，并且具有可持续发展、绿色制造的研究经验；有政府、行业发展协会工作人员，他们均来自与制造业发展、中小企业发展、绿色制造相关的政府部门及行业协会；还有中小制造企业高层管理者，他们均直接参与到公司的运营中，且他们所属企业曾经尝试或未来有意向进行绿色转型。最终有 12 位专家对这项研究感兴趣，其中 6 位来自高校和科研机构，4 位来自中小制造企业，2 位来自政府及行业发展协会。根据专家的来源不同，本研究进一步将他们划分为 3 个专家组。

根据 ISM 的算法，编制问卷分别分发给各个专家组，请他们对障碍之间的相互关系进行评判。为了避免专家所属领域不同导致认知差异较大等问题，首次问卷评判由各个专家组先在组内独立完成，回收整理问卷后，对于组内有争议的评判再次访谈专家，请他们说明评判原因并及时反馈给组内其他专家，遵循德尔菲法，以达成一致意见为准，形成 3 份来自不同专家组的问卷。整理 3 个专家组的评判结果，并且合并整理不同专家组的反馈意见，以圆桌讨论的形式分别邀请来自 3 个专家组的 3 名专家，代表各个专家组说明评判结果的原因，并再次遵循德尔菲法，最终讨论出一个一致的评判结果。

企业管理人员和政府工作人员对问卷填写形式相对陌生，直接填写问卷对他们来说比较困难。为了保证问卷效果的准确性,避免问卷特殊的填写方式为评估专家带来模糊性,在第一轮以纸质、邮件等方式发送问卷前,本研究分别选取了3个专家组的一位专家采取电话访谈、当面访谈等形式了解相关信息,并自行整理填写问卷内容。在以访谈形式开展的问卷填写过程中,发现专家并没有以直接影响为评判标准评估两个障碍之间的关系,而是以可能产生的影响(包括直接和间接影响关系)为评判标准。此外,有专家反映对于"高层管理承诺""信息不对称""绿色人力资源管理体系"等概念无法准确理解或可能产生歧义。

为了避免专家评判标准不一致以及不清楚问卷填写方式等问题,在正式发放问卷时明确向专家提出只考虑两个因素之间的直接关系,不考虑具有传递性影响的间接关系,并且在问卷后附有附录以解释每个题项的内涵。另外,为了进一步保证各个专家理解的意思与问卷所测量的问题在概念上的一致性,又逆向请每个专家组的一位专家阐述其评判"高层管理承诺""信息不对称""绿色人力资源管理体系"3个题项的相关结果的原因。

在企业类型的选取上,也充分考虑了不同类型所面临的障碍不同,因此在选取企业调研对象时,选取了分属于资源密集型、劳动密集型和资本技术密集型的中小制造企业。资源密集型选取农副食品加工业为代表,农副食品加工业是与公众生活最密切相关的制造行业之一,随着我国经济的不断发展,人民生活水平的提高,对绿色食品的追求也愈加强烈,但是农副食品加工技术水平相对落后,无法满足消费者的相关诉求。劳动密集型产业选取家具制造业为代表,基于我国居民对房地产的热衷程度,家具制造业也成了一个社会必需的行业,同时,由于绿色建筑概念的提出,公众对于家具的绿色化要求也逐渐提升,使得家具制造业备受关注。资本技术密集型产业分别选取金属制品业和医药制造业为代表,金属制品业作为中国最大的耗能工业部门,[1] 中小金属制造企业的绿色变革对我国中小制造企业"绿色化"至关重要,传统上,中国的金属制品业只注重经济增长,在过去10年中,环境监管政策开始强调并驱使它们进行绿色改进,因此,我国金属制品业具有很高的绿色变革与转型的潜力,同样,它们也面临着巨大的转型障碍;[2] 关于医药制造企业,由于我国人民对于健康生活的

---

[1] YU Y, CHEN Z, WEI L, et al. The Low-Carbon Technology Characteristics of China's Ferrous Metal Industry [J]. Journal of Cleaner Production, 2017 (140): 1739-1748.

[2] ORJI I J. Examining Barriers to Organizational Change for Sustainability and Drivers of Sustainable Performance in the Metal Manufacturing Industry [J]. Resources, Conservation & Recycling, 2019 (140): 102-114.

追求不断提高，医药产品的需求极大增加，医药市场的规模也不断扩大，但是我国中小医药制造企业一般隶属于低端医药企业，生产过程中资源消耗大、环境污染严重等问题较为突出，随着工业和信息化部、生态环境部、国家卫生健康委、国家药监局对医药行业绿色转型提出了更高的要求，它们也应该更多地承担企业环境责任。

不同行业类型的中小制造企业所面临的"绿色化"障碍可能存在一定的差异。为此，遵循求同存异的准则，对于行业类型不同造成问卷答案不同的题项，本研究将题项进行单独标注，并对照来自高校与政府的结果，与专家组代表成员进行讨论后选取折中评价结果。

三、数据分析

（一）ISM 分析

经过几轮问卷结果讨论，遵循步骤三的编码方式，本研究最后形成了我国中小制造企业"绿色化"障碍的评估结果，如表3-5所示。

表3-5 结构自相关矩阵（SSIM）

障碍	19	18	17	16	15	14	13	12	11	10	9	8	7	6	5	4	3	2
1	A	A	X	O	O	O	O	V	O	O	O	O	O	O	O	O	O	V
2	A	A	A	A	O	O	O	O	V	A	O	O	O	O	O	O	O	
3	O	O	O	O	O	O	O	O	V	O	O	O	A	O	O	A	O	
4	O	O	O	O	O	V	O	V	V	O	A	O	A	A	A			
5	O	O	O	O	O	O	O	O	O	O	O	O	O	O				
6	O	O	O	O	O	O	O	O	O	V	V	V						
7	O	O	O	O	O	O	O	O	V	O	A	X						
8	O	O	O	O	O	O	O	O	O	O	A							
9	O	O	O	O	O	O	O	O	O	V								
10	O	V	O	O	O	O	O	O										
11	O	O	O	O	V	V	V	X										
12	O	O	O	O	X	O	O											
13	O	O	O	O	V	X												
14	O	O	O	O	V													
15	O	O	O	O														

续表

障碍	19	18	17	16	15	14	13	12	11	10	9	8	7	6	5	4	3	2
16	A	A	A															
17	V	V																
18	A																	

根据步骤四的原理，将原始问卷数据翻译为邻接矩阵，见表3-6。

表3-6 邻接矩阵

障碍	1	2	3	4	5	6	7	8	9	10	11	12	13	14	15	16	17	18
1	0	1	0	0	0	0	0	0	0	0	1	0	0	0	0	1	0	0
2	0	0	0	0	0	0	0	0	0	1	0	0	0	0	0	0	0	0
3	0	0	0	0	0	0	0	0	0	1	0	0	0	0	0	0	0	0
4	0	0	0	0	0	0	0	0	0	1	1	0	1	0	0	0	0	0
5	0	0	1	1	0	0	0	0	0	1	0	0	0	0	0	0	0	0
6	0	0	0	1	0	0	1	1	1	0	0	0	0	0	0	0	0	0
7	0	0	0	1	0	0	0	1	0	0	1	0	0	0	0	0	0	0
8	0	0	1	0	0	0	0	0	0	0	0	0	0	0	0	0	0	0
9	0	1	0	1	0	0	1	1	0	0	1	0	0	0	0	0	0	0
10	0	1	0	0	0	0	0	0	0	0	0	0	0	0	0	0	0	1
11	0	0	0	0	0	0	0	0	0	0	0	1	1	1	1	0	0	0
12	0	0	0	0	0	0	0	0	0	0	1	0	0	0	1	0	0	0
13	0	0	0	0	0	0	0	0	0	0	0	0	0	1	1	0	0	0
14	0	0	0	0	0	0	0	0	0	0	0	0	1	0	0	0	0	0
15	0	0	0	0	0	0	0	0	0	0	0	1	0	0	0	0	0	0
16	1	1	0	0	0	0	0	0	0	0	0	0	0	0	0	0	0	0
17	1	1	0	0	0	0	0	0	0	0	0	0	0	0	0	1	0	1
18	1	1	0	0	0	0	0	0	0	0	0	0	0	0	0	0	0	0
19	1	1	0	0	0	0	0	0	0	0	0	0	0	0	0	1	0	1

将邻接矩阵与单位矩阵相加获得初始可达矩阵，如表3-7所示。

表 3-7　初始可达矩阵

障碍	1	2	3	4	5	6	7	8	9	10	11	12	13	14	15	16	17	18
1	1	1	0	0	0	0	0	0	0	0	1	0	0	0	0	1	0	0
2	0	1	0	0	0	0	0	0	0	1	0	0	0	0	0	0	0	0
3	0	0	1	0	0	0	0	0	0	1	0	0	0	0	0	0	0	0
4	0	0	0	1	0	0	0	0	0	0	1	0	1	0	0	0	0	0
5	0	0	1	1	1	0	0	0	0	0	0	0	0	0	0	0	0	0
6	0	0	0	1	0	1	1	1	1	0	0	0	0	0	0	0	0	0
7	0	0	0	1	0	1	1	0	1	0	0	0	0	0	0	0	0	0
8	0	0	1	0	0	0	1	0	0	0	0	0	0	0	0	0	0	0
9	0	1	0	1	0	1	1	1	0	1	0	0	0	0	0	0	0	0
10	0	1	0	0	0	0	0	0	1	0	0	0	0	0	0	0	0	1
11	0	0	0	0	0	0	0	0	0	1	1	1	1	0	0	0	0	0
12	0	0	0	0	0	0	0	0	0	0	1	1	1	1	0	0	0	0
13	0	0	0	0	0	0	0	0	0	0	0	1	1	1	1	0	0	0
14	0	0	0	0	0	0	0	0	0	0	0	1	1	1	0	0	0	0
15	0	0	0	0	0	0	0	0	0	0	0	0	0	0	1	0	0	0
16	1	1	0	0	0	0	0	0	0	0	0	0	0	0	0	1	0	0
17	1	1	0	0	0	0	0	0	0	0	0	0	0	0	0	1	1	1
18	1	1	0	0	0	0	0	0	0	0	0	0	0	0	0	0	1	1
19	1	1	0	0	0	0	0	0	0	0	0	0	0	0	0	1	0	1

考虑初始矩阵各要素之间的可传递性，根据布尔运算法则对初始可达矩阵进行矩阵自乘运算获得最终可达矩阵，见表3-8。

表 3-8　最终可达矩阵

障碍	1	2	3	4	5	6	7	8	9	10	11	12	13	14	15	16	17	18
1	1	1	0	0	0	0	0	0	0	0	1	1	1	1	1	1	0	0
2	0	1	0	0	0	0	0	0	0	1	1	1	1	1	0	0	0	0
3	0	0	1	0	0	0	0	0	0	1	1	1	1	1	0	0	0	0
4	0	0	0	1	0	0	0	0	0	0	1	1	1	1	0	0	0	0
5	0	0	1	1	1	0	0	0	0	1	1	1	1	1	0	0	0	0

续表

障碍	1	2	3	4	5	6	7	8	9	10	11	12	13	14	15	16	17	18
6	0	1	1	1	0	1	1	1	0	1	1	1	1	1	1	0	0	0
7	0	0	1	1	0	0	1	1	0	0	1	1	1	1	1	0	0	0
8	0	0	1	1	0	1	1	1	0	1	1	1	1	1	1	0	0	0
9	0	1	1	1	0	1	1	0	1	0	1	1	1	1	1	0	0	0
10	1	1	0	0	0	0	0	0	0	1	1	1	1	1	1	1	0	1
11	0	0	0	0	0	0	0	0	0	0	1	1	1	1	1	0	0	0
12	0	0	0	0	0	0	0	0	0	0	1	1	1	1	1	0	0	0
13	0	0	0	0	0	0	0	0	0	0	1	1	1	1	1	0	0	0
14	0	0	0	0	0	0	0	0	0	0	1	1	1	1	1	0	0	0
15	0	0	0	0	0	0	0	0	0	0	1	1	1	1	1	0	0	0
16	1	1	0	0	0	0	0	0	0	1	1	1	1	1	1	1	0	0
17	1	1	1	1	1	1	1	1	1	1	1	1	1	1	1	1	1	1
18	1	1	0	0	0	0	0	0	0	0	1	1	1	1	1	1	0	1
19	1	1	0	0	0	0	0	0	0	1	1	1	1	1	1	1	0	1

每个障碍的可达集和先行集是从最终可达矩阵中获得的。所谓可达集包括障碍本身和受其影响的其他障碍，先行集则包括变量本身和影响它的其他障碍。归纳出可达集和先行集的交集，可达集和交集相同的变量或者说可达集从属于先行集的变量，将为其指定 ISM 层次结构中的顶层变量，这些变量都只受其他变量的影响，而对其他变量并没有影响。识别出顶层变量后，将其从最终可达矩阵中剔除，继续进行前序步骤，不停迭代，直至只剩最后一个变量，获得每个变量的级别为止。

表 3-9 列出了我国中小制造企业"绿色化"进程中所涉及的 19 个障碍的可达集、先行集、交集和层级。这些障碍的层级识别经过了 6 次迭代的过程。从表 3-9 和图 3-1 中可以看出，Ⅰ级为"高层管理者承诺较低""组织结构支撑力度不强""绿色人力资源管理体系构建不全面""员工参与度较低"以及"绿色企业文化建设不全面"等 5 个障碍，它们位于 ISM 模型的顶部，"产学研合作渠道不畅"位于 ISM 模型的底部。

表3-9 我国中小制造企业"绿色化"障碍层级划分

障碍	可达集	先行集	交集	层级
1	1, 2, 11, 12, 13, 14, 15, 16	1, 10, 16, 17, 18, 19	1, 16	III
2	2, 11, 12, 13, 14, 15	1, 2, 6, 9, 10, 16, 17, 18, 19	2	II
3	3, 11, 12, 13, 14, 15	3, 5, 6, 7, 8, 9	3	II
4	4, 11, 12, 13, 14, 15	4, 5, 6, 7, 8, 9	4	II
5	3, 4, 5, 11, 12, 13, 14, 15	5	5	III
6	2, 3, 4, 6, 7, 8, 9, 11, 12, 13, 14, 15	6	6	V
7	3, 4, 7, 8, 11, 12, 13, 14, 15	6, 7, 8, 9	7, 8	III
8	3, 4, 7, 8, 11, 12, 13, 14, 15	6, 7, 8, 9	7, 8	III
9	2, 3, 4, 7, 8, 9, 11, 12, 13, 14, 15	6, 9	9	IV
10	1, 2, 10, 11, 12, 13, 14, 15, 16, 18	10	10	V
11	11, 12, 13, 14, 15	1, 2, 3, 4, 5, 6, 7, 8, 9, 10, 11, 12, 13, 14, 15, 16, 17, 18, 19	11, 12, 13, 14, 15	I
12	11, 12, 13, 14, 15	1, 2, 3, 4, 5, 6, 7, 8, 9, 10, 11, 12, 13, 14, 15, 16, 17, 18, 19	11, 12, 13, 14, 15	I
13	11, 12, 13, 14, 15	1, 2, 3, 4, 5, 6, 7, 8, 9, 10, 11, 12, 13, 14, 15, 16, 17, 18, 19	11, 12, 13, 14, 15	I
14	11, 12, 13, 14, 15	1, 2, 3, 4, 5, 6, 7, 8, 9, 10, 11, 12, 13, 14, 15, 16, 17, 18, 19	11, 12, 13, 14, 15	I

续表

障碍	可达集	先行集	交集	层级
15	11, 12, 13, 14, 15	1, 2, 3, 4, 5, 6, 7, 8, 9, 10, 11, 12, 13, 14, 15, 16, 17, 18, 19	11, 12, 13, 14, 15	Ⅰ
16	1, 2, 11, 12, 13, 14, 15, 16	1, 10, 16, 17, 18, 19	1, 16	Ⅲ
17	1, 2, 11, 12, 13, 14, 15, 16, 17, 18, 19	17	17	Ⅵ
18	1, 2, 11, 12, 13, 14, 15, 16, 18	10, 17, 18, 19	18	Ⅳ
19	1, 2, 11, 12, 13, 14, 15, 16, 18, 19	17, 19	19	Ⅴ

根据 ISM 的分层计算结果，更加具体的我国中小制造企业"绿色化"障碍关系如图 3-1 所示。ISM 骨架图揭示了产学研合作渠道不畅是我国中小制造企业"绿色化"面临的最根源障碍，是整个骨架图层级结构的根基。制造业绿色发展与传统以资源投入为主的发展模式不同，绿色制造旨在用新材料、新能源等新一代清洁技术提高资源、能源利用效率，减少原材料的投入，预防生产过程中可能产生的污染物并且对已经产生的污染物进行治理，要全面实现绿色制造则需要大量的技术支撑。绿色技术最显著的特征是创造正外部性，但是中小制造企业作为以营利为导向的企业，它们缺少原始动机去主动研发绿色技术，且由于研发能力不足、承担研发失败风险能力较弱，它们很难自主研发绿色生产技术，这时候则需要政府或高校进行牵头合作才能促使它们真正加入绿色技术创新的活动中来。因此，产学研合作渠道不畅也进一步直接影响了技术引进渠道不畅，这便在技术源头上阻碍了我国中小制造企业的绿色发展。

从Ⅴ级开始，障碍被分为两个子系统，其一是由环境法律体系不完善导致的一系列政策与社会障碍，其二是由技术引进渠道不畅以及缺乏绿色示范项目导致的一系列经济与技术障碍。环境法律体系不完善直接导致了不健全的绿色认证体系，因为没有系统的认证流程，政府、社会和企业都无法明确定位什么样的中小制造企业是属于绿色的，绿色制造企业应当满足什么条件，非绿色制造企业应当从什么方面入手采取改进措施。政府无法合理区分企业是否满足绿色或环保要求，使得环境法规无法有力执行，同时也带来了未来法律不确定性

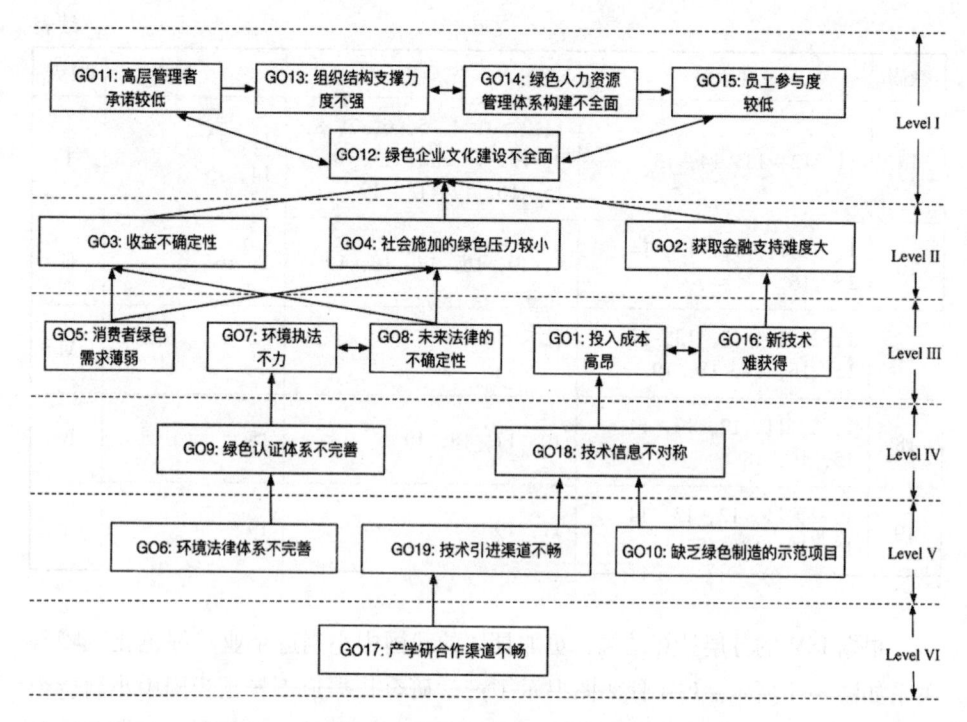

图 3-1 我国中小制造企业"绿色化"障碍层次结构图

的问题。未来法律的不确定性与消费者对绿色产品的需求薄弱是导致企业实施绿色行为或开发绿色产品面临收益的不确定性的直接来源。因为当企业生产的绿色产品没有稳定的客户群体和法律上的强制保障时，根据 PEST 分析模型，企业所面临的法律与社会环境模糊且不确定时，企业的经营行为很难获取正向收益。同时，因为没有法律的正向且持续性的引导且社会公众作为消费者缺乏对于绿色产品的直接诉求，社会公众对于环保问题的关注程度便会降低，甚至会减弱其环保意识，致使企业面临的舆论压力变小。

由于中小制造企业相对分散，并且规模较小，高校与科研机构与它们建立合作关系相对困难。[①] 考虑技术壁垒和市场失灵问题，除非能够向广大分散的中小企业展示绿色发展所涉及的技术以及其带来的特定经济效益（提高生产率、

---

① PARKER C M, REDMOND J, SIMPSON M. A Review of Interventions to Encourage SMEs to Make Environmental Improvements [J]. Environment and Planning C: Government and Policy, 2009, 27 (2): 279-301.

降低成本等效用),① 否则绿色、高新技术可能不会被中小制造企业积极采用、研发且实施。因为没有足够的示范项目,作为追随者角色的中小制造企业无法获得先进的技术信息。同时,它们在技术方面知识(包括资源)的有限性导致它们也对前沿清洁技术的发展趋势认知模糊,加之无法以追随者、模仿者的角色获取新一代绿色技术,中小制造企业如若进行自主研发,将产生巨大的投入成本,而中小制造企业无法承担或者没有强烈的意愿去承担由于研发清洁生产技术而产生的额外财务负担,因为高层管理者清楚这项成本投入是直接的,但是带来的收益却要经过市场和时间的考验才能确定。可是,在当前新一轮科技革命的背景下,无论属于哪一领域的技术都是目前抢占市场竞争制高点的关键因素,企业如若无法研发或者引进新技术,会间接向投资者释放出消极信号,因此更难获取外部第三方的投资。也正是由于企业缺乏绿色技术,它们无法成功实施绿色转型,从而很难从政府获得相关津贴或税收优惠等支持,这将会使得中小制造企业陷入"无法获取绿色技术—无法绿色生产—无法获取政府补贴—更难获取新的技术"的恶性循环,中小制造企业的绿色转型也将陷入僵局。

处于障碍层级Ⅱ级的"收益不确定性""获取金融支持难度大"以及"社会施加的绿色压力较小",分别隶属于经济和社会维度,并且直接影响企业维度中涉及的各个障碍。该结果也能说明高层管理者对于绿色发展的承诺水平不高、企业内部无法构建成熟的绿色文化、企业没有形成系统的绿色人力资源管理体系和相应的组织结构,直接原因是企业无法获取外部经济资源的支持,并且无法确认其绿色行为是否能够带来相应的收益,以及社会公众对于绿色关注度不高。当企业实施一项新项目或开发新产品等时,通常会进行市场调研与预测,并考量收益与成本之间的平衡,以评估决策的可行性。对中小制造企业来说,它们的关注点更多聚焦于初始投资以及回报模式,而研发绿色技术、开发绿色产品、实施绿色生产对大多数中小企业来说是高成本溢价并且只带来有限的回报。② 当市场结果显示社会公众并不关注企业的环保行为,且消费者对产品是否绿色并不敏感但对价格高度敏感时,企业对于绿色产品的市场定位和销售前景就不会持有乐观的态度。考虑绿色产品的生产需要对从原材料到生产工艺等方

---

① ZHOU Y, XU G, MINSHALL T, et al. How Do Public Demonstration Projects Promote Green-Manufacturing Technologies? A Case Study from China [J]. Sustainable Development, 2015, 23 (4): 217-231.

② LIU P, ZHOU Y, ZHOU D K, et al. Energy Performance Contract Models for the Diffusion of Green-Manufacturing Technologies in China: A Stakeholder Analysis from SMEs' Perspective [J]. Energy Policy, 2017 (106): 59-67.

面进行更新换代，而企业又无法获取相应的有效资源，巨大的投入成本、不确定的未来收益以及稀缺的外部金融支持致使这一决策的"成本—收益"完全不匹配。

最顶层的五个障碍都属于企业内部障碍，难以获得外部资金支持、市场支撑环境差以及未来收益的不确定性严重影响了企业内部对于"绿色化"的态度，这也是导致企业内部从高层管理者到员工都无法积极投入绿色实践的直接原因。从层级图中可以看出，企业内部障碍均只受其他层级障碍的影响且不向任何层级障碍施加影响，被认为是对我国中小制造企业"绿色化"进程阻力最弱的障碍，但也是最容易被改变的障碍。因为只要归属于其他任何层级障碍的阻力作用得到了缓解，那么内部障碍也会得到解决，甚至会有杠杆效应的存在，增大内部障碍阻力的缓解程度，层级越高的障碍得到处理，企业内部障碍的阻力缓解程度就越大。例如，在政府引导及帮助下，企业与高校、研究机构建立起了良好且相对稳固的契约型技术研发合作渠道，企业关于清洁技术或绿色生产工艺的研发成本及风险将被稀释，且获取相关技术的可能性将增大，有助于向投资者、政府、媒体、社会公众释放出企业积极采取绿色行为且有所成果的信号，这将拓宽企业获取外部金融支持的渠道，进一步影响企业高层对实施"绿色化"所带来的经济效益和社会响应的判断，进而促使企业积极建设绿色文化，并加快调整组织结构和人力资源管理体系以适应绿色文化。

（二）MICMAC 分析

表 3-10 展示了我国中小制造企业"绿色化"障碍的驱动力与依赖性的大小。驱动力是该障碍能够影响其他障碍的程度，是将表格横向为 1 的数字全部求和，如障碍 1 的驱动力为 8。依赖性及受多少其他障碍的影响，是由表格纵向为 1 的数字加总求得，如障碍 2 的驱动力为 9。

表 3-10 障碍的驱动力与依赖性

障碍	1	2	3	4	5	6	7	8	9	10	11	12	13	14	15	16	17	18	19	驱动力
1	1	1	0	0	0	0	0	0	0	0	1	1	1	1	1	1	0	0	0	8
2	0	1	0	0	0	0	0	0	0	0	1	1	1	1	1	0	0	0	0	6
3	0	0	1	0	0	0	0	0	0	0	1	1	1	1	1	0	0	0	0	6
4	0	0	0	1	0	0	0	0	0	0	1	1	1	1	1	0	0	0	0	6
5	0	0	1	1	1	0	0	0	0	1	1	1	1	1	1	0	0	0	0	8
6	0	1	1	1	0	1	1	1	1	0	1	1	1	1	1	0	0	0	0	12

续表

障碍	1	2	3	4	5	6	7	8	9	10	11	12	13	14	15	16	17	18	19	驱动力
7	0	0	1	1	0	0	1	1	0	0	1	1	1	1	1	0	0	0	0	9
8	0	0	1	1	0	0	1	1	0	0	1	1	1	1	1	0	0	0	0	9
9	0	1	1	1	0	0	1	1	1	0	1	1	1	1	1	0	0	0	0	11
10	1	1	0	0	0	0	0	0	0	1	1	1	1	1	1	0	1	0	1	10
11	0	0	0	0	0	0	0	0	0	1	1	1	1	1	0	0	0	0	0	5
12	0	0	0	0	0	0	0	0	0	0	1	1	1	1	1	0	0	0	0	5
13	0	0	0	0	0	0	0	0	0	0	1	1	1	1	1	0	0	0	0	5
14	0	0	0	0	0	0	0	0	0	0	1	1	1	1	1	0	0	0	0	5
15	0	0	0	0	0	0	0	0	0	0	1	1	1	1	1	0	0	0	0	5
16	1	1	0	0	0	0	0	0	0	1	1	1	1	1	1	0	0	0	0	8
17	1	1	0	0	0	0	0	0	0	1	1	1	1	1	1	1	1	1	0	11
18	1	1	0	0	0	0	0	0	0	1	1	1	1	1	1	0	0	1	0	9
19	1	1	0	0	0	0	0	0	0	1	1	1	1	1	1	0	1	1	1	10
依赖性	6	9	6	6	1	1	4	4	2	1	19	19	19	19	19	6	1	4	2	

基于表3-10中所列的驱动力和依赖性，每个障碍都可以定位在二维坐标系中，如图3-2所示。X轴表示各障碍的依赖性，Y轴表示各障碍的驱动力。因此，图3-2中的X和Y轴数值的范围应在19以内，从（10，10）这一坐标点出发将二维坐标系平均分为4个象限。从图3-2可以看出，我国中小制造企业"绿色化"障碍没有一个落入第三象限联系要素的区域，这也表明了本研究所考量的障碍都是相对稳定的障碍。

依赖要素则全部属于组织维度，包括"高层管理者承诺较低""组织结构支撑力度不强""绿色人力资源管理体系构建不全面""员工参与度较低"以及"绿色企业文化建设不全面"，这与ISM的结果完全一致。这些障碍对其他障碍的影响力很小但是又强烈依赖其他障碍的变化。通常情况下，如果其他障碍被解决了，那么这些障碍也会相应被解决。因为大多数中小企业的组织结构、管理系统和程序都相对比较简单，并且具有较短的决策链，因此它们通常具有灵活性，能够对外部环境的变化进行及时的响应。① 同时高层管理者承诺主要源于两方面，一是获取企业经营的合法性，二是对于"成本—收益"的判断，而这两方面都受利益相关者对企业"绿色化"或者绿色产品的看法的影响。

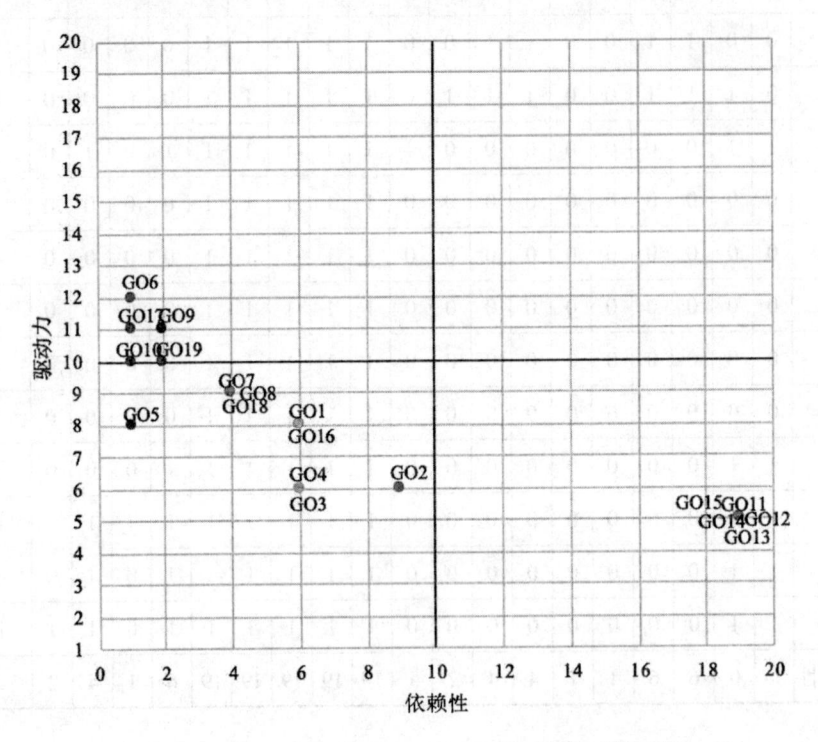

图 3-2 我国中小制造企业"绿色化"障碍象限分布图

独立要素包括"环境法律体系不完善""绿色认证体系不完善""缺乏绿色制造的示范项目""产学研合作渠道不畅""技术引进渠道不畅"等五个障碍，分属于政策与技术维度。因为在我国，政府是中小制造企业最重要的机构利益相关者，它们对企业具有管控权，而相关政策法规则是政府与中小制造企业沟通的媒介，如若没有系统完善的与环保相关的政策法规，政府对于中小制造企业的绿色诉求将不能有效传达给企业，同样，企业如果没有受到来自政府的强制性压力，便失去了实施绿色行为的主要动力。技术作为中小制造企业实施绿色转型的手段和工具，中小制造企业如果没有合理、健全的渠道去获取绿色技术，便不能将绿色理念真正地付诸实践。因此，无论是政府还是企业都应该优

---

① LIU P, ZHOU Y, ZHOU D K, et al. Energy Performance Contract Models for the Diffusion of Green-Manufacturing Technologies in China: A Stakeholder Analysis from SMEs' Perspective [J]. Energy Policy, 2017 (106): 59-67.

先考虑解决由这五个障碍带来的阻力。

本章小结

本章明确了我国制造业发展取得巨大成就的同时,也阐明了我国制造业发展面临的困境,根据我国制造业的发展现状和国外发达国家制造业的发展趋势,提出了我国制造业可持续发展的方向。我国中小制造企业作为制造业的主要构成部分,以其高度不可持续的方式造成了大量经济、环境和社会问题,为了全面实现我国制造业绿色转型,中小制造企业"绿色化"迫在眉睫,但是其"绿色化"进程并非一帆风顺。本章结合文献梳理和实地访谈的结果,明确了我国"绿色化"驱动因素涉及技术、法律、组织、社会和经济五方面,通过ISM的分析,明确了技术和法律方面的阻碍造成的阻力最大,而来源于企业方面的障碍阻力最小且最容易被改变。本章的研究结果表明,有效促进我国中小制造企业"绿色化"要着重解决技术和法律方面的问题,这为识别我国中小制造企业"绿色化"驱动因素提供了现实依据。

第四章

我国中小制造企业"绿色化"驱动因素模型解构

"绿色化"的概念通常与产品和实践都有关联，或者指企业在生产运营中不损害环境的过程。因此，绿色制造被视为一种环境友好型发展模式，[1] 也反映了一种新的制造模式，这种模式融合了绿色战略、驱动因素、技术与创新，旨在实现生态效率。[2] 中小制造企业"绿色化"则是制造企业全面实施绿色制造的过程，它要求中小制造企业摆脱传统的粗放型制造模式，通过技术及管理的创新向环境友好型、可持续发展的制造模式转变，旨在解决传统制造模式带来的环境污染、资源滥用等问题，并进一步为企业及社会带来经济效益及诸多福利。[3] 然而，制造企业全面有效地实施绿色化转型是一个复杂的系统工程，涉及驱动因素、绿色行为以及企业绩效等诸多方面。因此，本章旨在阐释相关成熟理论的基础上，进行理论模型推导，并结合我国中小制造企业"绿色化"主要障碍以及前人的研究成果，明晰我国中小制造企业"绿色化"驱动因素、"绿色化"行为以及可持续绩效的维度和要素，并探讨三者之间的关系，以构建我国中小制造企业"绿色化"驱动因素模型并建立相关假设。

---

[1] SRIVASTAVA S K. Green Supply-Chain Management: A State-of-the-Art Literature Review [J]. International Journal of Management Reviews, 2007, 9 (1): 53-80.

[2] DEIF A M. A System Model for Green Manufacturing [J]. Journal of Cleaner Production, 2011, 19 (14): 1553-1559.

[3] CHUANG S-P, YANG C-L. Key Success Factors When Implementing a Green-Manufacturing System [J]. Production Planning & Control, 2014, 25 (11): 923-937.

第一节 我国中小制造企业"绿色化"驱动因素概念框架

我国中小制造企业"绿色化"是企业组织变革、转型升级的过程。组织变革的主要目标是从当前的状态向更好的状态过渡,而中小制造企业"绿色化"是从环境不友好、不可持续的粗放型生产运营方式向环境友好、可持续发展的集约型生产运营方式转变。[①] 但是对追求"绿色化"的中小制造企业来说,势必面临来自不同层面以障碍形式存在的压力和阻力。企业所面临的挑战和障碍通常会阻碍企业有效实施组织变革,[②] 因此,我国中小制造企业"绿色化"进程中所面临的技术、政策、社会、组织与经济等方面的障碍会妨碍它们进行绿色变革。在当前生态系统退化、资源与能源殆尽的大环境下,我国中小制造企业如若不能正确应对挑战与障碍,就无法抓住绿色发展下的新机遇,可能会导致我国中小制造企业遭受经济、社会、环境、资源等方面不可持续的问题。在环境与资源双重危机下,中小制造企业经济效益、社会福祉和环境保护之间的相互关系越发受到重视,洛扎诺(Lozano)等的研究表明,通过运用适当的战略可以帮助企业克服由变革带来的阻力,并更全面地整合其对可持续发展的努力。[③] 运用适当战略的基础则是识别推动我国中小制造企业"绿色化"驱动因素,并明确其作用机理。

尽管发达国家对绿色制造的驱动因素进行了大量研究,但关于发展中国家

[①] LOZANO E, BARRERA P, TONN C, et al. The Effect of the Diterpene 5-Epi-Icetexone on the Cell Cycle of Trypanosoma Cruzi [J]. Parasitology International, 2012, 61 (2): 275-279.

[②] UYARRA E, EDLER J, GARCIA-ESTEVEZ J, et al. Barriers to Innovation Through Public Procurement: A Supplier Perspective [J]. Technovation, 2014, 34 (10): 631-645.

[③] LOZANO E, BARRERA P, TONN C, et al. The Effect of the Diterpene 5-Epi-Icetexone on the Cell Cycle of Trypanosoma Cruzi [J]. Parasitology International, 2012, 61 (2): 275-279.

的相关研究较少。① 此前的研究表明,未来几十年,亚洲制造企业的环境问题将变得越来越严重。② 与发达国家不同,发展中国家的市场机制往往效率低下。此外,为了避免落入中等收入陷阱,发展中国家将更多的精力投入经济增长中,导致环境法律制度不完善。③ 基于此,发展中国家缺乏良好的市场环境和法治环境来促进制造企业自觉采用绿色实践。因此,已有部分学者致力于研究哪些因素能够刺激发展中国家制造企业的绿色实践,④ 从而找出制造企业绿色发展的真正动力。

虽然我国也属于发展中国家,但情况却比其他发展中国家要特殊很多。作为世界上最大的转型经济体和第一制造大国,国际社会对我国的可持续发展提出了更高的要求。⑤ 而作为我国制造业的主要组成部分,我国中小制造企业大多属于低技术产业。⑥ 正是由于技术落后,由中小制造企业造成的环境污染和资源枯竭问题更加严重。因此,我国制造业,特别是我国中小制造企业,必须向融

---

① AWAN U, KRASLAWSKI A, HUISKONEN J. Understanding the Relationship between Stakeholder Pressure and Sustainability Performance in Manufacturing Firms in Pakistan [J]. Procedia Manufacturing, 2017, 11: 768-777; GANDHI N S, THANKI S J, THAKKAR J J. Ranking of Drivers for Integrated Lean-Green Manufacturing for Indian Manufacturing SMEs [J]. Journal of Cleaner Production, 2018, 171: 675-689; REHMAN M A, SETH D, SHRIVASTAVA R L. Impact of Green Manufacturing Practices on Organisational Performance in Indian Context: An Empirical Study [J]. Journal of Cleaner Production, 2016 (137): 427-448.

② DIABAT A, GOVINDAN K. An Analysis of the Drivers Affecting the Implementation of Green Supply Chain Management [J]. Resources, Conservation and Recycling, 2011, 55 (6): 659-667.

③ YE G, ZHAO J. Environmental Regulation in a Mixed Economy [J]. Environmental and Resource Economics, 2016, 65 (1): 273-295.

④ GHAZILLA R A R, SAKUNDARINI N, ABDUL-RASHID S H, et al. Drivers and Barriers Analysis for Green Manufacturing Practices in Malaysian SMEs: A Preliminary Findings [J]. Procedia CIRP, 2015 (26): 658-663; GOVINDAN K, DIABAT A, MADAN S K. Analyzing the Drivers of Green Manufacturing with Fuzzy Approach [J]. Journal of Cleaner Production, 2015 (96): 182-193; SETH D, REHMAN M A A, SHRIVASTAVA R L. Green Manufacturing Drivers and Their Relationships for Small and Medium (SME) and Large Industries [J]. Journal of Cleaner Production, 2018 (198): 1381-1405.

⑤ QIN Y, HARRISON J, CHEN L. A Framework for the Practice of Corporate Environmental Responsibility in China [J]. Journal of Cleaner Production, 2019 (235): 426-452.

⑥ LUO Y, JIE X W, LI X P, et al. Ranking Chinese SMEs Green Manufacturing Drivers Using a Novel Hybrid Multi-Criterion Decision-Making Model [J]. Sustainability, 2018, 10 (8): 23.

合了绿色战略、驱动力、技术和创新的运行机制转变,以发挥生态效益,① 这不仅是制造业内部的问题,更涉及生产要素、资源环境和生产方式的系统性和整体性变革,② 需要动能系统进行推动。

以往的研究表明,虽然我国大多数制造企业都有环境使命或理念,但大多只是纸上谈兵,没有付诸实践,③ 这正是制造企业"绿色化"动力不足的表现。那么我国中小制造企业"绿色化"的驱动因素到底是什么呢?企业作为营利组织,获取利润和效益是企业的生存法则和根基,只有当中小制造企业预期现有或未来生产运营模式所创造的效益能够满足其长期稳定发展需求的时候,它们才会遵循或改变固有生产方式。也就是说,如果中小制造企业无法感知实施"绿色化"转型与变革能够为企业创造可持续绩效,它们将失去进行绿色实践的原始动机和动力。④

可持续绩效既是中小制造企业积极克服绿色转型过程中所面对的障碍并主动寻求绿色发展的根本原因,也是企业实施绿色行为的最终结果。但是本研究并不将绩效直接作为驱动力进行研究,而是将其视为"绿色化"驱动因素能为我国中小制造企业最终带来的效益。本研究所界定的可持续绩效,将跳脱传统企业唯经济效益论的怪圈,从整个社会发展的角度出发,考虑包括经济、社会、环境与资源等在内的一系列效益。

但是"绿色化"驱动因素只是要素,并不能够直接为企业带来可持续绩效,需要通过作用于相关媒介而产生驱动力,因此有必要寻求驱动因素与可持续绩效的有机结合点。遵循"动机—行为—结果"的原则,我国中小制造企业"绿色化"驱动因素的直接作用是驱动中小制造企业采取"绿色化"行为。同时,卡罗尔的观点也表明,为了保障企业的合法性,面对外部利益相关者向企业施加绿色期望压力时企业所做出的回应,则是在承担社会责任过程中所具体实施

---

① DEIF A M. A System Model for Green Manufacturing [J]. Journal of Cleaner Production, 2011, 19 (14): 1553-1559.
② 赵昌文. 新型工业化的三个新趋势 [N]. 人民日报, 2019-03-29 (9).
③ MARQUIS C, ZHANG J, ZHOU Y. Regulatory Uncertainty and Corporate Responses to Environmental Protection in China [J]. California Management Review, 2011, 54 (1): 39-63.
④ SETH D, REHMAN M A A, SHRIVASTAVA R L. Green Manufacturing Drivers and their Relationships for Small and Medium (SME) and Large Industries [J]. Journal of Cleaner Production, 2018 (198): 1381-1405.

的"绿色化"行为。① 企业"绿色化"行为的实施也是企业获取可持续绩效的基础。换句话说,"绿色化"行为将中小制造企业"绿色化"驱动因素与可持续绩效有机整合到一起。企业预期相关驱动因素为企业带来可持续绩效时,企业将积极采取实施环境管理的策略和行为,② 如使用清洁生产技术、③ 重新设计产品、④ 改变生产流程、高效利用资源,积极处理环境污染降低生产成本可以建立公司的竞争优势。因此本研究拟构建"驱动因素—绿色行为—可持续绩效"的概念模型。

克拉弗等在阐述企业的社会责任理论时指出,企业社会责任主要涉及外部环境规制、利益相关者推动、资源和能力的可利用性、适当的环境战略和企业绩效等方面。⑤ 该观点也为本研究所构建的概念模型提供了支撑,即我国中小制造企业的绿色发展不仅需要政策法律的支持,还需要内外部利益相关者的参与,同时也需要一定的技术支撑,并通过这些驱动因素促进企业采取相应的绿色行为,从而获得可持续绩效。然而,扎米尔等指出,目前关于绿色驱动因素的作用效果仍然模棱两可,需要学者进一步讨论。⑥ 最近关于绿色驱动因素的研究大多集中在整个制造业,如果在不同的行业类型背景下验证驱动因素与"绿色化"行为之间的关系,那将是有趣且有实践意义的研究,因此可以考虑行业类型的调节作用。

综上,我国中小制造企业"绿色化"驱动因素是那些不仅能够缓解我国中小制造企业"绿色化"发展障碍的阻力效应,还能推动我国中小制造企业实施"绿色化"行为从而获得可持续绩效的要素,并且这些"绿色化"驱动因素的

---

① CARROLL A B. Managing Ethically with Global Stakeholders: A Present and Future Challenge [J]. Academy of Management Executive, 2004, 18 (2): 114-120.
② ARAGÓN-CORREA J A, HURTADO-TORRES N, SHARMA S, et al. Environmental Strategy and Performance in Small Firms: A Resource-Based Perspective [J]. Journal of Environmental Management, 2008, 86 (1): 88-103.
③ FERNANDO Y, WAH W X. The Impact of Eco-Innovation Drivers on Environmental Performance: Empirical Results from the Green Technology Sector in Malaysia [J]. Sustainable Production and Consumption, 2017 (12): 27-43.
④ NIEMANN J, TICHKIEWITCH S, WESTKÄMPER E. Design of Sustainable Product Life Cycles [M]. Berlin: Springer Berlin Heidelberg, 2009: 171-190.
⑤ CLAVER E, LÓPEZ M D, MOLINA J F, et al. Environmental Management and Firm Performance: A Case Study [J]. Journal of Environmental Management, 2007, 84 (4): 606-619.
⑥ ZAMEER HASHIM, WANG YING, YASMEEN HUMAIRA. Reinforcing Green Competitive Advantage through Green Production, Creativity and Green Brand Image: Implications for Cleaner Production in China [J]. Journal of Cleaner Production, 2019, 247 (2): 119119.

作用效果因为行业类型的不同而不同。我国中小制造企业"绿色化"驱动因素概念框架如图4-1所示。

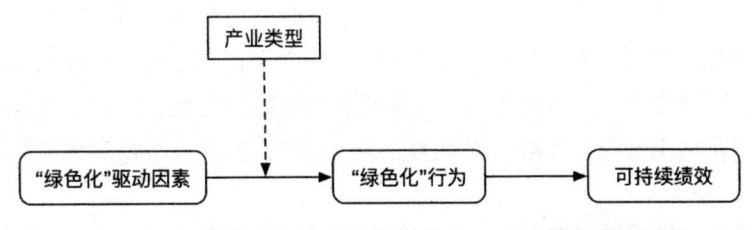

图4-1 我国中小制造企业"绿色化"驱动因素概念框架图

第二节 我国中小制造企业"绿色化"驱动因素理论模型推导

根据"动机—行为—结果"的分析思路，我国中小制造企业"绿色化"驱动因素概念框架主要涵盖"绿色化"驱动因素、"绿色化"行为以及企业可持续绩效三大部分。驱动因素是"绿色化"行为的诱因，"绿色化"行为是驱动因素的直接作用点，企业可持续绩效是"绿色化"行为创造的效益，也是驱动因素的最终目的。为了科学界定三大部分的内涵及内容，本节通过相关成熟理论进行一系列的推导。

一、"绿色化"驱动因素理论推演

为了确定企业追求"绿色化"的驱动因素，首先必须了解环境资源的性质，进而推导出环境压力的来源，根据压力来源的不同明确企业经营所在地区的环境监督和治理的主要利益相关者是谁，[①] 并且还需要明晰除了相关主体的监督作用之外，还存在什么工具手段的支撑作用。本小节对我国中小制造企业"绿色化"驱动因素进行了相关理论推演，从而为进一步解构相关"绿色化"驱动因素奠定理论基础。

（一）环境资源特质

过去100多年发展起来的经济理论试图解释环境资源的公共性质，以及组

---

① QIN Y, HARRISON J, CHEN L. A Framework for the Practice of Corporate Environmental Responsibility in China [J]. Journal of Cleaner Production, 2019 (235): 426-452.

织、个人过度使用和消耗环境资源的诱因。英国经济学家庇古（Pigou）在 1920 年提出了外生理论，该理论解释了组织或个人的活动"溢出"效应给第三方带来的额外成本或收益的情况。当向无关第三方强行施加成本时，这种成本被称为负外部性；当第三方从没有直接承诺的活动中获得利益时，这种利益被称为正外部性。庇古认为大多数环境问题都具有消极的外部性，因为企业对于环境资源的过度使用会给外部第三方施加多余的成本，因此，企业应当承担相应的环境责任。①

大多数环境资源，如水、空气、原始森林和野生动物，都具有"非竞争性"和"非排他性"的特点，因此，萨缪尔森（Samuelson）将这些环境资源归于公共物品。② 那么，不管是个人还是企业，为了享受对自然资源的无限制性使用，都在一定程度上存在"搭便车行为"。根据萨缪尔森开创的公共物品理论，环境资源等公共物品被认为是市场失灵的根源，因为自由市场机制不能保证公共物品的有效配置。③ 企业是否进行清洁生产和绿色实践一直是"公共产品游戏"的核心。④ 忽视环境问题，企业或个人可以在短期内获利，但从长期来看，特别是从公共产品的角度来看，环境和自然资源很可能因为企业或个人追求自我利益的动机而流失。

但是，由于近年来环境恶化、空气污染等问题的日益严重，绿色环境、自然资源以及新鲜空气不能再被视为"非竞争性环境资源"，离开了"非竞争性"的假设，环境资源就不再是公共物品，而是更像具有"非排他性"的"公共产品"。哈丁（Hardin）指出，环境资源的过度使用会导致"公地悲剧"，也就是说，如果仅从个人或者组织的利益出发，环境资源将会被耗尽，这就是市场失灵的原因，并且这也是导致社会效益流失的根源。⑤ 在这种情况下，则需要政府、行业协会、媒体、社会公众等对这种"搭便车行为"施加压力并进行相关干预，通过监管、税收、补贴、舆论导向等方式确保公共产品的合理分配，以

---

① PIGOU A C. The Economics of Welfare: Fourth Edition [M]. London: Macmillan And Co., Limited, 1932: 106-109.
② SAMUELSON P A. The Pure Theory of Public Expenditure [J]. The Review of Economics and Statistics, 1954, 36: 387-389.
③ SAMUELSON P A. The Pure Theory of Public Expenditure [J]. The Review of Economics and Statistics, 1954, 36: 387-389.
④ PERC M, GÓMEZ-GARDEÑES J, SZOLNOKI A, et al. Evolutionary Dynamics of Group Interactions on Structured Populations: A Review [J]. Journal of The Royal Society Interface, 2013, 10 (80): 1-17.
⑤ HARDIN G. The Tragedy of the Commons [J]. Science, 1968, 162: 1243-1248.

避免"公地悲剧"并保证全社会的整体福利。①

(二) 环境压力来源

企业所面临的环境压力分为内生压力与外生压力两类。内生压力是制造企业内涵发生了改变，制造企业的可持续发展将不再单纯局限于企业自身经济的可持续，同时也注重对环境、资源与社会的可持续做出贡献，这种内生压力要求制造业摆脱对外部资源和资本的高度依赖，注重依靠技术进步，在提高生产效率的同时注重生态效益和社会福祉。外生压力则是如政府、媒体、消费者等外部利益相关者，考虑国家、社会以及下一代的可持续发展，要求企业采取绿色行为。制度理论、利益相关者理论和合法性理论经常被应用于企业所面临的环境责任压力的研究。② 它们为识别企业所面对的绿色转型压力提供了理论指导。

根据迪马乔（DiMaggio）和鲍威尔（Powell）对于制度理论的阐述，有三方面的压力可能会影响企业实施绿色行为，即强制性压力、规范性压力和模仿性压力。③ 强制性压力是由企业的行政或监管机构施加的，这些机构强制企业必须采取绿色行为，最典型的强制性压力来源于政府；规范性压力则来自专业机构和社会公众，例如，行业协会制订一系列规范化准则约束并推动企业采取绿色行为，公共媒体也可以通过舆论引导或者刊登与企业环保情况相关的报道促使企业遵守相关环境规范，从而塑造企业的绿色行为；模仿性压力是其他竞争者的行为使企业感受到的压力，如果企业的竞争对手采取了对环境保护有利的行为，那么会间接性推动企业建立绿色准则或者遵循竞争对手的做法。④ 杨（Yang）等认为，在中国，制度理论能够解释很多企业在运营过程中面临的外部

---

① HEPBURN C. Environmental Policy, Government, and the Market [J]. Oxford Review of Economic Policy, 2010, 26 (2): 117-136.

② LYON T P, MAXWELL J W. Corporate Social Responsibility and the Environment: A Theoretical Perspective [J]. Review of Environmental Economics and Policy, 2008, 2 (2): 240-260; LENSSEN G, AREVALO J A, ARAVIND D. Corporate Social Responsibility Practices in India: Approach, Drivers, and Barriers [J]. Corporate Governance, 2011, 11 (4): 399-414; YANG H H, CRAIG R, FARLEY A. A Review of Chinese and English Language Studies on Corporate Environmental Reporting in China [J]. Critical Perspectives on Accounting, 2015 (28): 30-48.

③ DIMAGGIO P J, POWELL W W. The Iron Cage Revisited: Institutional Isomorphism and Collective Rationality in Organizational Fields [J]. American Sociological Review, 1983, 48 (2): 147-160.

④ DACIN M T. Isomorphism in Context: The Power and Prescription of Institutional Norms [J]. Academy of Management Journal, 1997, 40 (1): 46-81.

压力的问题。① 同时,制度理论也解释了一个组织如何根据强制、模仿抑或是规范的压力来整合其绿色实践,② 许多研究人员都将这一理论作为理解绿色实践的框架。③

利益相关者理论也被视为与实施各种环境管理实践驱动因素有关的解释性理论。④ 由于企业通过社会契约在社会环境下进行生产经营活动,⑤ 社会契约中的条款为企业提供了法律地位、资源和劳动力,作为回报,企业应该对其利益相关者的环境绩效负责,并创造令它们满意的效益,才能确保企业的可持续发展。⑥ 余(Yu)和拉马纳坦(Ramanathan)指出,不同利益相关者的压力可能导致企业采用不同类型的绿色实践。⑦ 根据制度理论不同的压力来源,结合秦等的研究成果,本研究将利益相关者分为来源于强制性压力的政府,来源于规范性压力的社会公众、媒体等团体,来源于市场压力的与企业商业活动直接相关的消费者群体,以及来源于企业内生压力的高层管理者和员工。⑧

---

① YANG H H, CRAIG R, FARLEY A. A Review of Chinese and English Language Studies on Corporate Environmental Reporting in China [J]. Critical Perspectives on Accounting, 2015, 28: 30-48.

② YANG C-S. An Analysis of Institutional Pressures, Green Supply Chain Management, and Green Performance in the Container Shipping Context [J]. Transportation Research Part D: Transport and Environment, 2018 (61): 246-260.

③ SOLOMON A, KETIKIDIS P, KOH S C L. Including Social Performance as a Measure for Resilient and Green Freight Transportation [J]. Transportation Research Part D: Transport and Environment, 2019 (69): 13-23.

④ SARKIS J, ZHU Q H, LAI K. An Organizational Theoretic Review of Green Supply Chain Management Literature [J]. International Journal of Production Economics, 2011, 130 (1): 1-15.

⑤ SHOCKER A D, SETHI S P. An Approach to Incorporating Societal Preferences in Developing Corporate Action Strategies [J]. California Management Review, 1973, 15 (4): 97-105.

⑥ FREEMAN R E. The Politics of Stakeholder Theory: Some Future Directions [J]. Business Ethics Quarterly, 1994, 4 (4): 409-421; WOODWARD D G, EDWARDS P, BIRKIN F. Organizational Legitimacy and Stakeholder Information Provision1 [J]. British Journal of Management, 1996, 7 (4): 329-347.

⑦ YU W, RAMANATHAN R. An Empirical Examination of Stakeholder Pressures, Green Operations Practices and Environmental Performance [J]. International Journal of Production Research, 2015, 53 (21): 6390-6407.

⑧ QIN Y, HARRISON J, CHEN L. A Framework for the Practice of Corporate Environmental Responsibility in China [J]. Journal of Cleaner Production, 2019, 235: 426-452.

合法性为企业提供了对生存和发展至关重要的大量资源和社会支持，[1] 企业通过一系列社会活动而被赋予合法性，这是一种普遍的看法或假设，即一种实体行为在某种社会构建的规范、价值观、信仰系统中是可取的、正确的或适当的，[2] 在这个过程中，它们需要与利益相关者的期望保持一致性。[3] 如果利益相关者认为企业的某些行为是不合理的，那么这个企业就面临合法性的压力。从合法性的角度来看，企业对合法性的需求越大，企业就越有动力与利益相关者建立伙伴关系。[4] 可持续性领域的合法性被定义为"利益相关者的一般假设，即企业的行为真正尊重可持续性的三个组成部分，涉及环境管理、社会公平和经济绩效"[5]。在政府、客户、供应商、投资者和其他利益相关者对环境负责的需求和社会压力下，制造企业被迫将环境保护纳入各自的战略目标。[6] 贝罗内（Berrone）等认为企业实施绿色行为的一个重要动机是获得不同利益相关者的认可。[7] 由于内部和外部利益相关者对制造企业生产活动的审查越来越严格，企业被迫将工作重点放在自然环境和相关社会经济福利上。[8] 环境绩效不佳会造成潜在的合法性威胁，并危及利益相关者的支持。[9] 那么，企业从利益相关者那里获

---

[1] MEYER J W, ROWAN B. Institutionalized Organizations: Formal Structure as Myth and Ceremony [J]. American Journal of Sociology, 1977, 83 (2): 340-363.

[2] SUCHMAN M C. Managing Legitimacy: Strategic and Institutional Approaches [J]. Academy of Management Review, 1995, 20 (3): 571-610.

[3] DIMAGGIO P J, POWELL W W. The Iron Cage Revisited: Institutional Isomorphism and Collective Rationality in Organizational Fields [J]. American Sociological Review, 1983, 48 (2): 147-160.

[4] CHEN J, ZHANG F, LIU L, et al. Does Environmental Responsibility Matter in Cross-Sector Partnership Formation? A Legitimacy Perspective [J]. Journal of Environmental Management, 2019 (231): 612-621.

[5] CRESPIN-MAZET F, DONTENWILL E. Sustainable Procurement: Building Legitimacy in the Supply Network [J]. Journal of Purchasing and Supply Management, 2012, 18 (4): 207-217.

[6] SPRENGEL D C, BUSCH T. Stakeholder Engagement and Environmental Strategy-The Case of Climate Change [J]. Business Strategy & the Environment, 2011, 20 (6): 351-364.

[7] BERRONE P, FOSFURI A, GELABERT L, et al. Necessity as the Mother of "green" Inventions: Institutional Pressures and Environmental Innovations [J]. Strategic Management Journal, 2013, 34 (8): 891-909.

[8] CHERRAFI A, ELFEZAZI S, CHIARINI A, et al. The Integration of Lean Manufacturing, Six Sigma and Sustainability: A Literature Review and Future Research Directions for Developing a Specific Model [J]. Journal of Cleaner Production, 2016 (139): 828-846.

[9] BERRONE P, FOSFURI A, GELABERT L. Does Greenwashing Pay Off? Understanding the Relationship Between Environmental Actions and Environmental Legitimacy [J]. Journal of Business Ethics, 2017, 144 (2): 363-379.

得的合法性压力越大，就越有可能采取绿色行为。① 环境合法性是企业实施绿色行为的最终目标，因此，为了获得政府支持和市场认可，制造企业必须通过实施绿色制造来提高其环境绩效。② 只有当企业满足了利益相关者对环境保护的要求时，它们的环境合法性才能够被保证。③

（三）环境监管参与主体

由于企业面临来自各方的压力，因此它们也需要接受来自各方的监管，只有对环境问题压力做出响应，才能够有效帮助企业制订有效的环境策略并进一步全面实施绿色行为。经济学家们也提出了多种解决方案：庇古税和科斯定理是环境监管的基础理论，与环境税和排污权交易机制相适应；奥斯特罗姆（Ostrom）提出的多中心共同治理是构建由政府、企业和社会团体（或非政府组织）等多个决策机构组成的全国性环境治理体系的基础。

庇古从福利经济学的角度研究外部性。④ 他将外部性概念化为私人边际成本或收益与社会边际成本或收益之间的差异。他认为在负外部性存在的情况下，个人活动的成本并没有把市场活动的成本包含在内，在这种情况下，市场结果不是有效的，并且可能导致资源的过度消费。而政府干预对纠正这种负外部性造成的不良或无效的市场结果起着关键作用。为了达到帕累托最优，政府应该对这些公司或个人造成的负外部性进行征税，并将税额设置为由其负外部性行为造成的社会成本的金额，这种税被称为庇古税。⑤ 环境税是庇古税最典型的应用，所谓环境税就是将环境问题中的社会成本内化为污染者的私人成本，从而消除负外部性。政府对污染企业征税，其税额等于污染控制和减排的社会成本。在正外部性存在的情况下，政府向产生社会效益的企业发放补贴，以刺激它们生产更多符合社会效益的产品。因此，环境税既包括对污染物的征税，也包括

---

① MURILLO-LUNA J L, GARCÉS-AYERBE C, RIVERA-TORRES P. Why Do Patterns of Environmental Response Differ? A Stakeholders' Pressure Approach [J]. Strategic Management Journal, 2008, 29 (11): 1225-1240.

② VRIES G, TERWEL B W, ELLEMERS N, et al. Sustainability or Profitability? How Communicated Motives for Environmental Policy Affect Public Perceptions of Corporate Greenwashing [J]. Corporate Social Responsibility and Environmental Management, 2015, 22 (3): 142-154.

③ DONALDSON T, PRESTON L E. The Stakeholder Theory of the Corporation: Concepts, Evidence, and Implications [J]. Academy of Management Review, 1995, 20 (1): 65-91.

④ PIGOU A C. The Economics of Welfare: Fourth Edition [M]. London: Macmillan and Co. Limited, 1932: 106-109.

⑤ BAUMOL W J. On Taxation and The Control of Externalities [J]. The American Economic Review, 1972, 62 (3): 307-322.

对投资绿色项目的纳税人的税收优惠或补贴。环境税也是目前政府对企业的非环保行为实施政策干预的主要手段。

新制度经济学的奠基人科斯（Coase）[1] 并不认同庇古[2]的外部性理论。他认为产生负外部性的根源来自交易成本，如果资源或产品的产权能够被清晰地界定，市场交易成本将降为零，那么造成负外部性的一方与受外部性影响的一方如果能对外部性事件进行明确的定价，就有可能实现帕累托最优，因为产权再分配只影响双方的收入分配，并不会影响它们之间的分配效率，也就不存在市场失灵，更无须政府干预。政府干预本身是存在成本的，这会进一步降低资源配置效率。[3] 那么，根据科斯定理，环境问题主要是由于与环境资源有关的产权划分不明确，只要能够明确环境资源的产权，污染物排放问题和"公地悲剧"等问题就迎刃而解。根据科斯定理，戴尔斯（Dales）提出了"排污权"的概念，并设计了一套排污权交易制度，政府据此将排污权分配或出售给可以在排污市场上进行交易的企业，以此降低减排成本，实现资源配置优化。[4]

奥斯特罗姆在大量的案例研究的基础上发现，无论是政府干预还是市场机制都不能成功促使个人或公司以可持续和建设性的方式消耗自然资源。[5] 相比之下，许多社区长期以来通过采用政府政策和市场机制以外的体制安排，成功地管理了某些资源。因此，他提出除了庇古的政府干预和科斯的市场机制这两种单中心环境治理的方式，环境治理还有第三种选择，即对公共资源的多中心治理。多中心治理理论强调在一个决策系统中可能有多个独立的中心，与单一中心治理模式不同，在一个多中心治理体系中，没有任何个人或团体拥有绝对的权威。换言之，在一个多中心的治理体系中，政府、企业和社会团体或非政府组织通过多部门、多层次、多种类的方式进行协调合作，并形成治理网络。但是需要注意的是，奥斯特罗姆提出多中心治理的主张并不能取代庇古税或科斯定理，只是对现有的外部组织集体行动理论的补充，为环境监管和治理模式提

---

[1] COASE R H. The Problem of Social Cost [J]. The Journal of Law and Economics, 1960, 3: 1-44.

[2] PIGOU A C. The Economics of Welfare (Fourth Edition) [M]. London: Macmillan and Co. Limited, 1932: 106-109.

[3] COASE R H. The Problem of Social Cost [J]. The Journal of Law and Economics, 1960 (3): 1-44.

[4] DALES J H. Pollution, Property, and Prices: An Essay in Policy-Making [M]. Toronto: University of Toronto Press, 1968: 92-98.

[5] OSTROM E. Collective Action and the Evolution of Social Norms [J]. Journal of Economic Perspectives, 2000, 14 (3): 137-158.

供了另一种选择。① 在这样的背景下，在2017年党的十九大也宣布，我国将构建以政府为主导、企业为主体、社会组织和公众共同参与的环境治理体系。

（四）绿色行为技术支撑

环境监管参与主体相关理论为明确驱动制造企业"绿色化"行为的主体提供了理论基础。但是"绿色化"的特征是提高资源利用效率，减少废水、废气、固体废物等污染物排放，这对技术提出了新的要求。如果缺乏技术的有力支撑，利益相关者的压力对于企业绿色转型犹如"纸上谈兵"，无法付诸实践。因此，要想科学有效地推动"绿色化"进程，除需要有监管主体外，还需辅以相关工具与手段，即先进技术、工艺和流程驱动制造企业的绿色发展。

从宏观角度来看，技术环境极大程度地影响了企业的发展，主要包括国家对技术开发的投入程度和支持力度、高新技术发展动态，以及技术转移的现状和技术商品化的速度。技术环境的优劣，是评判企业是否具有良好的外部宏观环境的标准之一。那么，从企业微观角度出发，企业具备的技术创新能力与可获得的技术资源也是构建其竞争优势的重要来源。传统制造业的发展模式强调依托资源和生产要素禀赋，而新型工业化下制造业的发展更加强调依靠技术创新和进步。在环境日益恶化、资源能源过度消耗的背景下，改变制造企业过度依赖原材料投入且产出效率不高的粗放型生产方式，必须要有如新材料、新能源、清洁生产工艺的新一代绿色技术的支撑，才能科学、有效地转变为以科技创新投入为主、环境友好型的集约型生产方式。NRBV与TOE框架均验证了技术对于绿色行为的支撑作用。

NRBV是对RBV的延伸。RBV强调有价值的、稀有的、不可模仿的和不可替代的资源是企业建立竞争优势的先决条件。② 在RBV的基础上，哈特指出企业通过可持续发展、污染预防和产品管理等行为与自然环境进行良性互动是企业竞争优势的主要来源，因此，企业应当关注自然资源与企业资源和能力之间的互动关系，并且精准识别能够促进这种互动的企业资源和能力。③ 哈特和道尔（Dowell）进一步指出，RBV认为有效应对自然环境的约束，企业应当具备三种

---

① OSTROM E. Collective Action and the Evolution of Social Norms [J]. Journal of Economic Perspectives, 2000, 14 (3): 137-158.
② WERNERFELT B. A Resource-Based View of the Firm [J]. Strategic Management Journal, 1984, 5 (2): 171-180.
③ HART S L. A Natural-Resource-Based View of Firm [J]. Academy of Management Review, 1995, 20 (4): 986-1014.

能力,即污染预防、产品管理和清洁技术,[①] 这些能力构成了绿色新技术产生的基础,它们有助于企业提高其环境绩效,并从中获取竞争优势。[②] 哈特认为,在NRBV 的视角下,绿色技术创新能够着眼于跨越现实存在的环境问题,以达到清洁技术性能的新标准,绿色技术不仅能保护生态系统资源,还能将能源使用和工业发展重新聚焦于生态、可持续发展的方向。[③] 技术资源、技术创新能力是企业与自然环境互动的关键资源与能力,逐渐成为企业实施绿色实践、创造环境绩效并取得竞争优势过程中不可分割的一部分。

托纳茨基和弗莱舍于 1990 年提出了 TOE 框架,用于反映企业实施创新实践的三个情境。[④] 其中,技术情境主要反映了影响企业实施创新活动的技术基础设施、过程。但是本研究认为在"绿色化"驱动因素识别中,技术主要是指企业的技术能力。因为绿色技术的重要性在世界范围内,特别是在我国,已经越来越显著。我国致力于推行《中国制造 2025》,文件指出我国制造业实现绿色低碳发展的一个关键因素是采用基于先进工程科学和技术的创新型主要绿色技术。

综上,我国中小制造企业"绿色化"驱动因素的推导模型如图 4-2 所示。

[①] HART S L, DOWELL G. Invited Editorial: A Natural-Resource-Based View of the Firm: Fifteen Years After [J]. Journal of Management, 2010, 37 (5): 1464-1479.

[②] KING A, LENOX M. Exploring the Locus of Profitable Pollution Reduction [J]. Management Science, 2002, 48 (2): 289-299; RUSSO M V, FOUTS P A. A Resource-Based Perspective on Corporate Environmental Performance and Profitability [J]. Academy of Management Journal, 1997, 40 (3): 534-559.

[③] HART S L. A Natural-Resource-Based View of Firm [J]. Academy of Management Review, 1995, 20 (4): 986-1014.

[④] TORNATZKY L G, FLEISCHER M. The Processes of Technological Innovation [M]. Lexington: Lexington Books, 1990: 117-148.

图4-2 我国中小制造企业"绿色化"驱动因素推导图

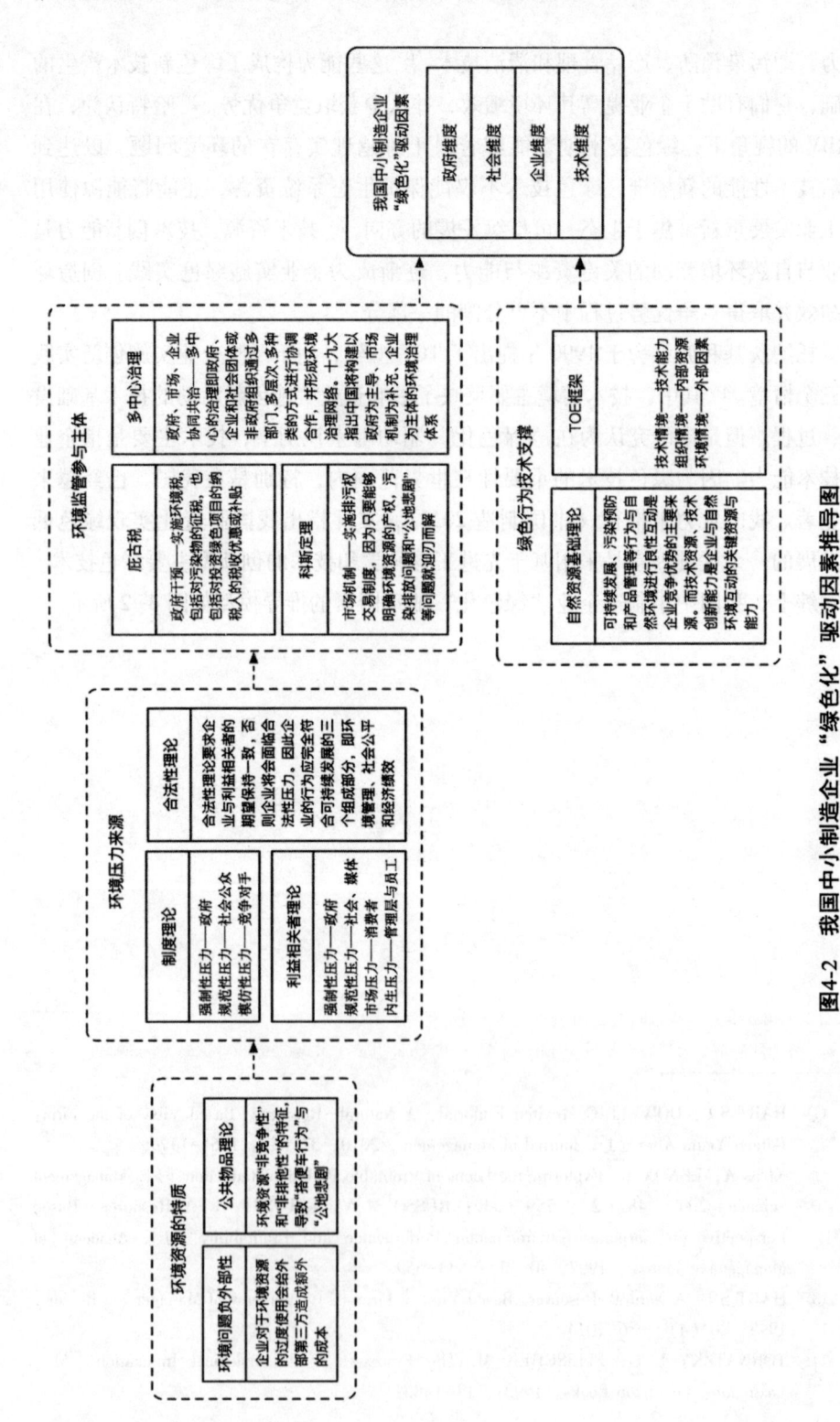

二、"绿色化"行为理论推演

从运营管理的角度考虑环境问题尤为重要,因为伴随着消费者环保意识逐渐觉醒,他们要求产品从设计到分销整个流程都是环境友好型的。[1] 古普塔(Gupta)和夏尔马(Sharma)指出,运营角度下的绿色行为就是通过运用环境管理原则将资源转化为可用产品决策过程的集成。[2] 德·布希戈斯·希门尼斯(De Burgos-Jiménez)认为"绿色化"行为的概念是一个多维的结构,需要从特定的视角对其进行分析。[3] 在产品的生产过程中,从原材料投入产品形成的过程中会排放大量的废气、废水和固体废物,从而降低空气质量并影响土壤环境。[4] 随着人们对可持续发展的日益关注,可持续产品(绿色产品)的重要性日益显著,绿色产品开发有助于以最经济的方式利用企业的资源(原材料和能源等方面),并对环境施加最小的影响。[5] 因此,可以从绿色产品生产的角度,考量制造企业的"绿色化"行为。综上,本研究引入产品生命周期理论,从产品的角度考虑"绿色化"行为更易理解和接受。

1966年,哈佛大学教授雷蒙德·弗农(Raymond Vernon)在《产品周期中的国际投资与国际贸易》一文中首次提出产品生命周期理论。[6] 弗农认为产品生命周期即产品的市场寿命,主要是指一种新产品从进入市场到被市场淘汰的全过程,包括引入期、成长期、成熟期和衰退期。弗农对于产品生命周期的阐释主要集中在营销领域,而越来越多的学者将产品生命周期的概念引入制造领域。阿格沃尔(Agarwal)和赫尔法特(Helfat)的研究强调,制造、使用和处

---

[1] YU W, RAMANATHAN R. An Empirical Examination of Stakeholder Pressures, Green Operations Practices and Environmental Performance [J]. International Journal of Production Research, 2015, 53 (21): 6390-6407.

[2] GUPTA M, SHARMA K. Environmental Operations Management: An Opportunity for Improvement [J]. Production & Inventory Management Journal, 1996, 37 (3): 40-46.

[3] DE BURGOS-JIMÉNEZ J. Environmental Protection and Financial Performance: An Empirical Analysis in Wales [J]. International Journal of Operations & Amp; Production Management, 2013, 33 (8): 981-1018.

[4] HE B, LUO T, HUANG S. Product Sustainability Assessment for Product Life Cycle [J]. Journal of Cleaner Production, 2019 (206): 238-250.

[5] TAO J, YU S. Product Life Cycle Design for Sustainable Value Creation: Methods of Sustainable Product Development in the Context of High Value Engineering [J]. Procedia CIRP, 2018 (69): 25-30.

[6] VERNON R. International Investment and International Trade in the Product Cycle [J]. The Quarterly Journal of Economics, 1966, 80 (2): 190-217.

置是产品生命周期的三方面。① 加雷蒂等也指出，应从产品生命周期的角度看待制造企业生产行为，即产品设计、产品生产和产品回收三个部分。② 霍（Ho）等提出改变产品生命周期的传统观点，认为制造企业的产品全生命周期是从资源获取到产品开发、交付、消费和回收的过程。随着制造企业产品生命周期概念的不断演变，它与制造企业的实践也更加紧密地结合。③ 简（Jian）等以图论的形式，将制造产品的生命周期划分为产品设计、产品生产、产品组装、产品打包、产品运输、产品营销、产品使用和管理以及产品回收与再利用八个环节。④ 从产品稳定性的角度出发，简等进一步将制造产品的生命周期划分为生产、制造、使用与维护。⑤

加齐拉等将产品生命周期与"绿色化"行为相结合，运用图形展现了中小制造企业绿色制造的整个流程，即从产品设计开始，到原材料的采购、产品制造、包装和分销，客户使用该产品直至报废和再制造。⑥ 随后，张等的研究更进一步证实了产品生命周期理论在"绿色化"行为中的应用，他指出制造企业"绿色化"的过程建立在绿色指标体系之上，绿色指标是围绕产品生命周期而构建，这些指标主要涉及绿色设计、绿色购买、绿色制造、绿色物流、绿色服务以及回收再利用。⑦ 传统的产品生命周期是"设计—制造—使用—报废"这样一个开环系统，但是绿色产品生命周期应是"设计—制造—使用—再循环"的闭环系统。综上，基于产品生命周期理论，本研究认为"绿色化"行为主要包括绿色设计、原材料选取、绿色生产、污染处理和回收再利用等五个环节。

---

① AGARWAL R, HELFAT C E. Strategic Renewal of Organizations [J]. Organization Science, 2009, 20 (2): 281-293.
② GARETTI M, TAISCH M. Sustainable Manufacturing: Trends and Research Challenges [J]. Production Planning & Control, 2012, 23 (2-3): 83-104.
③ HO Y-C, WANG W B, SHIEH W L. An Empirical Study of Green Management and Performance in Taiwanese Electronics Firms [J]. Cogent Business & Management, 2016, 3 (1): 1266787.
④ JIAN X, CAI S, CHEN Q. A Study on the Evaluation of Product Maintainability Based on the Life Cycle Theory [J]. Journal of Cleaner Production, 2017, 141: 481-491.
⑤ JIAN X, CAI S, CHEN Q. A Study on the Evaluation of Product Maintainability Based on the Life Cycle Theory [J]. Journal of Cleaner Production, 2017, 141: 481-491.
⑥ GHAZILLA R A R, SAKUNDARINI N, ABDUL-RASHID S H, et al. Drivers and Barriers Analysis for Green Manufacturing Practices in Malaysian SMEs: A Preliminary Findings [J]. Procedia CIRP, 2015, 26: 658-663.
⑦ ZHANG X, MING X, LIU Z, et al. General Reference Model and Overall Frameworks for Green Manufacturing [J]. Journal of Cleaner Production, 2019, 237: 117757.

三、可持续绩效理论推演

我国中小制造企业以高度不可持续的方式消耗能源和自然资源，排放大量温室气体，导致出现从气候变化到当地废物处理等许多经济、环境和社会问题。然而，尽管环境问题如此严峻，许多企业仍然对施行绿色行为秉持怀疑的态度，绿色实践的实施速度也无法匹配全球制造业的扩张速度。作为我国制造业的主力军，我国大多中小制造企业还在生存的边缘挣扎，并且由于没有完全摆脱粗放型的发展模式，它们也是资源、能源消耗和环境污染等问题的主要来源。因此，"绿色化"对我国中小制造企业来说，意味着"不仅要发展，而且要绿色"。虽然许多成功案例已经证明了绿色行为带来的诸多效益，但似乎大多数管理者仍然没有将尽量减少环境污染及资源浪费视为一个竞争机会，而是把不友好的环境行为看作一种"必要的罪恶"，被动实施绿色行为被视为一种规避法律制裁的措施。[1] 只有明确中小制造企业实施绿色行为能够创造可持续绩效，才是保障企业积极实行绿色行为的前提条件。

企业要想获得可持续发展，首先要保证经营的可持续性，所以贾维尔（Javier）和奥斯卡（Óscar）认为企业绩效包括如运营、市场和财务等不同组织层面绩效指标的组合。[2] 理查德（Richard）等的研究也指出组织绩效应当包括财务、市场表现和经营业绩。可是，面临如此严峻的环境问题和公众日益增长的环保意识，在解释组织的长期成功时，只考虑财务和经营方面的绩效已经远远不够。[3] 朱等强调有必要将环境绩效标准纳入企业可持续发展的绩效考核之中，[4] 这意味着企业所有者和经营者认为可持续性管理不仅对企业的生存至关重要，也是为企业利益相关者创造价值的过程。[5] 针对这一理念，早在 1998 年埃

---

[1] TILINA D I, ZAPCIU M, BENDIC V. The Link between Lean and Green Manufacturing-A Way to Reach Sustainable Development [J]. Applied Mechanics and Materials, 2014 (656): 534-541.

[2] JAVIER G-B, ÓSCAR G-B. Environmental Proactivity and Business Performance: An Empirical Analysis [J]. Omega, 2005, 33 (1): 1-15.

[3] RICHARD P J, DEVINNEY T M, YIP G S, et al. Measuring Organizational Performance: Towards Methodological Best Practice [J]. Journal of Management, 2009, 35 (3): 718-804.

[4] ZHU Q, SARKIS J, LAI K-H. Green Supply Chain Management: Pressures, Practices and Performance within the Chinese Automobile Industry [J]. Journal of Cleaner Production, 2007, 15 (11): 1041-1052.

[5] LASZLO C. The Sustainable Company: How to Create Lasting Value Through Social and Environmental Performance [M]. Washington D C: Island Press, 2003: 25-43.

尔金顿就提出了 TBL，它不同于传统只考虑企业会计利润的经营底线，这一理论框架要求企业应从多维度的角度衡量可持续绩效，它涉及环境和社会责任与经济目标的整合，从而为公司和社会创造价值。该理论从企业社会责任的角度出发，企业的生产运营行为需要同时满足经济、社会与环境三重底线。经济底线是提高企业利润水平，为股东创造价值；社会底线是企业应当主动承担社会责任，并为外部利益相关者创造价值；环境底线包括资源节约、环境保护等行为。三重底线是社会公众对企业提出的最低要求，遵循三重底线也是保障企业生存与发展的重要前提条件。三重底线的每一方面都是根据其对商业利润、人和地球的影响来衡量的，① 三重底线的概念要求公司不仅要提高经济价值，还要考虑环境和社会绩效，② 这一要求与利益相关者理论相一致。③ 斯莱珀（Slaper）和霍尔（Hall）指出，TBL 为企业的绩效考核提供了一种全新的思路，它不同于传统只考虑企业会计利润的考核标准，这一理论框架要求企业应从多维度的角度衡量企业绩效，三重底线的概念为企业增加了两条附加绩效考核标准，即社会绩效和环境绩效。④ 也就是说，作为企业绩效的衡量标准，三重底线理论将经济、社会和环境视为企业成功和可持续发展的三大支柱。关注自然资源的保护和经济利用，强调环境管理的重要性，环境管理应至少建立在三方面的基础之上，即社会绩效、环境绩效与经济绩效。⑤

此外，公共物品理论指出，环境资源"非竞争性"和"非排他性"的特质，导致了一系列的环境压力和监管问题。我国作为资源供应大国的同时也是资源消耗大国，我国中小制造企业传统发展模式强调对资源禀赋和生产要素的依赖，这种粗放型发展模式导致了大量的物质资源浪费，因此，在评价可持续绩效时也应将资源因素考虑在内，设立资源绩效的考核标准。

---

① ELKINGTON J. Partnerships from Cannibals with Forks: The Triple Bottom Line of 21st - Century Business [J]. Environmental Quality Management, 1998, 8 (1): 37-51.
② ASHBY A. Making Connections: A Review of Supply Chain Management and Sustainability Literature [J]. Supply Chain Management: An International Journal, 2012, 17 (5): 497-516.
③ WANG Z, SUBRAMANIAN N, GUNASEKARAN A, et al. Composite Sustainable Manufacturing Practice and Performance Framework: Chinese Auto - Parts Suppliers Perspective [J]. International Journal of Production Economics, 2015 (170): 219-233.
④ SLAPER T F, HALL T J. The Triple Bottom Line: What Is It and How Does It Work [J]. Indiana Business Review, 2011, 86 (1): 4-8.
⑤ BROMAN G I, ROBÈRT K-H. A Framework for Strategic Sustainable Development [J]. Journal of Cleaner Production, 2017 (140): 17-31.

四、我国中小制造企业"绿色化"驱动因素理论模型构建

综上所述，从环境生态学的角度来看，大多数环境资源都是公共物品或共享资源，由于环境资源的"非竞争性"和"非排他性"的特点，如果没有机构或组织对这些资源进行适当干预，将会出现个人利益至上的"搭便车行为"，最终酿成"公地悲剧"。企业在其所在的社会环境中进行生产运营活动，因为其生产经营活动会对利益相关者造成影响，所以它们的行为要与利益相关者的期望保持一致，并接受来自不同利益相关者的强制性压力、规范性压力、市场压力及内生压力等，否则企业将会面临合法性压力。制造企业"绿色化"具有很强的外部性和公共物品属性，需要外部第三方的强制性干预与激励。[①] 根据庇古税、科斯定理、多中心治理等理论，政府、社会团体（非政府组织）和企业在管理这些环境资源并促进全球可持续发展方面发挥着不同的作用。NRBV 指出，技术创新与技术获取能力是企业与自然资源进行良好互动的重要资源与能力。同时，TOE 框架也阐明技术、组织和环境情境是实施绿色行为需要考虑的三个重要维度。"绿色化"驱动因素的首要目的是促进中小制造企业积极实施"绿色化"行为，而中小制造企业的主营业务是制造产品。同时，产品的制造过程也是中小制造企业对环境造成负外部性影响的主要来源。因此，基于产品的全生命周期理论，从产品的角度出发，将企业的"绿色化"行为划分为绿色设计、原材料选取、绿色生产、污染处理以及回收再利用五个部分。"绿色化"驱动因素的最终目的是为中小制造企业创造可持续绩效，TBL 也为企业的绩效考核提供了借鉴思路，企业绩效应当至少满足经济、社会与环境三个最基本的要求。因此，我国中小制造企业"绿色化"驱动因素应当涉及技术、政府、企业、社会四大维度，并从经济、社会、环境、资源等方面考量绿色行为所创造的价值。综上，可以推导出我国中小制造企业"绿色化"驱动因素理论模型，具体如图 4-3 所示。

[①] ZHOU Y, XU G N, MINSHALL T, et al. How do Public Demonstration Projects Promote Green-Manufacturing Technologies? A Case Study from China [J]. Sustainable Development, 2015, 23 (4): 217-231.

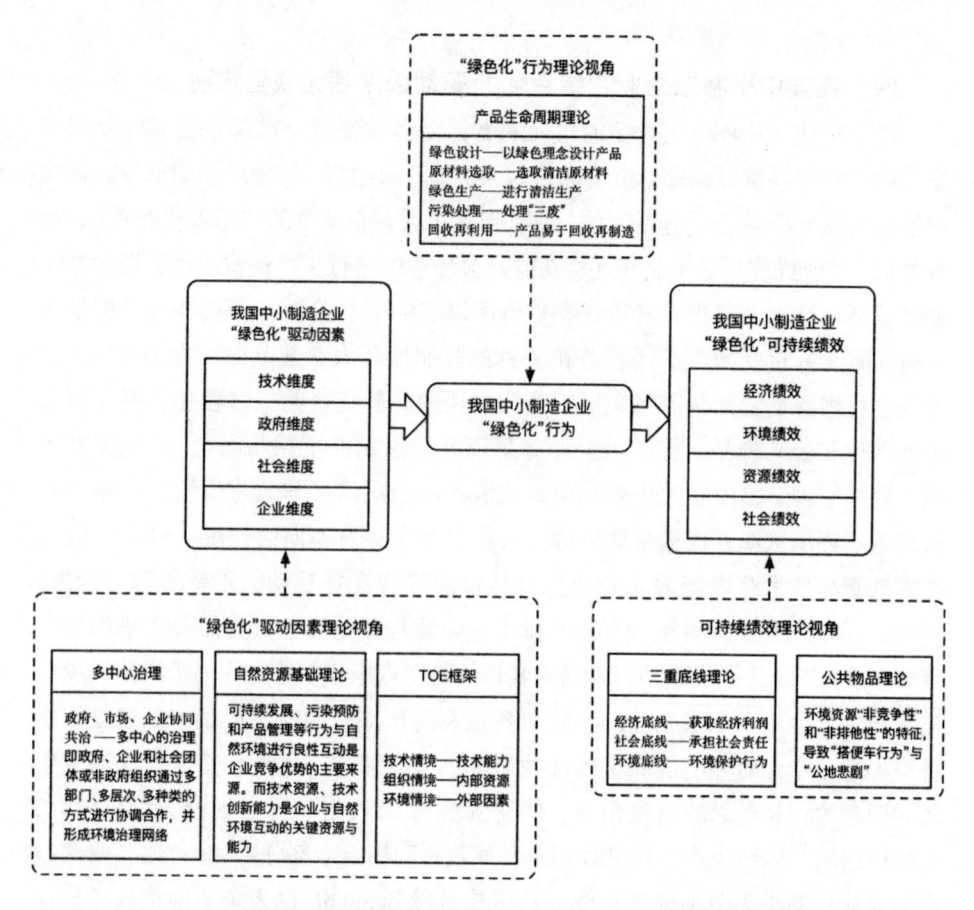

图 4-3　我国中小制造企业"绿色化"驱动因素模型理论推导图

注：理论推导模型是对秦等（2019）、阿博尔马吉德（2018）、Elkington（1994）、张等（2019b）研究成果的提炼和总结。

第三节　我国中小制造企业"绿色化"驱动因素模型要素解构

我国中小制造企业"绿色化"驱动因素理论推导模型指出，"绿色化"驱动因素涉及技术、政府、社会和企业四个维度，"绿色化"行为包含绿色设计、原材料选取、绿色生产、污染处理和回收再利用五个环节，可持续绩效涵盖经济、环境、资源和社会四方面。结合我国中小制造企业"绿色化"障碍的实证结果，本节进一步对驱动模型涉及的要素进行详细的解构。

一、我国中小制造企业"绿色化"驱动因素解构

我国中小制造企业"绿色化"面临的障碍主要来源于经济、社会、政策、组织、技术等五方面,来源于技术和政策层面障碍的阻力作用最大。缓解甚至消除由于各个层面障碍的存在而给我国中小制造企业"绿色化"进程所带来的阻力,是驱动因素的首要任务之一。基于此,本研究认为"绿色化"驱动因素应当基本涵盖"绿色化"障碍所涉及的几方面。但是在"绿色化"障碍所涉及的经济层面,本研究认为缓解中小制造企业面临的经济压力并不能直接作为驱动因素,因为我国中小制造企业面临的经济压力是来源于多方面的,将缓解经济压力这一概念转变为因"绿色化"而获得的经济效益,即将其作为企业可持续绩效的一部分比作为驱动因素更为合理。

从"绿色化"的内涵出发,"绿色化"要求企业在满足经济发展目标的同时对环境的影响最小化。波特认为大多数环境问题的产生源于制造企业非有效的生产过程,因为生产过程中企业无法完全转化投入的原材料,导致资源浪费与污染物排放,而有效解决这个问题的主要方式是进行清洁生产。[1] 绿色技术对于经济且有效控制污染物排放至关重要,[2] 它有助于平衡环境保护和经济发展。[3] 在新一轮科技革命的背景下,以新一代材料、能源、工艺为主的绿色技术,是中小制造企业成功实施绿色行为的关键。我国中小制造企业"绿色化"障碍也表明,技术的缺失是阻碍中小制造企业"绿色化"的根本原因。中小制造企业获取绿色技术主要有两个渠道:其一为进行内部自我技术创新,其二为引进外部先进技术。获取绿色技术的两种渠道并不是独立分割的,它们之间可能存在互补、相互替代以及非固定的关系。[4] 中小制造企业可以创造"引进先进绿色技术—吸收—扩散—再创新"的良性循环。无论绿色技术是否为自我创新,新技术都会有效增加我国中小制造企业实施绿色行为或承担环境责任的可

---

[1] PORTER M, VAN DER LINDE C. Green and Competitive: Ending the Stalemate [J]. Long. Range Plan, 1995, 28 (6): 128-129.

[2] UNCTAD. Technology and Innovation Report 2018: Harnessing Frontier Technologies for Sustainable Development [EB/OL]. Polity, 2018-05-16.

[3] SUN Y, LU Y, WANG T, et al. Pattern of Patent-Based Environmental Technology Innovation in China [J]. Technological Forecasting and Social Change, 2008, 75 (7): 1032-1042.

[4] YU L, LI H, WANG Z, et al. Technology Imports and Self-Innovation in the Context of Innovation Quality [J]. International Journal of Production Economics, 2019 (214): 44-52.

能性，并且与环境绩效呈显著正相关关系。①

在我国中小制造企业生产运营且赖以生存的市场、社会环境中，政府是最重要的外部相关者。我国中小制造企业"绿色化"障碍分析实证结果指出，环境法律体系不完善、执法力度不强等问题严重影响了中小制造企业对于"绿色化"的态度。政策作为政府监管企业经营行为的工具，政府只有制定相应的环境政策法规对环境资源市场实施适当干预，才能避免"搭便车行为"或者"公地悲剧"。最主要的政策工具是法律监管和规制，但是政府的干预不仅局限于对造成污染或者不满足环保要求的企业进行征税或罚款等强制性惩罚措施，也包括对积极践行绿色行为、环保创新并为自然与社会环境创造正外部性的企业采取补贴、税负减免等激励性措施。

尽管环境可持续发展目标的实现主要取决于各国政府，但如果没有企业和其他利益相关者的共同努力，它就无法取得成功。联合国全球契约（UN Global Compact）强制全球所有企业遵守环境友好政策和绿色实践（联合国全球契约是世界上最大的绿色环境发起组织，包括来自167个国家的25493个商业组织）。② 生态学家们也敦促企业，尤其是制造业企业，将绿色思维和企业社会责任活动融入其运营中，因为它们不仅对组织经济绩效产生积极影响，而且对环境方面也产生积极影响。企业作为践行绿色行为的主体，拥有企业经营权的高层管理者正确认识绿色实践有助于从利益相关者那里获得外部财务和社会支持，③ 从而使企业能够实现高利润、④ 降低运营风险⑤和获取长期收益，⑥ 这样我国中小制造企业才能够真正参与到绿色转型中。作为践行高层管理者承诺与

---

① ZHANG D, RONG Z, JI Q. Green Innovation and Firm Performance: Evidence from Listed Companies in China [J]. Resources, Conservation and Recycling, 2019 (144): 48-55.
② 联合国全球契约组织官网 [EB/OL]. https://unglobalcompact.org.
③ BABIAK K, TRENDAFILOVA S. CSR and Environmental Responsibility: Motives and Pressures to Adopt Green Management Practices [J]. Corporate Social Responsibility and Environmental Management, 2011, 18 (1): 11-24.
④ JO H, KIM H, PARK K. Corporate Environmental Responsibility and Firm Performance in the Financial Services Sector [J]. Journal of Business Ethics, 2015, 131 (2): 257-284.
⑤ CAI L, CUI J, JO H. Corporate Environmental Responsibility and Firm Risk [J]. Journal of Business Ethics, 2016, 139 (3): 563-594.
⑥ GREGORY A, THARYAN R, WHITTAKER J. Corporate Social Responsibility and Firm Value: Disaggregating the Effects on Cash Flow, Risk and Growth [J]. Journal of Business Ethics, 2014, 124 (4): 633-657.

企业战略的重要成员，员工参与也被认为是与企业实施绿色行为相关的自变量，[1] 虽然政府和企业在环境质量提高的过程中起着至关重要的作用，但是也有研究发现，社会团体和非政府组织（NGO）的行为越来越超出立法程序，并直接成为反对污染企业的倡导者。[2] 在社交媒体快速发展的时代，由于其易接触、传播迅速等特点，社会媒体对于舆论的引导作用越发明显，这也使得它们成为企业环保行为的非官方监督团体。[3] 同时，消费者作为与企业的商业利益相关者，他们是中小制造企业所制造产品的最终购买者，他们能够直接影响企业的利润水平。随着近年来消费者环保意识的觉醒，他们加大了对绿色产品及绿色企业的追求，因此，消费者需求对于企业"绿色化"进程的影响不容忽视。

在社会环境下，除消费者之外，供应商、竞争者以及同行等也是企业商业活动的利益相关者。但是从"绿色化"驱动因素的角度出发，本研究不予考虑这三类利益相关者的影响。供应商推动企业实施绿色行为的前提，是供应商与制造企业双方都有意愿了解对方为了"绿色化"做出的努力，相互认同对方秉持的绿色理念，并且愿意为了巩固合作关系而积极付诸绿色实践。[4] 同样，竞争对手或者同行对于企业积极绿色转型的作用，需要建立在企业明确了解并积极承担环境责任为竞争对手或者同行带来了可观经济效益的基础上。但是，根据我国制造业绿色发展现状，我国制造企业，尤其是中小制造企业并没有进入全面绿色转型的阶段，中小制造企业供应链上下游的各个节点出于营业利润、技术缺乏等原因，对绿色、环保及环境责任的承诺不高，无法成为中小制造企业采取绿色行为的主要推动力。

---

[1] NEJATI M, RABIEI S, CHIAPPETTA J C J. Envisioning the Invisible: Understanding the Synergy between Green Human Resource Management and Green Supply Chain Management in Manufacturing Firms in Iran in Light of the Moderating Effect of Employees' Resistance to Change [J]. Journal of Cleaner Production, 2017 (168): 163-172.

[2] LYON T P, MAXWELL J W. Corporate Social Responsibility and the Environment: A Theoretical Perspective [J]. Review of Environmental Economics and Policy, 2008, 2 (2): 240-260.

[3] HUANG L, LU W. Functions and Roles of Social Media in Media Transformation in China: A Case Study of "CCTV NEWS" [J]. Telematics and Informatics, 2017, 34 (3): 774-785.

[4] VACHON S, KLASSEN R D. Green Project Partnership in the Supply Chain: the Case of the Package Printing Industry [J]. Journal of Cleaner Production, 2006, 14 (6): 661-671.

鉴于以上原因，本研究进一步界定了我国中小制造企业"绿色化"驱动因素所涉及的技术、企业、政策和社会四个维度的内容，具体见表4-1。技术维度主要考量保障我国中小制造企业"绿色化"进程有效进行的绿色高新技术的主要来源，包括技术创新与技术引进；企业维度主要是指由我国中小制造企业内部产生的"绿色化"内生驱动力，是由企业内部自发形成的主动寻求企业绿色发展的源动力，包括高层管理者承诺以及员工参与；政策维度是由政府层面制定的相关政策所产生的外生推动力，主要是指惩戒我国中小制造企业的非绿色行为的强制性措施或者奖励中小制造企业采取绿色行为的引导性措施，包括规制与激励；社会维度是指来源于社会公众的外生拉动力，主要是非政府组织、媒体、消费者等群体对我国中小制造企业环境友好行为以及绿色产品的诉求，包括公众压力和消费者需求。

表4-1 "绿色化"驱动因素解构

维度	驱动因素	解释
技术	技术引进	国内同行业企业技术转移与引进国外技术以提高制造企业全绿色生产率
	技术创新	涉及节能、减排、资源再利用等方面的绿色技术创新，如基于低温冷却和最小润滑量的组合技术
企业	高层管理者承诺	管理者、所有者或投资者高度致力于提高环境绩效、道德、社会价值等
	员工需求	员工对于企业安全、绿色生产与工作的需求
政策	激励	投资补贴、税收优惠、绿色溢价、R&D支持、对认证公司的奖励或排污权交易等
	规制	现行的污染控制规范、污水排放规范和生态标签立法等强制性措施以及更严格的法律颁布和实施的可能
社会	消费者需求	终端用户对绿色产品的需求，以及他们愿意为绿色产品付出多余的经济成本的程度
	公众压力	来自当地社区、非政府组织、媒体和审计员的绿色需求和对环境保护的关注

资料来源：文献整理所得。

二、我国中小制造企业"绿色化"行为解构

中小制造企业"绿色化"是通过绿色倡导并实践而实现的。① 因为大多数环境问题都与企业的生产活动密切相关,为了实现全球可持续发展的宏观目标,企业必须更加主动积极地采取绿色行为,以改善企业的环境绩效。随着我国朝着高度工业化的方向发展,一次性产品生产过剩,并且在消费端被大量浪费。此外,其中一些具有良好实用价值的产品被丢弃,不仅造成了材料和能源的浪费,还造成了环境污染。面对环境污染、资源殆尽等问题,我国中小制造企业具有不可推卸的责任,在环境加速恶化和市场竞争条件的推动下,"绿色化"行为或者绿色实践已然是提高我国中小制造企业可持续绩效的关键。

目前,越来越多的学者从生产经营的角度出发,结合生命周期理论研究绿色行为。"绿色化"行为应该有效解决制造企业生产运营活动所带来的环境问题,它应当包括设计、原材料选取、生产、再利用、回收、重新设计和再制造等过程,满足资源节约、废物管理、环境保护、法规遵从性、污染控制和其他相关要求。② 从系统层面上进行分类,绿色行为应考虑产品生命周期中的主要阶段,即制造前、制造、使用和使用后,③ 以及绿色设计、原材料选取、绿色生产、绿色分销、回收再利用五个阶段。

绿色设计也被称为"环境设计",是指企业设计对自然环境影响最小的产品和生产过程。④ 与末端控制不同,绿色设计是一种长期的污染预防策略,它将产品易于拆卸、再制造或回收等环节考虑在产品设计之中,它是产品生命周期的起点,并包含环保处理等产品生命周期中的各层级绿色活动。通过设计能耗更

---

① DIGALWAR A K, TAGALPALLEWAR A R, SUNNAPWAR V K. Green Manufacturing Performance Measures: An Empirical Investigation from Indian Manufacturing Industries [J]. Measuring Business Excellence, 2013, 17 (4): 59-75.

② REHMAN M A, SETH D, SHRIVASTAVA R L. Impact of Green Manufacturing Practices on Organisational Performance in Indian Context: An Empirical Study [J]. Journal of Cleaner Production, 2016 (137): 427-448; SETH D, REHMAN M A A, SHRIVASTAVA R L. Green Manufacturing Drivers and their Relationships for Small and Medium (SME) and Large Industries [J]. Journal of Cleaner Production, 2018 (198): 1381-1405.

③ CHERRAFI A, GARZA-REYES J A, KUMAR V, et al. Lean, Green Practices and Process Innovation: A Model for Green Supply Chain Performance [J]. International Journal of Production Economics, 2018 (206): 79-92.

④ ZHU Q H, SARKIS J, LAI K. Green Supply Chain Management Implications for "Closing the Loop" [J]. Transportation Research Part E: Logistics and Transportation Review, 2008, 44 (1): 1-18.

低的生产工艺生产更环保耐用的产品,绿色设计战略可以为企业提供比竞争对手更大的优势。但是绿色设计的成功实施需要大量投资,用于基础设施发展、技术和人力资源获取,以及与客户和供应商维持密切的合作关系。

绿色原材料选取,是绿色生产的基础条件,也是绿色设计理念在产品生产过程中的首要体现。余和霍(Huo)(2019)从绿色产品应当具有耐用性及可回收性的角度出发,认为企业的绿色行为应当包括环境友好型原材料的投入。所谓投入替代是指生产涉及的原材料尽可能使用无毒替换有毒、可再生替代不可再生、可降解替代不可降解。① 因此,需要制造企业以环境能力和绩效作为选择标准来选择和确定合适的供应商,它决定了制造企业原材料来源是否具有环境和经济方面的双重保障。②

绿色生产是"绿色化"行为的主体,生产过程往往是对环境影响最大的一个过程,也是企业能够最有效地管理其对环境产生影响的环节。绿色生产与注重预防和减少废物产生的全面质量环境管理计划有关,旨在采取消除或减少企业在生产运营过程中产生废物量的运营污染预防策略,③ 以及对已产生的有害物质的处置,④ 确保其生产活动不会污染空气、土壤和水等自然环境。⑤ 由于污染通常与资源浪费、能源损失和未充分利用的原材料有关,⑥ 因此环境效率不应独立于生产效率来处理。在控制、减少污染物排放的同时,也需要检测与生产相关的能源、资源、水等方面的耗费,⑦ 尽可能采取更加先进的技术和工艺流程提

---

① PHUNGRASSAMI H. Eco-Efficiency as a Decision Tool for Cleaner Production: Application for SMEs in Thailand [J]. Environment Research Journal, 2008, 2 (5): 217-221.
② TSENG M-L, CHIU A S F. Evaluating Firm's Green Supply Chain Management in Linguistic Preferences [J]. Journal of Cleaner Production, 2013 (40): 22-31.
③ SARKIS J, GONZALEZ-TORRE P, ADENSO-DIAZ B. Stakeholder Pressure and the Adoption of Environmental Practices: The Mediating Effect of Training [J]. Journal of Operations Management, 2010, 28 (2): 163-176.
④ YU Y, HUO B. The Impact of Environmental Orientation on Supplier Green Management and Financial Performance: The Moderating Role of Relational Capital [J]. Journal of Cleaner Production, 2019 (211): 628-639.
⑤ DAI R, ZHANG J. Green Process Innovation and Differentiated Pricing Strategies with Environmental Concerns of South-North markets [J]. Transportation Research Part E: Logistics and Transportation Review, 2017 (98): 132-150.
⑥ PORTER M E, LINDE C V D. Green and Competitive: Ending the Stalemate [J]. Long. Range Plan, 1995, 28 (6): 128-129.
⑦ MUÑOZ-VILLAMIZAR A, SANTOS J, VILES E, et al. Manufacturing and Environmental Practices in the Spanish Context [J]. Journal of Cleaner Production, 2018 (178): 268-275.

高原材料的使用效率。

　　污染处理是对生产过程中不可避免地产生的废水、废气、固体废物等污染物进行积极的治理。而回收再利用是对结束产品周期的产品进行"绿色化"处理，也是新一轮绿色行为的起点，包括内部回收、废物管理等环节。① 企业在制造过程中将回收材料作为生产原材料，或者是循环产业中的重要参与者。② 综上，表4-2展示了本研究划分的"绿色化"行为的维度。

表4-2 "绿色化"行为解构

维度	解释
绿色设计	绿色设计是企业主动预防污染的策略，是企业绿色行为的起点，强调产品在设计时，应当考虑产品的生产、使用、报废、回收、再利用等全生命周期中各个环节对外部环境的影响
原材料选取	原材料选取是绿色设计的首要体现，企业需要从环境和经济双重考核标准出发选取合适的供应商，使用无毒、可降解、可再生的原材料代替有毒、不可降解、无法再生的原材料投入
绿色生产	绿色生产是绿色行为的主体部分，企业在生产过程中应通过提高技术、改善工艺流程等方式提升资源能源的利用效率，尽可能地减少甚至消除"三废"排放
污染处理	对于生产过程中不可避免产生的废水、废气、固体废物等污染物进行积极的治理
回收再利用	回收再利用是绿色行为的终点也是另一轮绿色行为的起点，对于生产过程中产生的废料、不合格产品，企业应积极进行内部回收，使其成为原材料投入下次生产；对于结束生命周期的产品，进行回收、拆卸、再制造

资料来源：文献整理所得。

三、我国中小制造企业可持续绩效解构

　　在保证企业经济利益的基础上，可持续绩效通常与绿色产品生产、绿色流

---

① GUPTA M, SHARMA K. Environmental Operations Management：An Opportunity for Improvement [J]. Production & Inventory Management Journal, 1996, 37 (3)：40-46.
② LUCAS M T, NOORDEWIER T G. Environmental Management Practices and Firm Financial Performance：The Moderating Effect of Industry Pollution-Related Factors [J]. International Journal of Production Economics, 2016 (175)：24-34.

程和绿色管理等绿色实践相联系，最终表现为减轻由生产活动给环境带来的影响。① 阿莫斯·萨尔瓦多（Amores-Salvadó）等将因企业实施绿色行为而产生的绩效定义为绿色绩效，在他的观点中绿色绩效的概念侧重于引入新产品或改进现有产品或过程。② 这些过程或方式不仅可以满足消费者对产品质量的期望，而且可以改善外部环境从而提升绩效。贾布尔（Jabbour）等指出绿色实践有四种绩效考核指标，即财务（经济、成本）、运营（制造）、社会（市场）和环境（绿色）绩效。③ 本研究以 TBL 为理论基础，并从外部性理论、公共物品理论出发考虑环境资源的特质，结合我国发展的现实背景，综合平衡企业、环境、资源和制度的关系，我国中小制造企业"绿色化"发展的核心目标是寻求经济增长、环境保护、资源节约和社会福祉的协调统一。我国中小制造企业可持续绩效可以划分为经济绩效（ECONP）、环境绩效（ENVP）、资源绩效（RP）和社会绩效（SP）。

ECONP 是来自基于增长、发展和效率的生产性资本增加，④ 是企业获取财务成功的基础，如果支出超过收入，没有一家公司是长期可持续的。⑤ 因此，为了设计、生产和销售能够确保公司长期经济绩效的产品，管理层必须制订可持续战略。⑥ 准时生产、全面质量管理、六西格玛改善等精益生产已成功展示了可

---

① ABBAS J. Impact of Total Quality Management on Corporate Green Performance Through the Mediating Role of Corporate Social Responsibility [J]. Journal of Cleaner Production，2020（242）：118458.
② AMORES-SALVADÓ J, CASTRO G M-D, NAVAS-LÓPEZ J E. Green Corporate Image：Moderating the Connection between Environmental Product Innovation and Firm Performance [J]. Journal of Cleaner Production，2014，83：356-365.
③ JABBOUR C J C, JUGEND D, JABBOUR A B L D S, et al. Green Product Development and Performance of Brazilian Firms：Measuring the Role of Human and Technical Aspects [J]. Journal of Cleaner Production，2015，87：442-451.
④ DELAI I, TAKAHASHI S. Corporate Sustainability in Emerging Markets：Insights from the Practices Reported by the Brazilian Retailers [J]. Journal of Cleaner Production，2013（47）：211-221.
⑤ HAUGH H M, TALWAR A. How Do Corporations Embed Sustainability Across the Organization? [J]. Academy of Management Learning & Education，2010，9（3）：384-396；GOTSCHOL A, GIOVANNI P D, VINII V E. Is Environmental Management an Economically Sustainable Business? [J]. Journal of Environmental Management，2014（144）：73-82.
⑥ WAGNER M, BLOM J. The Reciprocal and Non-Linear Relationship of Sustainability and Financial Performance [J]. Business Ethics：A European Review，2011，20（4）：418-432.

持续经济发展的实践。①

环境绩效是企业的绿色行为减少污染物排放的结果，涉及环境、生态问题、废物管理以及改善污染和排放管理等指标。对企业而言，环境问题及废物、废水、废气排放也与法律合规性相关。② 企业采用无毒无害的原材料、应用环境管理系统、实施绿色供应链管理等措施是实现环境绩效的关键。虽然绿色行为主要从环境角度促进企业的可持续性，但也有助于降低企业各项经济成本，并对社会福祉产生正面影响。③

资源绩效涉及有效利用资源，它通过保护自然资源和生物多样性而增加自然资本。④ 人类活动不应威胁自然生态系统的健康，减少对能源和资源的使用量、减少或避免使用不可再生和有毒材料、使用替代能源进行生产、适当执行废物管理等都是实现资源绩效的有效途径。⑤ 精益生产等绿色行为是获取资源绩效的关键，因为它们旨在通过减少浪费和提高整个价值链的效率，优化产品和服务在整个价值链中的流动。

社会绩效是人力和社会资本增加的结果，它涉及开展有益于员工、当地社区以及地区安全和健康的行为。⑥ 除了要保障员工的福利，企业还必须确保给员

---

① MARTÍNEZ-JURADO P J, MOYANO-FUENTES J. Lean Management, Supply Chain Management and Sustainability: A Literature Review [J]. Journal of Cleaner Production, 2014 (85): 134-150; YANG M G, HONG P, MODI S B. Impact of Lean Manufacturing and Environmental Management on Business Performance: An Empirical Study of Manufacturing Firms [J]. International Journal of Production Economics, 2011, 129 (2): 251-261.

② HAJMOHAMMAD S, VACHON S, KLASSEN R D, et al. Reprint of Lean Management and Supply Management: Their Role in Green Practices and Performance [J]. Journal of Cleaner Production, 2013 (56): 86-93.

③ AZEVEDO S G, CARVALHO H, DUARTE S, et al. Influence of Green and Lean Upstream Supply Chain Management Practices on Business Sustainability [J]. IEEE Transactions on Engineering Management, 2012, 59 (4): 753-765.

④ MOSER T. MNCs and Sustainable Business Practice: The Case of the Colombian and Peruvian Petroleum Industries [J]. World Development, 2001, 29 (2): 291-309.

⑤ ZHU Q, GENG Y. Drivers and Barriers of Extended Supply Chain Practices for Energy Saving and Emission Reduction Among Chinese Manufacturers [J]. Journal of Cleaner Production, 2013 (40): 6-12.

⑥ LOZANO R, HUISINGH D. Inter-Linking Issues and Dimensions in Sustainability Reporting [J]. Journal of Cleaner Production, 2011, 19 (2): 99-107.

工创造安全、健康的工作环境,① 并确保企业所提供的商品和服务的安全性。② 克莱恩（Crane）等指出，社会公正也是企业可持续绩效需要考虑的关键问题，走出社会存在的不平等困境，有助于避免社会公众、社区、区域和国家陷入经济发展不确定和脆弱的境地。③ 因此，增加当地的就业机会，促进经济发展也是社会效益需要考量的部分。

综上，我国中小制造企业"绿色化"可持续绩效解构如表4-3所示。

表4-3　可持续绩效解构

维度	解释
经济绩效	企业的"绿色化"行为降低了企业原材料的投入成本，减少了企业处理环境污染事故的费用或因为环境事故招致的罚款，并因为与外部利益相关者保持诉求上的一致而获得市场份额的增加，从而企业营业利润增加，获得良好的财务表现
环境绩效	通过使用替代性的清洁原材料和能源，降低了有毒、有害原材料的消耗量，减少了废气、废水、固体废物的排放，并对已产生污染物进行积极的末端控制，从而达到保护环境的目的，实现环境友好型生产
资源绩效	通过利用新一代高效的绿色技术，在生产过程中充分燃烧、利用原材料，减少能源与资源的使用量，并对废弃产品和材料进行回收、循环、再制造，从而避免自然资源的耗尽，实现自然资本增加
社会绩效	因为环境友好型的生产运营行为，降低了环境污染事故的风险，为员工、当地社区等创造了安全且健康的生活、工作环境，并且为了有效实施绿色制造，雇用相应的员工进行企业生产流程的绿色监管，创造新的就业岗位，增加社会福利

资料来源：文献整理所得。

---

① GIOVANNI P D. Do Internal and External Environmental Management Contribute to the Triple Bottom Line? [J]. International Journal of Operations & Production Management, 2012, 32(3): 265-290.

② AKENJI L. Consumer Scapegoatism and Limits to Green Consumerism [J]. Journal of Cleaner Production, 2014 (63): 13-23.

③ CRANE A, MATTEN D, GLOZER S, et al. Business Ethics: Managing Corporate Citizenship and Sustainability in the Age of Globalization: Fifth Edition [M]. Oxford: Oxford University Press, 2019: 35, 132-154.

第四节 "绿色化"驱动因素的作用机理

前文已经通过成熟理论推导出"绿色化"驱动因素涉及的技术、政策、企业和社会四个维度,并在文献梳理的基础上进一步对这四个维度进行了要素解构。从构建的概念框架可以看出,"绿色化"驱动因素的直接着力点是我国中小制造企业的"绿色化"行为,本节主要探讨"绿色化"驱动因素的作用机理,以及剖析其如何影响企业的绿色行为。

一、技术维度与"绿色化"行为的关系

RBV 认为有价值的、不可模仿的以及不可替代的资源是企业获取竞争优势的前提条件,[①] 但是这种观点并没有考虑自然环境对企业施加的限制。因此,哈特在 RBV 的基础上提出了 NBRV,强调自然资源与企业资源及能力之间的相互作用。[②] 哈特还定义了企业绿色发展的三种策略:污染治理、绿色产品生产管理和清洁技术的投资。[③] 随后,哈特和道尔进一步指出,与环境和资源相关的技术创新是企业有效应对自然资源约束的战略能力,[④] 它不仅能够激发企业实施绿色行为的动机,还能够提升企业的环境绩效从而获得竞争优势。[⑤] 因此,面临退化的生态系统以及资源殆尽等问题,人们普遍认为,应用绿色技术是将当前不友

[①] WERNERFELT B. A Resource-Based View of the Firm [J]. Strategic Management Journal, 1984, 5 (2): 171-180.

[②] HART S L. A Natural-Resource-Based View of Firm [J]. Academy of Management Review, 1995, 20 (4): 986-1014.

[③] HART J F. To the Editor [J]. Journal of Chiropractic Humanities, 1997, 7: 66.

[④] HART S L, DOWELL G. Invited Editorial: A Natural-Resource-Based View of the Firm: Fifteen Years After [J]. Journal of Management, 2010, 37 (5): 1464-1479.

[⑤] RUSSO M V, FOUTS P A. A Resource-Based Perspective on Corporate Environmental Performance and Profitability [J]. Academy of Management Journal, 1997, 40 (3): 534-559.

好的环境发展模式转变为可持续发展模式的重要途径。①

在可持续发展问题世界首脑会议上通过的《可持续发展问题世界首脑会议执行计划》指出要改变发达国家和发展中国家不可持续的生产方式，需要创新、促进、转移和传播无害环境的技术。② 卢肯和范隆佩比较了发达国家和发展中国家的资源利用和环境工业绩效等数据，发现发展中国家的能源强度是发达国家的三倍，二氧化碳强度是发达国家的四倍，有机水污染（生物需氧量）强度是发达国家的六倍，这些数据表明环境友好型技术的创新、引进与应用在发展中国家显得尤为紧迫。③ 而我国作为全球最大的发展中国家，工信部也进一步指出了我国制造业实现绿色低碳发展的一个关键因素是采用基于先进工程科学和技术的创新型主要绿色技术。现有的设备、技术从静态的角度对企业的生产模式具有锁定效应，在技术、市场环境等因素保持不变的情况下，企业的生产模式很难改变。④ 冯等的研究结论表明我国中小制造企业只能通过利用新能源、新材料和生物技术等现代技术才能有效实现节能和减排等绿色行为。⑤ 因此，绿色技术的创新和引进仍然是推动我国中小制造企业全面推进绿色制造、促进制造业转型升级、实现绿色循环和低碳发展的决定性因素之一。

熊彼特（Schumpeter）认为创新是社会与经济协调发展的核心，⑥ 技术创新

---

① VERGRAGT P, AKENJI L, DEWICK P. Sustainable Production, Consumption, and Livelihoods: Global and Regional Research Perspectives [J]. Journal of Cleaner Production, 2014 (63): 1-12.

② World Summit on Sustainable Development. Plan of Implementation of the World Summit on Sustainable Development [EB/OL]. Naciones Unidas, 2003-08-21.

③ LUKEN R, VAN ROMPAEY F. Drivers for and Barriers to Environmentally Sound Technology Adoption by Manufacturing Plants in Nine Developing Countries [J]. Journal of Cleaner Production, 2008, 16 (1): S67-S77.

④ ZHAO X, SUN B. The Influence of Chinese Environmental Regulation on Corporation Innovation and Competitiveness [J]. Journal of Cleaner Production, 2016 (112): 1528-1536.

⑤ FENG T-T, YANG Y-S, XIE S-Y, et al. Economic Drivers of Greenhouse Gas Emissions in China [J]. Renewable and Sustainable Energy Reviews, 2017, 78: 996-1006.

⑥ SCHUMPETER J A. The Theory of Economic Development [M]. Cambridge, MA: Harvard University Press, 1934: 57-94.

是从传统工业文明向生态文明过渡的主要驱动力。[1] 维娜（Weina）等、[2] 尼扎德（Nikzad）和萨迪克（Sedigh）[3] 等学者认为，近年来，绿色技术创新已成为全球减少二氧化碳排放的重要手段，也是企业成功实现清洁生产、污染治理的首要前提。虽然可以从理论推导得出，与环境管理相关的绿色技术研发数量越多，企业的生产经营活动获得相关绿色技术支持的概率就越大，会进一步促进企业的绿色行为并改善环境质量，但是苏（Su）和莫阿尼巴（Moaniba）认为目前支持这一观点的实证证据并不充分。[4] 近两年，在人口与经济双高速发展的背景下，我国也面临着环境污染等问题，特别是近几年空气质量严重下降，引发了越来越多学者的研究聚焦于技术创新与企业绿色发展之间的耦合关系。[5] 袁和向的研究论证了工业技术创新具有提高劳动生产率、能源效率、环境效率和绿色全要素生产率的特点，能源、环境效率的提升会反作用于企业进一步全面实施绿色行为。[6] 罗（Luo）等运用模糊决策法对我国中小制造企业绿色发展驱动因素进行排序，研究结果表明我国大多数中小制造企业都属于低技术含量产业，技术创新对我国中小制造企业的绿色化发展至关重要。[7] 蔡和李也认为，生态创新在为客户和企业创造价值的同时，也能激发企业实施绿色行为并减少对环境

---

[1] JACOBSSON S, BERGEK A. Innovation System Analyses and Sustainability Transitions: Contributions and Suggestions for Research [J]. Environmental Innovation and Societal Transitions, 2011, 1 (1): 41-57; OECD. Towards Green Growth [R]. Paris: OECD Publishing, 2011: 62; UNEP. Towards a Green Economy: Pathways to Sustainable Development and Poverty Eradication [R]. Nairobi: United Nations Environment Program, 2011: 19-22.
[2] WEINA D, GILLI M, MAZZANTI M, et al. Green Inventions and Greenhouse Gas Emission Dynamics: A Close Examination of Provincial Italian Data [J]. Environmental Economics and Policy Studies, 2016, 18 (2): 247-263.
[3] NIKZAD R, SEDIGH G. Greenhouse Gas Emissions and Green Technologies in Canada [J]. Environmental Development, 2017, 24: 99-108.
[4] SU H-N, MOANIBA I M. Does Innovation Respond to Climate Change? Empirical Evidence from Patents and Greenhouse Gas Emissions [J]. Technological Forecasting and Social Change, 2017, 122: 49-62.
[5] 张小筠, 刘戒骄, 李斌. 环境规制、技术创新与制造业绿色发展 [J]. 广东财经大学学报, 2020, 35 (5): 48-57.
[6] YUAN B L, XIANG Q L. Environmental Regulation, Industrial Innovation and Green Development of Chinese Manufacturing: Based on an Extended CDM Model [J]. Journal of Cleaner Production, 2018, 176: 895-908.
[7] LUO Y, JIE X W, LI X P, et al. Ranking Chinese SMEs Green Manufacturing Drivers Using a Novel Hybrid Multi-Criterion Decision-Making Model [J]. Sustainability, 2018, 10: 23.

的影响，从而降低环境成本，有利于可持续发展。① 同样，余等也指出随着消费者环保意识的增强和政府环保补贴政策的鼓励，绿色技术的创新为企业清洁生产等行为创造了更大的可能性，对提高最终消费者的需求和保持企业的竞争力起着至关重要的作用，这会创建一个良性循环，即"绿色技术创新—采取绿色实践—创造环境绩效—获取竞争优势—绿色技术再创新—绿色实践再扩大"。②

虽然《中国制造2025》已明确提出创新驱动是改变我国制造业依赖"要素驱动"的粗放型发展模式的突破点，但是我国中小制造企业仍然面临着技术创新能力不强、创新资源分配不均等问题。因此，在以后的发展阶段中，技术引进是新技术的重要来源。后发优势理论认为，后发国家可以利用发达国家的技术溢出和扩散，实现自身的技术进步。格拉布（Grubb）和乌尔夫（Ulph）认为，那些创新能力较强的企业可以通过创新研发生态技术引导行业的绿色行为，而那些创新能力较弱的企业可以通过引进外部生态技术在企业内部实施相应的绿色行为。③ 林毅夫、张鹏飞表示，中国作为发展中国家，如果能利用与发达国家的技术差距促进产业技术升级，将是一个不错的战略选择。④ 技术引进是指有计划、有重点、有选择性地从国外引进先进技术。同时，应该清楚技术溢出效应不是自动的，成功的技术转移需要接受者具有一定的消化、吸收能力。⑤ 但是，我国制造业中小企业员工素质低，知识转化能力弱，无法有效吸收和引进绿色技术，可能导致"引进—后退—再引进"的恶性循环，不仅不利于中小制造企业掌握绿色技术，而且严重浪费企业的经济资源，误导高层管理者或投资者对实施绿色行为的判断，从而抑制企业绿色转型的动机。⑥ 尽管如此，由于我国正处于向创新驱动发展的转型过程中，技术引进仍然是新技术的重要来源，

---

① CAI W G, LI G P. The Drivers of Eco-Innovation and Its Impact on Performance: Evidence from China [J]. Journal of Cleaner Production, 2018, 176: 110-118.

② YU Y, HUO B. The Impact of Environmental Orientation on Supplier Green Management and Financial Performance: The Moderating Role of Relational Capital [J]. Journal of Cleaner Production, 2019, 211: 628-639.

③ GRUBB M, ULPH D. Energy, the Environment, and Innovation [J]. Oxford Review of Economic Policy, 2002, 18: 92-106.

④ 林毅夫，张鹏飞. 适宜技术、技术选择和发展中国家的经济增长 [J]. 经济学（季刊），2006 (3): 985-1006.

⑤ FABRIZIO K R. Absorptive Capacity and the Search for Innovation [J]. Research Policy, 2009, 38 (2): 255-267.

⑥ YU L, LI H, WANG Z, et al. Technology Imports and Self-Innovation in the Context of Innovation Quality [J]. International Journal of Production Economics, 2019 (214): 44-52.

加快我国中小制造企业的绿色转型仍然具有很大的空间。曹（Cao）和王的研究表明，进口贸易确实对绿色技术的进步产生了积极影响，也有利于企业主动实施绿色行为。① 刘等也证实了这一观点，他们指出引进绿色技术可以显著促进企业的绿色转型动机，并且提高我国中小企业的环境绩效。② 阿巴斯的最新研究也表明，绿色技术的引进能够促进企业吸收利用相关技术进行生产或管理活动，从而最大限度减少由组织活动引起的如污染和资源消耗等环境问题。③

一些研究人员也证实了技术引进与技术创新之间互补的关系。卡西曼（Cassiman）和维格勒（Veugelers）表示内部研发和外部知识获取是互补的创新活动。④ 付（Fu）等也指出，由于全球化和自由贸易体制的影响，国际技术传播的优势只能通过并行的本地创新努力以及现代研发结构和有益创新系统的存在来实现。⑤ 从这个意义上说，无论技术引进是来自国内还是国外，技术创新和技术引进都是相辅相成的。而关于资源、能源、环保等方面的技术创新，对于激发企业实施绿色行为动机的作用，是被大量文献所证实的。综上，基于技术创新和技术引进的作用机理，以及它们对我国中小制造企业"绿色化"的影响，本研究提出了以下假设：

H1a：技术创新对企业实施绿色行为具有正向影响。

H1b：技术引进对企业实施绿色行为具有正向影响。

二、企业维度与"绿色化"行为的关系

企业的成功是建立在最高管理层的支持、员工的敬业精神与参与及企业综合竞争力强的基础上。它们是实施绿色行为的最初动机，也是保证绿色行为实

---

① CAO B, WANG S. Opening up, International Trade, and Green Technology Progress [J]. Journal of Cleaner Production, 2017, 142: 1002-1012.

② LIU P, ZHOU Y, ZHOU D K, et al. Energy Performance Contract Models for the Diffusion of Green-Manufacturing Technologies in China: A Stakeholder Analysis from SMEs' Perspective [J]. Energy Policy, 2017, 106: 59-67.

③ ABBAS J. Impact of Total Quality Management on Corporate Green Performance through the Mediating Role of Corporate Social Responsibility [J]. Journal of Cleaner Production, 2020, 242: 118458.

④ CASSIMAN B, VEUGELERS R. In Search of Complementarity in Innovation Strategy: Internal R&D and External Knowledge Acquisition [J]. Management Science, 2006, 52 (1): 68-82.

⑤ FU X, PIETROBELLI C, SOETE L. The Role of Foreign Technology and Indigenous Innovation in the Emerging Economies: Technological Change and Catching-up [J]. World Development, 2011, 39 (7): 1204-1212.

施有效性的源泉。任何公司战略变革的成功，只有在人力资源得到承诺的情况下才能实现，否则实施效果是微乎其微的。① 利益相关者理论也指出员工和高层管理者是企业的内部利益相关者，他们受企业经营活动的影响，也会影响企业的运作，② 因为员工往往是企业实施绿色行为的发起者和接受者，③ 同时高层管理人员对环境问题的理解与实施绿色行为的承诺也至关重要。④

为了改善环境、提高企业的业务绩效，詹（Zhan）等提出中国企业实施绿色和精益实践的五个前提条件，即思维定式和态度、领导和管理、员工参与、综合方法以及工具和技术，这五个条件中有两个都与企业内部人力资源相关。⑤ 这也证明了成功实施绿色行为的重要前提是取得内部环境的支持，同时，这一论点也得到了许多管理理论的支持。企业的绿色实践是一种典型的创造正外部性的活动，本质上是一种利他行为，根据规范激活理论，个人利他行为是由道德规范或道德义务激活的，而道德规范或道德义务是根据个人价值观衍生出来的。⑥ 计划行为理论进一步解释了价值观和行为之间的关系，随后，斯特恩（Stern）等提出了价值信念规范理论，进一步将个人价值观、新环境范式、亲环境的个人规范与环境行为进行了有机整合。⑦ 上述理论已经证明，个人对亲环境

---

① WADDOCK S A, GRAVES S B. The Corporate Social Performance–Financial Performance Link [J]. Strategic Management Journal, 1998, 18 (4): 303-319.
② DONG S, BURRITT R, QIAN W. Salient Stakeholders in Corporate Social Responsibility Reporting by Chinese Mining and Minerals Companies [J]. Journal of Cleaner Production, 2014 (84): 59-69; DARNALL N, HENRIQUES I, SADORSKY P. Adopting Proactive Environmental Strategy: The Influence of Stakeholders and Firm Size [J]. Journal of Management Studies, 2010, 47 (6): 1072-1094.
③ DAILY B F, SU-CHUN H. Achieving Sustainability through Attention to Human Resource Factors in Environmental Management [J]. International Journal of Operations & Production Management, 2001, 21 (12): 1539-1552.
④ ZHU Q, SARKIS J, CORDEIRO J J, et al. Firm-Level Correlates of Emergent Green Supply Chain Management Practices in the Chinese Context [J]. Omega, 2008, 36 (4): 577-591.
⑤ ZHAN Y, TAN K H, JI G, et al. Green and Lean Sustainable Development Path in China: Guanxi, Practices and Performance [J]. Resources, Conservation and Recycling, 2018, 128: 240-249.
⑥ NORDLUND A M, GARVILL J. Value Structures Behind Proenvironmental Behavior [J]. Environment and Behavior, 2002, 34 (6): 740-756.
⑦ STERN P C, DIETZ T, ABEL T, et al. A Value-Belief-Norm Theory of Support for Social Movements: The Case of Environmentalism [J]. Human Ecology Review, 1999, 6 (2): 81-97.

行为的规范信念和态度是其环境行为意图最重要的前因。① 此外，对亲环境行为心理决定因素的研究表明，个人价值观是个人对环境负责任行为承诺的重要因素，只有将解决环境问题纳入个人价值观的范畴，并且将绿色发展视为组织的机会而不是威胁，才能保证企业实施绿色行为的长久性。②

随着公众环境意识的觉醒，为了维护企业的合法性，主动行为理论系统阐释了为什么我们需要理解高层管理者实施绿色行为的心理动机。③ 管理层对企业环境事业的承诺是一股强大的内部政治力量，它反映出管理者的理想、价值观甚至生活方式，这些必然会直接影响他们对环境保护的承诺程度，也将最终决定企业绿色导向的发展战略与行为。从这一角度来看，高层管理者的个人价值观不应该被忽视，④ 管理层对自然环境特征的认知影响着管理者制订积极的环境战略的程度。⑤ 管理者的被动、随和或主动的环境态度是影响企业环境导向的重要因素。当管理者具有被动或随和的态度时，企业会采取跟随的态度面对环保问题。相反，当管理者具有积极的态度时，企业会积极引入新技术并投资清洁技术，这能在更大程度上减少污染，甚至将污染与浪费从生产过程中去除。⑥ 但是，从应对污染的方法转向积极主动实施绿色行为则需要在多个领域进行大量的资源分配，包括绿色产品和制造技术、员工技能和参与水平、组织能力、正

---

① FLANNERY B L, MAY D R. Prominent Factors Influencing Environmental Activities: Application of the Environmental Leadership Model [J]. The Leadership Quarterly, 1994, 5 (314): 201-221.

② SHARMA S, VREDENBURG H. Proactive Corporate Environmental Strategy and the Development of Competitively Valuable Organizational Capabilities [J]. Strategic Management Journal, 1998, 19 (8): 729-753.

③ BANSAL P, ROTH K. Why Companies Go Green: A Model of Ecological Responsiveness [J]. The Academy of Management Journal, 2000, 43 (4): 717-736; BATEMAN T S, CRANT J M. The Proactive Component of Organizational Behavior: A Measure and Correlates [J]. Journal of Organizational Behavior, 1993, 14 (2): 103-118.

④ LENSSEN G, AREVALO J A, ARAVIND D. Corporate Social Responsibility Practices in India: Approach, Drivers, and Barriers [J]. Corporate Governance, 2011, 11 (4): 399-414.

⑤ SHARMA S, ARAGÓN-CORREA J A, RUEDA-MANZANARES A. The Contingent Influence of Organizational Capabilities on Proactive Environmental Strategy in the Service Sector: An Analysis of North American and European Ski Resorts [J]. Canadian Journal of Administrative Sciences, 2007, 24 (4): 268-283.

⑥ LÓPEZ-GAMERO M D, MOLINA-AZORÍN J F, CLAVER-CORTÉS E. The Potential of Environmental Regulation to Change Managerial Perception, Environmental Management, Competitiveness and Financial Performance [J]. Journal of Cleaner Production, 2010, 18 (10): 963-974.

式（常规）人员管理系统和程序，以及战略规划过程的再配置方面的投资①，这都需要高层管理者对绿色实践给予较高的承诺。贾维尔和奥斯卡认为，高层管理者的绿色感知实际上是他们的承诺，更高的承诺可以促进企业把绿色发展作为优先事项，从而进一步推动绿色行为的实施。②

赫斯特（Hirst）等关于中英两国制造企业对于环境管理的对比研究发现，我国制造企业的层级感和权力距离均强于西方企业，这说明我国企业高层管理者的心理动机对企业绿色发展的影响更具决定性。③ 同时，企业文化通常是高层管理者共享价值观的体现，④ 企业的经营目标也由高层管理者制订，经营目标反映了组织存在的主要原因，它将期望收益概念化。⑤ 企业全面实施绿色行为，其实是组织文化的一种变革，如果没有高层管理者对绿色文化的认可，企业将无法实施绿色行为。⑥ 绿色行为的实施是需要大量投资的，如果高层管理者不相信绿色理念，没有对绿色制造带来的效益有正确的认知，企业的绿色行为就不能得到保证，即使实施了绿色行为，也是短期的。相反，如果高层管理者支持绿色行为，不仅有助于企业树立良好的声誉，而且还能与政府机构保持良好的关系。⑦ 辛杰通过调查中国587位高层管理者发现，如果高层管理者对于承担环境责任有积极的态度，那么其所处公司的企业文化便会推动企业采取相关绿色行为。⑧

---

① BUYSSE K, VERBEKE A. Proactive Environmental Strategies: A Stakeholder Management Perspective [J]. Strategic Management Journal, 2003, 24 (5): 453-470.

② JAVIER G-B, ÓSCAR G-B. Environmental Proactivity and Business Performance: An Empirical Analysis [J]. Omega, 2005, 33 (1): 1-15.

③ HIRST G, BUDHWAR P, COOPER B K, et al. Cross-Cultural Variations in Climate for Autonomy, Stress and Organizational Productivity Relationships: A Comparison of Chinese and UK Manufacturing Organizations [J]. Journal of International Business Studies, 2008, 39: 1343-1358.

④ MUDRACK P. Individual Personality Factors That Affect Normative Beliefs about the Rightness of Corporate Social Responsibility [J]. Business & Society, 2007, 46 (1): 33-62.

⑤ NADLER D, TUSHMAN M, TUSHMAN M L, et al. Competing by Design: The Power of Organizational Architecture [M]. London: Oxford University Press, 1997.

⑥ GHAZILLA R A R, SAKUNDARINI N, ABDUL-RASHID S H, et al. Drivers and Barriers Analysis for Green Manufacturing Practices in Malaysian SMEs: A Preliminary Findings [J]. Procedia CIRP, 2015 (26): 658-663.

⑦ COLWELL S R, JOSHI A W. Corporate Ecological Responsiveness: Antecedent Effects of Institutional Pressure and Top Management Commitment and Their Impact on Organizational Performance [J]. Business Strategy and the Environment, 2011, 22 (2): 73-91.

⑧ 辛杰. 企业文化对企业社会责任的影响：领导风格与高管团队行为整合的作用 [J]. 上海财经大学学报, 2014, 16 (6): 30-39.

<<< 第四章 我国中小制造企业"绿色化"驱动因素模型解构

  企业实施绿色行为是主动承担企业社会责任,特别是环境责任的表现,这是企业的一项自愿举措,旨在将社会和环境问题与企业运营相结合。实施企业社会责任举措的组织有望受益,它将与利益相关者建立良好的关系作为建立企业战略的工具,同时也照顾到社会,而满足社会期望会间接地为企业带来利益。如今,越来越多的高管认为,绿色环保将有助于他们更有效地进行长期竞争,采用和适应绿色实践的制造企业不仅受益于长期成本节约,而且同样受益于客户忠诚度提升、品牌价值提升、更好的监管环境和更高的投资者利益。[①] 积极承担生态责任已然是企业获取竞争优势的一种途径,这也成为我国中小制造企业愿意实施绿色行为的先行因素。[②] 因此,根据高层管理者的特点和影响力,高层管理者的承诺在许多研究中被认为是实施绿色制造的重要推动因素。[③]

  企业要想实现其既定目标,会涉及一系列的企业活动,这些活动包括一个企业的员工为实现其目标而执行的不同任务。[④] 高层管理者可以通过向员工传达积极的绿色管理态度来激励员工采取可持续的行为。对企业而言,通过将绿色行为作为道德要求实施到其业务流程中来改变其文化思维方式是非常重要的。赖(Lai)等建议以跨职能的方式传播绿色意识形态,[⑤] 而不仅是通过指定的部门或者人员来应对这些挑战。[⑥] 因此,企业要以环境友好型的方式生产经营,需

[①] DUBEY R, GUNASEKARAN A, SAMAR A S. Exploring the Relationship between Leadership, Operational Practices, Institutional Pressures and Environmental Performance: A Framework for Green Supply Chain [J]. International Journal of Production Economics, 2015 (160): 120-132.

[②] WALKER K, NI N, HUO W. Is the Red Dragon Green? An Examination of the Antecedents and Consequences of Environmental Proactivity in China [J]. Journal of Business Ethics, 2014, 125 (1): 27-43.

[③] GOUINDAN K, KANNAN D, SHANKAR M. Evaluation of Green Manufacturing Practices Using a Hybrid MCDM Model Combining DANP with PROMETHEE [J]. International Journal of Production Research, 2015 (53): 6344-6371; HAMANN R, SMITH J, TASHMAN P, et al. Why Do SMEs Go Green? An Analysis of Wine Firms in South Africa [J]. Business & Society, 2015, 56 (1): 23-56.

[④] NADLER D, TUSHMAN M, TUSHMAN M L, et al. Competing by Design: The Power of Organizational Architecture [M]. London: Oxford University Press, 1997.

[⑤] LAI K H, CHENG E T C, TANG A K Y. Green Retailing: Factors for Success [J]. California Management Review, 2010, 52 (2): 6-31.

[⑥] WAGNER M, BLOM J. The Reciprocal and Non-Linear Relationship of Sustainability and Financial Performance [J]. Business Ethics: A European Review, 2011, 20 (4): 418-432.

要通过人力资源的绿色管理,①得到员工支持也是一项重要前提。②否则,高层次的绿色指导原则就无法得到充分和有效的实施。③拉米斯(Ramus)和斯泰格(Steger)的实证研究证实了这一观点,如果员工感觉到管理层对于他们实施绿色行为的支持,他们就非常愿意尝试环境友好行为,进而提升企业环境绩效。④相反,如果员工没有参与到减少企业活动对环境影响的决策中,或者没有意识到企业的绿色发展方向,那么就无法全面有效地实施高水平的绿色指导原则。

同样,根据价值信念规范理论,具有强烈环境价值导向的员工可能知道环境问题的后果,对环境行为负责,并参与或支持有利于环境的行为。⑤这意味着如果员工感受到企业绿色战略发展的动向,他们可以帮助改变传统的制造业务,促进绿色实践。科尔姆斯(Kollmuss)和阿吉曼(Agyeman)将员工这种环境友好行为定义为在工作中有意识地寻求减少其生产运营活动对自然和环境的负面影响的个人行为。⑥

库马拉等认为在制造企业中,员工参与被认为是影响企业实施绿色行为的"软维度",它和"技术"等硬维度一样,在促进企业"绿色化"发展进程中发挥同等重要的作用。⑦企业社会责任的利益相关者理论的一个分支是基于股东和

---

① ZAID A A, JAARON A A M, TALIB B A. The Impact of Green Human Resource Management and Green Supply Chain Management Practices on Sustainable Performance: An Empirical Study [J]. Journal of Cleaner Production, 2018 (204): 965-979.

② ZHU Q, SARKIS J. Green Marketing and Consumerism as Social Change in China: Analyzing the Literature [J]. International Journal of Production Economics, 2016, 181 (Part B): 289-302.

③ MIRAS-RODRÍGUEZ M D M, MACHUCA J A D, ESCOBAR-PÉREZ B. Drivers That Encourage Environmental Practices in Manufacturing Plants: A Comparison of Cultural Environments [J]. Journal of Cleaner Production, 2018 (179): 690-703.

④ RAMUS C A, Steger U. The Roles of Supervisory Support Behaviors and Environmental Policy in Employee "Ecoinitiatives" at Leading-Edge European Companies [J]. Academy of Management Journal, 2000, 43: 605-626.

⑤ STERN P C, DIETZ T, ABEL T, et al. A Value-Belief-Norm Theory of Support for Social Movements: The Case of Environmentalism [J]. Human Ecology Review, 1999, 6 (2): 81-97.

⑥ Kollmuss A, Agyeman J. Mind the Gap: Why Do People Act Environmentally and What are the Barriers to Pro-Environmental Behavior? [J]. Environmental Education Research, 2002, 8 (3): 239-260.

⑦ KUMAR A, MANGLA S K, LUTHRA S, et al. Evaluating the Human Resource Related Soft Dimensions in Green Supply Chain Management Implementation [J]. Production Planning & Control, 2019, 30 (9): 699-715.

代理人（雇员）之间的交易或合同关系的"股东—代理"理论，该理论的核心是保持企业的经济利益，而员工在其中扮演管家的角色。① 绿色理论的主要宗旨是实现环境的可持续性，从股东代理和绿色理论的角度出发，可以预期，员工会自觉地管理公司，并主动考虑股东和公司的利益以及生产活动对环境的影响。事实上，员工更熟悉企业的生产过程，他们对如何将企业活动对环境的影响降至最低程度有更好的想法。② 受过高等教育的员工能够激发企业学习甚至建立环境管理系统。③ 因此，员工的全面参与不仅能分担企业的环境社会责任，使他们能够全面参与高层管理者的绿色战略制订，还可以促使员工重新思考传统制造业务对环境的影响，并进一步推广企业的绿色行为。④

综上，本研究提出了以下假设：

H2a：高层管理者的承诺对企业实施绿色行为具有正向影响。

H2b：员工参与对企业实施绿色行为具有正向影响。

三、政策维度与"绿色化"行为的关系

传统意义上，绿色制造的驱动因素主要分为内部因素和外部因素。⑤ 企业保护环境的动机很大程度上受外部压力的影响，不同类型的外部压力可能导致不同的内部组织反应。⑥ 制度理论、利益相关者理论和合法性理论是研究企业可持续发展的常用理论。根据制度理论，有三种类型的压力可能影响企业实施绿色

---

① CONNELLY B L, TIHANYI L, CERTO S T, et al. Marching to the Beat of Different Drummers: the Influence of Institutional Owners on Competitive Actions [J]. Academy of Management Journal, 2010, 53 (4): 723-742.

② MIRAS-RODRÍGUEZ M D M, MACHUCA J A D, ESCOBAR-PÉREZ B. Drivers That Encourage Environmental Practices in Manufacturing Plants: A Comparison of Cultural Environments [J]. Journal of Cleaner Production, 2018 (179): 690-703.

③ LU Y, ABEYSEKERA I. Stakeholders' Power, Corporate Characteristics, and Social and Environmental Disclosure: Evidence from China [J]. Journal of Cleaner Production, 2014 (64): 426-436.

④ YUSOFF R B M, IMRAN A, QURESHI M I, et al. Investigating the Relationship of Employee Empowerment and Sustainable Manufacturing Performance [J]. International Review of Management and Marketing, 2016 (6): 284-290.

⑤ SCHRETTLE S, HINZ A, SCHERRER-RATHJE M, et al. Turning Sustainability into Action: Explaining Firms' Sustainability Efforts and Their Impact on Firm Performance [J]. International Journal of Production Economics, 2014 (147): 73-84.

⑥ BANSAL P, ROTH K. Why Companies Go Green: A Model of Ecological Responsiveness [J]. The Academy of Management Journal, 2000, 43 (4): 717-736.

实践，即强制性压力、规范性压力和模仿性压力。① 其中，强制性压力是由企业所面对的行政或监管部门施加的，它们迫使企业采取相应行动。政策因素是许多国家全面推行绿色制造的关键外部压力，也是主要的外部驱动因素。作为一个法制完善、全面依法治国的国家，政策对我国企业生产运营或是声誉等方面的影响更是不言而喻，同时，考虑政府对企业经营的控制，政府也是企业的主要利益相关者，我国企业的节能减排行为主要是由政府推动的，政府在环境保护、环境监测与管理中起主导作用。② 根据合法性理论，企业为了生存和可持续发展，必须对主要利益相关者负责并满足其需求。③ 因此，政府施加的压力和环境监管措施是企业开展绿色活动的主要动力，政府制定的政策则是政府对企业进行环境监管的主要工具。与环境相关的政策可分为指挥控制型环境规制政策和市场激励型环境激励政策两大类。④

加强环境监管是防止环境恶化和能源困境产生的重要措施。当个人和企业通过"搭便车行为"寻求免于履行其环境责任时，政府往往制定环境政策来限制污染物排放和资源开发。由于商业活动与许多环境问题密切相关，因此政府在推动环境实践方面发挥着主导作用。我国作为过渡经济体，从环境经济学的角度，政府内化环境外部性效应的作用显而易见。

我国作为最大的发展中国家，如何摆脱我国的能源困境和解决环境污染问题，是我国政府面临的重要挑战。作为回应，我国政府已正式采取措施解决这些问题。例如，中国的"十三五"规划（2016—2020 年）设定了单位国内生产总值能耗下降 15%的目标。同时，我国在 2015 年颁布了严格的环境法。环境监管作为政府重要的监管手段，旨在引导企业加大技术研究投入，降低环境成本，

---

① DIMAGGIO P J, POWELL W W. The Iron Cage Revisited: Institutional Isomorphism and Collective Rationality in Organizational Fields [J]. American Sociological Review, 1983, 48 (2): 147-160.
② QIN Y, HARRISON J, CHEN L. A Framework for the Practice of Corporate Environmental Responsibility in China [J]. Journal of Cleaner Production, 2019 (235): 426-452.
③ DEEGAN C. Introduction: The Legitimising Effect of Social and Environmental Disclosures-A Theoretical Foundation [J]. Accounting, Auditing & Accountability Journal, 2002, 15 (3): 282-311; FREEMAN R E. The Politics of Stakeholder Theory: Some Future Directions [J]. Business Ethics Quarterly, 1994, 4 (4): 409-421.
④ ZHANG Y, WANG J, XUE Y, et al. Impact of Environmental Regulations on Green Technological Innovative Behavior: An Empirical Study in China [J]. Journal of Cleaner Production, 2018 (188): 763-773.

实施绿色行为,从根本上缓解能源压力。① 宋等基于 DEA 的方法研究了 2008 年至 2015 年我国 16 个制造业的 1197 家公司,研究数据表明更严格的环境法规能够促进企业更加全面的绿色转型。② 合法性理论也支持这样一种观点,即承受压力的企业会以某种特定的方式进行经营管理。③ 因此,如果企业经营者意识到企业的不规范行为会超出法律设定的环保红线,他们会自觉调整其经营策略,使其更加环保以满足法律要求。利益相关者对企业符合法律规范这种行为的认可会间接反映在公司声誉中,这也是企业竞争优势的重要来源。④

法律规制不仅包括现行法律的实施,还应包括对未来法律严格性的预期,即当企业预期到未来法律将更加严厉惩罚环境不友好行为,企业则会主动采取绿色行为。⑤ 我国政府越来越认识到制造业进行绿色转型的必要性,⑥ 为了保证制造业的可持续发展,避免环境进一步恶化,未来将出台更为严格的法律法规,以推动制造企业生产经营活动与自然环境的协调发展。⑦ 此外,由于政府法规通常反映了当地和国际社会对清洁生产的需求、更好的资源利用和更大的社会责

---

① LIU Y, LI Z, YIN X. Environmental Regulation, Technological Innovation and Energy Consumption—A Cross-Region Analysis in China [J]. Journal of Cleaner Production, 2018 (203): 885-897.
② SONG M L, WANG S H, SUN J. Environmental Regulations, Staff Quality, Green Technology, R&D Efficiency, and Profit in Manufacturing [J]. Technological Forecasting and Social Change, 2018, 133: 1-14.
③ DEEGAN C. Introduction: The Legitimising Effect of Social and Environmental Disclosures-A Theoretical Foundation [J]. Accounting, Auditing & Accountability Journal, 2002, 15 (3): 282-311.
④ MELO T, GARRIDO-MORGADO A. Corporate Reputation: A Combination of Social Responsibility and Industry [J]. Eco-Management and Auditing, 2012, 19 (1): 11-31.
⑤ LUKEN R, ROMPAEY F V. Drivers for and Barriers to Environmentally Sound Technology Adoption by Manufacturing Plants in Nine Developing Countries [J]. Journal of Cleaner Production, 2008, 16 (1): 67-77; MITTAL V K, SANGWAN K S. Ranking of Drivers for Green Manufacturing Implementation Using Fuzzy Technique for Order of Preference by Similarity to Ideal Solution Method [J]. Journal of Multi-Criteria Decision Analysis, 2015, 22 (1/2): 119-130.
⑥ ZHOU Y, XU G N, MINSHALL T, et al. How Do Public Demonstration Projects Promote Green-Manufacturing Technologies? A Case Study from China [J]. Sustainable Development, 2015, 23 (4): 217-231.
⑦ LÓPEZ-GAMERO M D, MOLINA-AZORÍN J F, CLAVER-CORTÉS E. The Potential of Environmental Regulation to Change Managerial Perception, Environmental Management, Competitiveness and Financial Performance [J]. Journal of Cleaner Production, 2010, 18 (10): 963-974.

任的担忧,因此它们对不符合规定的企业施加了直接压力。① 考虑到法律环境越来越严格,制造企业也不再局限于单纯遵守现行法规,希望进一步努力,以更加积极主动的态度面对未来法律环境的变化。② 基于这些原因,大多数研究认为监管是促使企业清洁生产、绿色制造的最有力且最广泛适用的外部因素。③ 但是在推广、实施绿色政策时,相较于更容易被强制合规方法说服的大型企业,对于中小型企业的协调与整合通常会更具挑战性,特别是当政府采用市场化方法时。④

严格的环境法规有助于提高效率、鼓励创新,这可能有助于企业提高竞争力。⑤ 谢帕帕迪亚斯(Xepapadeas)和德泽乌(De Zeeuw)表示,波特的论点是以经济激励为形式的严厉的环境监管会引发创新,最终可能会提高公司的竞争力,并可能超过这一监管的短期私人成本,因此呈现双赢局面。⑥ 但是这一声明引起了经济学家和政策制定者的注意,因为它挑战了一个既定的观念,即严厉的环境政策意味着组织成本,并因此对一个行业的竞争力产生负面影响,这一论点与科斯所提出的观点是一致的,科斯认为,政府干预本身就是一项巨大的成本,如果能够明晰产权和交易成本,市场机制就能自发地解决环境问题。⑦

有学者认为,命令和控制环境规制政策主要规定的是终端解决方案而不是

---

① ABOELMAGED M. The Drivers of Sustainable Manufacturing Practices in Egyptian SMEs and Their Impact on Competitive Capabilities: A PLS - SEM Model [J]. Journal of Cleaner Production, 2018 (175): 207-221.

② AGAN Y, ACAR M F, BDRODIN A. Drivers of Environmental Processes and Their Impact on Performance: A Study of Turkish SMEs [J]. Journal of Cleaner Production, 2013 (51): 23-33.

③ HOU J, TEO T S H, ZHOU F, et al. Does Industrial Green Transformation Successfully Facilitate a Decrease in Carbon Intensity in China? An Environmental Regulation Perspective [J]. Journal of Cleaner Production, 2018 (184): 1060-1071; SHANKAR M K, KUMAR U P, KANNAN D. Analyzing the Drivers of Advanced Sustainable Manufacturing System Using AHP Approach [J]. Sustainability, 2016, 8 (8): 824.

④ KONG D, FENG Q, ZHOU Y, et al. Local Implementation for Green - Manufacturing Technology Diffusion Policy in China: From the User Firms' Perspectives [J]. Journal of Cleaner Production, 2016 (129): 113-124.

⑤ PORTER M E, LINDE C V D. Green and Competitive: Ending the Stalemate [J]. Harvard Business Review, 1995, 28 (6): 128-129.

⑥ XEPAPADEAS A, ZEEUW A. Environmental Policy and Competitiveness: The Porter Hypothesis and the Composition of Capital [J]. Journal of Environmental Economics and Management, 1999, 37: 165-182.

⑦ COASE R H. The Problem of Social Cost [J]. The Journal of Law and Economics, 1960, 3: 1-44.

真正意义上对于环境问题的解决方案,[1] 因为它只能被动"治愈"现有污染(通过使用过滤器),[2] 而不是寻求主动治理方案。杰克逊（Jackson）和达顿（Dutton）所提出的威胁刚性也支撑了这一论点，即如果企业将政府对其环境不合规行为的罚款和处罚视为威胁，管理者可能会出现反抗等刚性反应，反过来，这将抑制更具创新性和更全面的绿色行为的实施和发展。[3] 相反，如果环境监管被企业视为一个机会，那么管理者可能能够更加创造性地解决问题，识别、采用和创新绿色技术，[4] 并与利益相关者建立更密切的合作共赢关系，使企业以更积极的态度接受绿色理念，[5] 例如，政府对实施节能、治污等环保技术和环保投资的企业给予税收优惠。从这一概念出发，如果法律规制是驱使企业被动进行绿色转型，那么政策激励措施则可以被企业视为机遇。洛佩斯·加梅罗（López-Gamero）等通过分析环境政策与企业环境管理的关系，证实了这一观点，他的研究表明，激励等积极型规范政策对企业采取环境管理行为具有积极的影响。[6] 自 2015 年以来，我国政府对企业的环境补贴一直被用于鼓励我国制造企业积极采取绿色行为，并显著提升了我国制造企业的绿色效率。[7] 同样，根据甘地等的研究结果，对注册企业的投资补贴、绿色溢价和激励或免税也能够

---

[1] NASH J, EHRENFELD J. Codes of Environmental Management Practice: Assessing Their Potential as a Tool for Change [J]. Annual Review of Energy & the Environment, 1997, 22 (1): 487.

[2] TRIEBSWETTER U. Integrated Environmental Product Innovation and Impacts on Company Competitiveness: A Case Study of the Automotive Industry in the Region of Munich [J]. Environmental Policy & Governance, 2010, 18 (1): 30-44.

[3] JACKSON S E, DUTTON J E. Discerning Threats and Opportunities [J]. Administrative Science Quarterly, 1988, 33 (3): 370-387.

[4] RUSSO M V, FOUTS P A. A Resource-Based Perspective on Corporate Environmental Performance and Profitability [J]. Academy of Management Journal, 1997, 40 (3): 534-559.

[5] SHARMA S. Managerial Interpretations and Organizational Context as Predictors of Corporate Choice of Environmental Strategy [J]. The Academy of Management Journal, 2000, 43 (4): 681-697.

[6] LÓPEZ-GAMERO M D, MOLINA-AZORÍN J F, CLAVER-CORTÉS E. The Potential of Environmental Regulation to Change Managerial Perception, Environmental Management, Competitiveness and Financial Performance [J]. Journal of Cleaner Production, 2010, 18 (10): 963-974.

[7] BAI Y, HUA C, JIAO J, et al. Green Efficiency and Environmental Subsidy: Evidence from Thermal Power Firms in China [J]. Journal of Cleaner Production, 2018 (188): 49-61.

激励我国中小制造企业实施绿色行为。①

因此，本研究提出以下假设：

H3a：法律规制对企业实施绿色行为具有正向影响。

H3b：激励措施对企业实施绿色行为具有正向影响。

四、社会维度与"绿色化"行为的关系

由于企业是通过社会契约在社会中运作的，② 因此企业不仅受到政府的监督，还要受到社会大众的关注与监督。尽管在我国，企业的主要利益相关者是政府，但企业还需要满足其他利益相关者的要求，如社会团体、非政府组织、媒体和客户等，以使其环境绩效合法化。与政府压力不同，来自社会的压力往往与企业生产和运营密切相关，因为利益相关者对企业的评价及看法会直接反映在企业声誉中，这与竞争优势密切相关。③ 这些利益相关者能够对企业施加规范性压力。④ 特别是近年来我国的雾霾天气加剧，空气污染日益严重，公众对环境保护的关注也显著提升，⑤ 为了保护公众自身的健康，并确保他们的孩子能在可持续发展的未来中成长，更多的人愿意为环境保护做出贡献。⑥ 他们有权说服企业改变其现行经营生产行为，以避免与企业产生的污染及其他环境不友好行为相关的成本和不良后果的产生。⑦ 他们也主动参与到环境管理之中，并在环境

---

① GANDHI N S, THANKI S J, THAKKAR J J. Ranking of Drivers for Integrated Lean-Green Manufacturing for Indian Manufacturing SMEs [J]. Journal of Cleaner Production, 2018, 171 (Supplement C): 675-689.

② SHOCKER A D, SETHI S P. An Approach to Incorporating Societal Preferences in Developing Corporate Action Strategies [J]. California Management Review, 1973, 15 (4): 97-105.

③ MELO T, GARRIDO-MORGADO A. Corporate Reputation: A Combination of Social Responsibility and Industry [J]. Eco-Management and Auditing, 2012, 19 (1): 11-31.

④ DIMAGGIO P J, POWELL W W. The Iron Cage Revisited: Institutional Isomorphism and Collective Rationality in Organizational Fields [J]. American Sociological Review, 1983, 48 (2): 147-160.

⑤ CAI W, LI G. The Drivers of Eco-Innovation and Its Impact on Performance: Evidence from China [J]. Journal of Cleaner Production, 2018, 176 (Supplement C): 110-118; LIAO X, SHI X. Public Appeal, Environmental Regulation and Green Investment: Evidence from China [J]. Energy Policy, 2018 (119): 554-562.

⑥ SUN C, YUAN X, XU M. The Public Perceptions and Willingness to Pay: From the Perspective of the Smog Crisis in China [J]. Journal of Cleaner Production, 2016 (112): 1635-1644.

⑦ SCHRETTLE S, HINZ A, SCHERRER-RATHJE M, et al. Turning Sustainability into Action: Explaining Firms' Sustainability Efforts and Their Impact on Firm Performance [J]. International Journal of Production Economics, 2014 (147): 73-84.

监管和治理体系中发挥着越来越重要的作用。因此,无论是客户、供应商、非政府组织还是其他公众,都不能低估他们对环境保护的渴望和对企业的环境压力。

公众关注是一种重要的且被授予合法性的制度,它具有影响企业行为的潜力,因为公众关注程度越高的企业可能需要负担更多的污染成本,并承担更多的与环境保护相关的责任。NRBV承认来自公众的压力,因为它反映了社会发出的"环境声音",这能够成功地与企业的商业实践相协调,并促使企业采取可持续发展的方式进行经营生产。[1] 程和刘的研究进一步证实了这一观点,实证结果表明公众关注程度越高的公司环境绩效越好。[2] 施拉德尔(Schrader)等也提出了类似的观点,他们认为特别是在发展中国家,受到媒体支持的非政府组织和其他机构对企业施加的环境压力对于企业采取绿色行为至关重要。[3]

刘等指出社交媒体可以通过向政府抱怨或者直接反抗污染严重的企业以推动它们积极采取环保行为。[4] 鉴于我国公民绿色环保意识以及全民参与环境管理还处于初级阶段,一些实证结果表明,社会团体对企业环境实践的影响还不显著。[5] 但是,随着我国在全国环境治理方面的进步,特别是《中华人民共和国环境保护法》(简称"新环保法")的出台,公众和非政府组织被赋予了针对污染者的环境损害诉讼权。[6] 我国公众使用社交媒体的渠道较广,对企业生产运营行为不满的社区和非政府组织可能会向媒体发出诉求,这为不同的社会力量提供了一个发布信息的便利平台,展示他们对环境和社会问题的看法,社交媒

---

[1] HART S L. A Natural-Resource-Based View of Firm [J]. Academy of Management Review, 1995, 20 (4): 986-1014.

[2] CHENG J, LIU Y. The Effects of Public Attention on the Environmental Performance of High-Polluting Firms: Based on Big Data from Web Search in China [J]. Journal of Cleaner Production, 2018, 186: 335-341.

[3] SCHRADER U, FRICKE V, DOYLE D, THORESEN V W. Enabling Responsible Living [M]. Berlin: Springer Berlin Heidelberg, 2013: 3-8.

[4] LIU X, YU Q, FUJITSUKA T, et al. Functional Mechanisms of Mandatory Corporate Environmental Disclosure: An Empirical Study in China [J]. Journal of Cleaner Production, 2010, 18 (8): 823-832.

[5] LI L, XIA X H, CHEN B, et al. Public Participation in Achieving Sustainable Development Goals in China: Evidence from the Practice of Air Pollution Control [J]. Journal of Cleaner Production, 2018 (201): 499-506; LUO Y, JIE X W, LI X P, et al. Ranking Chinese SMEs Green Manufacturing Drivers Using a Novel Hybrid Multi-Criterion Decision-Making Model [J]. Sustainability, 2018, 10 (8): 23.

[6] 赵萱,张列柯,郑开放. 企业环境责任信息披露制度绩效及其影响因素实证研究 [J]. 西南大学学报 (社会科学版), 2015, 41 (3): 64-74, 190.

体也日益成为我国个人和社区探索并解决社会问题的主要资源。黄（Huang）和卢（Lu）的研究表明，通过社交媒体曝光环境污染等问题比传统媒体更有效地迫使当地政府、企业解决环境问题。① 社交媒体网站为消费者提供了一个与他人互动和联系的"在线空间"，因此，作为电子口碑（E-WOM）信息的主要来源之一，消费者对于企业的评价很容易影响其他消费者的购买行为。② 从这个意义上说，Web2.0和社交媒体技术形成了一套沟通和组织工具，它们有可能提高公众对环境的关注并促进企业的可持续行为。事实上，在线技术也补充了媒体消费和社会参与的传统形式，并越来越广泛地影响企业的绿色实践。③

媒体和非政府组织机构的参与，会促使企业保持环境友好型的形象，并进一步规范其环境管理行为。因此，媒体和非政府组织机构具有促进社会价值观和社会规范形成以及塑造社会感知的作用，来源于它们的压力可以被视为环境问题多中心共同治理体系的一个单独部分，并且成为企业实施绿色行为的主要动力。

虽然并非所有消费者在进行采购决策中都会考虑环境因素，并且消费者对环境因素的敏感度也不尽一致，④ 但一项全球企业社会责任研究发现，客户对当前社会和环境问题的认知不断增强，促使全球市场竞争焦点迅速转向环境友好型的产品及活动。尽管消费者对于企业是否实施绿色行为不敏感，但是他们对于水污染、能源耗竭以及资源浪费等方面却有清楚的认知。⑤

对环境退化的认识不断提高，也间接推动了消费者对绿色产品的需求。⑥ 这种情况开始逐渐改变消费者的需求和偏好，并鼓励他们选择对自然环境造成最

---

① HUANG L, LU W. Functions and Roles of Social Media in Media Transformation in China：A Case Study of "CCTV NEWS" [J]. Telematics and Informatics, 2017, 34 (3)：774-785.
② SPARKS B A, SO K K F, BRADLEY G L. Responding to Negative Online Reviews：The Effects of Hotel Responses on Customer Inferences of Trust and Concern [J]. Tourism Management, 2016 (53)：74-85.
③ ERIC S W C. Gap Analysis of Green Hotel Marketing [J]. International Journal of Contemporary Hospitality Management, 2013, 25 (7)：1017-1048.
④ MONDÉJAR-JIMÉNEZ J-A, FERRARI G, SECONDI L, et al. From the Table to Waste：An Exploratory Study on Behaviour Towards Food Waste of Spanish and Italian Youths [J]. Journal of Cleaner Production, 2016 (138)：8-18.
⑤ GIL-SOTO E, ARMAS-CRUZ Y, MORINI-MARRERO S, et al. Hotel Guests' Perceptions of Environmental Friendly Practices in Social Media [J]. International Journal of Hospitality Management, 2019 (78)：59-67.
⑥ LEONIDOU C N, KATSIKEAS C S, MORGAN N A. "Greening" the Marketing Mix：Do Firms Do It and Does It Pay Off? [J]. Journal of the Academy of Marketing Science, 2013, 41 (2)：151-170.

小损害的公司的产品或服务,[1] 于是制造企业可以接触到愿意支付与生产环保绿色产品相关的额外成本的客户。[2] 消费者对可能危害人类健康或破坏生态平衡产品的抵制态度促使许多企业将消费者的绿色需求纳入其生产和运营战略范畴。特别是海外消费者,他们对绿色产品的需求很强烈。[3] 消费者的需求对于理解基于过去公司环境绩效、组织结构和竞争优势的前瞻性战略环境承诺非常重要。[4]

劳雷蒂(Laureti)和贝内代蒂(Benedetti)的研究也表明,消费者越来越意识到自身的消费行为会对环境产生巨大的影响,在制订购买决策时,他们也会积极寻找更加环保的产品。[5] 相反,在竞争激烈的市场环境中,如果企业制订的战略不符合客户的绿色需求,则可能导致市场份额的损失,从而降低企业的利润并影响公司的市场价值。[6] 当客户重视环保行为时,企业采取绿色实践可以提高客户忠诚度和产品销售量,提升公司声誉。[7] 考虑到这些观点,本研究提出了以下假设:

H4a:公众压力对企业实施绿色行为具有正向影响。

H4b:消费者需求对企业实施绿色行为具有正向影响。

---

[1] MASOCHA R. Does Environmental Sustainability Impact Innovation, Ecological and Social Measures of Firm Performance of SMEs? Evidence from South Africa [J]. Sustainability, 2018, 10 (11): 3855.

[2] TSAI M-T, CHUANG L-M, CHAO S-T, et al. The Effects Assessment of Firm Environmental Strategy and Customer Environmental Conscious on Green Product Development [J]. Environmental Monitoring and Assessment, 2012, 184 (7): 4435-4447.

[3] QI G Y, ZENG S X, TAM C M, et al. Diffusion of ISO 14001 Environmental Management Systems in China: Rethinking on Stakeholders' Roles [J]. Journal of Cleaner Production, 2011, 19 (11): 1250-1256.

[4] HART S L. A Natural-Resource-Based View of Firm [J]. Academy of Management Review, 1995, 20 (4): 986-1014.

[5] LAURETI T, BENEDETTI I. Exploring Pro-Environmental Food Purchasing Behaviour: An Empirical Analysis of Italian Consumers [J]. Journal of Cleaner Production, 2018, 172: 3367-3378.

[6] GUALANDRIS J, KALCHSCHMIDT M. Customer Pressure and Innovativeness: Their Role in Sustainable Supply Chain Management [J]. Journal of Purchasing and Supply Management, 2014, 20 (2): 92-103.

[7] ZHU Q, SARKIS J. Green Marketing and Consumerism as Social Change in China: Analyzing the Literature [J]. International Journal of Production Economics, 2016, 181 (Part B): 289-302.

第五节 "绿色化"行为与企业可持续绩效的关系

是否值得实施绿色行为,回答这个问题尤为重要,特别是对于那些由于自身经营活动对环境造成极大负面影响从而面临巨大压力的制造企业。与发达国家采取更加明确的命令控制和基于市场的政策的情况不同,我国中小制造企业"绿色化"进程仍然采用了许多行政措施(政府机构下达迅速关闭污染工厂的命令)。一方面,强有力的监管方式和前所未有的政治决心大大缓解了政策执行不力的严重问题,有助于促进中小制造企业加快实施环境管理,在减轻污染方面取得了更快的效果,实现了环境绩效;另一方面,由于更高的合规成本,制造企业也可能面临经济利润下滑风险。[①] 毫无疑问,许多研究表明,企业实施绿色行为需要引进新技术、更换设备并培训员工,这都需要大量的资金投入,[②] 这些成本是很容易被量化的,但是评估绿色行为的效益却并不容易,因为绿色行为所带来的效益与其投入成本相比具有时间上的滞后性,它通常在很长一段时间后才会显现。[③] 因此,权衡理论认为,绿色行为对企业绩效有负面影响。[④] 但是,近年来研究发现,由于绿色制造的特性,企业实施绿色行为不仅可以减少

[①] LI X, QIAO Y, SHI L. Has China's War on Pollution Slowed the Growth of Its Manufacturing and by How Much? Evidence from the Clean Air Action [J]. China Economic Review, 2019 (53): 271-289.

[②] ORJI I J. Examining Barriers to Organizational Change for Sustainability and Drivers of Sustainable Performance in the Metal Manufacturing Industry [J]. Resources, Conservation & Recycling, 2019 (140): 102-114; BLOK V, LONG T B, GAZIULUSOY A I, et al. From Best Practices to Bridges for a More Sustainable Future: Advances and Challenges in the Transition to Global Sustainable Production and Consumption: Introduction to the ERSCP Stream of the Special Volume [J]. Journal of Cleaner Production, 2015 (108): 19-30.

[③] MENG X H, ZENG S X, XIE X M, et al. The Impact of Product Market Competition on Corporate Environmental Responsibility [J]. Asia Pacific Journal of Management, 2016, 33 (1): 267-291; ORLITZKY M, SCHMIDT F L, RYNES S L. Corporate Social and Financial Performance: A Meta-Analysis [J]. Organization Studies, 2003, 24 (3): 403-441.

[④] FRIEDMAN M. The Social Responsibility of Business Is to Increase Its Profits [M]//ZIMMERLI W C, HOLZINGER M, RICHTER K. Corporate Ethics and Corporate Governance. Berlin: Springer Berlin Heidelberg, 2007: 173-178.

原材料和提高生产效率以降低总体成本，[1] 还能因为减排而减少甚至消除污染处罚。[2] 此外，满足公众对绿色产品的需求不仅提高了企业声誉，[3] 还提高了企业竞争力。[4] 因此，正如波特提出的生态效率理论所概述的那样，绿色制造的投资远不能与它能带来的效益进行比较。[5] 尽管关注制造业的实证证据扩展了争论，但主要显示出积极的结果。[6] 同时，如藤井（Fujii）等一些研究者认为，这是一个更复杂的问题，不能完全用线性关系来解释。[7]

已有大量文献研究了绿色行为与企业绩效的关系。尽管它们之间双向影响的关系还没有得到确认，但从现有研究来看，实施绿色行为对企业绩效的影响是被多数学者所证实的。林等以汽车行业为研究对象，[8] 伦德斯（Leenders）和

---

[1] BOS-BROUWERS H E J. Corporate Sustainability and Innovation in SMEs: Evidence of Themes and Activities in Practice [J]. Business Strategy and the Environment, 2009, 19 (7): 417-435; JOHN E, THOMAS A, DAVIES A, et al. Identifying the Characteristics for Achieving Sustainable Manufacturing Companies [J]. Journal of Manufacturing Technology Management, 2012, 23 (4): 426-440.

[2] CARBALLO-PENELA A, CASTROMÁN-DIZ J L. Environmental Policies for Sustainable Development: An Analysis of the Drivers of Proactive Environmental Strategies in the Service Sector [J]. Business Strategy and the Environment, 2014, 24 (8): 802-818; BHARDWAJ B R. Role of Green Policy on Sustainable Supply Chain Management [J]. Benchmarking: An International Journal, 2016, 23 (2): 456-468.

[3] PACHECO-BLANCO B, BASTANTE-CECA M J. Green Public Procurement as an Initiative for Sustainable Consumption. An Exploratory Study of Spanish Public Universities [J]. Journal of Cleaner Production, 2016, 133 (Supplement C): 648-656.

[4] SIMÃO L, LISBOA A. Green Marketing and Green Brand-The Toyota Case [J]. Procedia Manufacturing, 2017, 12 (Supplement C): 183-194.

[5] PORTER M E, VAN DER LINDE C. Green and Competitive: Ending the Stalemate [J]. Long Range Plan, 1995, 28 (6): 128-129.

[6] SEN P, ROY M, PAL P. Exploring Role of Environmental Proactivity in Financial Performance of Manufacturing Enterprises: A Structural Modelling Approach [J]. Journal of Cleaner Production, 2015 (108): 583-594; LEONIDOU L C, CHRISTODOULIDES P, THWAITES D. External Determinants and Financial Outcomes of an Eco-friendly Orientation in Smaller Manufacturing Firms [J]. Journal of Small Business Management, 2016, 54 (1): 5-25.

[7] FUJII H, IWATA K, KANEKO S, et al. Corporate Environmental and Economic Performance of Japanese Manufacturing Firms: Empirical Study for Sustainable Development [J]. Business Strategy and the Environment, 2013, 22 (3): 187-201.

[8] Lin R-J, Tan K-H, Geng Y. Market Demand, Green Product Innovation, and Firm Performance: Evidence from Vietnam Motorcycle Industry [J]. Journal of Cleaner Production, 2013, 40: 101-107.

钱德拉（Chandra）以葡萄酒行业为例，① 雷曼（Rehman）等从制造企业出发，② 耿（Geng）等运用 Meta-analysis 的方法，③ 他们的研究都证实了绿色实践与企业绩效之间存在正相关关系。

在经济效益方面，有些学者认为，企业实施绿色行为在环境保护的同时可能会减缓经济增长。萨尔基斯和迪克肖恩（Dijkshoorn）、④ 瓦格纳（Wagner）⑤ 等学者的研究发现，企业实施绿色行为与经济绩效之间的关系并不显著，有些甚至存在负相关，因为实施环境管理需要投入额外的资源，包括资金、技术和人力资源，以及额外费用。因此，环境管理可能会挤出其他潜在投资，并减少企业的可持续竞争优势。尽管如此，仍然有迹象表明，通过以增长为导向的环境政策对自然资源进行有效管理，可在 2050 年带来高达 2.4 万亿美元的全球经济效益。⑥ 事实上，企业的绿色行为与企业经济绩效之间的关系可能更为复杂。采用先进的技术，成本更高，虽然具有较好的环境效益，但是却降低了企业的利润，从而使绿色行为与经济效益之间产生负相关关系。然而，夏尔马等的研究表明，改善环境是一种潜在的竞争优势（降低成本的新技术、创新产品以吸引更多环保消费者）。⑦ 因此，实施改善环境的绿色行为和企业竞争力并没有冲

---

① LEENDERS M A, CHANDRA Y. Antecedents and Consequences of Green Innovation in the Wine Industry: The Role of Channel Structure [J]. Technology Analysis & Strategic Management, 2013, 25 (2): 203-218.

② REHMAN M A, SETH D, SHRIVASTAVA R L. Impact of Green Manufacturing Practices on Organisational Performance in Indian Context: An Empirical Study [J]. Journal of Cleaner Production, 2016, 137: 427-448.

③ GENG R, MANSOURI S A, AKTAS E. The Relationship between Green Supply Chain Management and Performance: A Meta-Analysis of Empirical Evidences in Asian Emerging Economies [J]. International Journal of Production Economics, 2017, 183: 245-258.

④ SARKIS J, DIJKSHOORN J. Relationships between Solid Waste Management Performance and Environmental Practice Adoption in Welsh Small and Medium-Sized Enterprises (SMEs) [J]. International Journal of Production Research, 2007, 45: 4989-5015.

⑤ WAGNER M. Innovation and Competitive Advantages from the Integration of Strategic Aspects with Social and Environmental Management in European Firms [J]. Business Strategy & the Environment (John Wiley & Sons, Inc), 2009, 18 (5): 291-306.

⑥ HATFIELD-DODDS S, SCHANDL H, NEWTH D, et al. Assessing Global Resource Use and Greenhouse Emissions to 2050, with Ambitious Resource Efficiency and Climate Mitigation Policies [J]. Journal of Cleaner Production, 2017 (144): 403-414.

⑦ SHARMA S, ARAGÓN-CORREA J. Alberto, Rueda-Manzanares Antonio. The Contingent Influence of Organizational Capabilities on Proactive Environmental Strategy in the Service Sector: An Analysis of North American and European Ski Resorts [J]. Canadian Journal of Administrative Sciences, 2007, 24: 268-283.

突。采用积极主动的环境管理，包括环境审计计划和管理系统，已被达纳尔等的研究证实了它与财务绩效呈正相关。[1] 墨菲（Murphy）表示传统的"成本"观点在某种意义上已经过时，他通过总结20项环境友好行为与财务绩效相关性的实证研究，发现积极的环保行为与企业的财务绩效呈正相关关系。[2] 随后，内部和外部绿色实践、[3] 绿色产品设计、[4] 环境管理实践[5]这些绿色行为都被学者证实了与企业的财务绩效呈正相关。成本节约也被认为是实施环境友好行为的主要效益之一。[6] 因此，从经济角度来看，如果企业管理将其注意力转向可持续性，并且仍然与经济、环境和社会期望保持一致，那么绿色行为仍然被视为一种竞争优势。[7] 从长远来看，企业实施绿色行为和获取经济绩效可能是一种双赢的关系。

来自塞勒斯等最近的研究，将宏观经济水平考虑进来分析企业的环境实践与企业绩效的关系。[8] 关于经济危机对企业环境实践的影响，存在着两种截然不同的观点：第一种观点认为，在经济危机时期，环境和社会实践并没有减少，

---

[1] DARNALL N, HENRIQUES I, SADORSKY P. Adopting Proactive Environmental Strategy: The Influence of Stakeholders and Firm Size [J]. Journal of Management Studies (John Wiley & Sons, Inc.), 2010, 47 (6): 1072-1094.

[2] MURPHY CHRISTOPHER J. The Profitable Correlation between Environmental and Financial Performance: A Review of the Research [J]. Light Green Advisors, 2002: 1-18.

[3] MIROSHNYCHENKO I, BARONTINI R, TESTA F. Green Practices and Financial Performance: A Global Outlook [J]. Journal of Cleaner Production, 2017 (147): 340-351.

[4] LIN R-J, TAN K-H, GENG Y. Market Demand, Green Product Innovation, and Firm Performance: Evidence from Vietnam Motorcycle Industry [J]. Journal of Cleaner Production, 2013 (40): 101-107.

[5] LUCAS M T, NOORDEWIER T G. Environmental Management Practices and Firm Financial Performance: The Moderating Effect of Industry Pollution-Related Factors [J]. International Journal of Production Economics, 2016 (175): 24-34.

[6] HORBACH J, RAMMER C, RENNINGS K. Determinants of Eco-Innovations by Type of Environmental Impact—The Role of Regulatory Push/Pull, Technology Push and Market Pull [J]. Ecological Economics, 2012 (78): 112-122; BOSSLE M B, DUTRA D B M, VIEIRA L M, et al. The Drivers for Adoption of Eco-innovation [J]. Journal of Cleaner Production, 2016 (113): 861-872.

[7] LANNELONGUE G, GONZALEZ-BENITO J, QUIROZ I. Environmental Management and Labour Productivity: The Moderating Role of Capital Intensity [J]. Journal of Environmental Management, 2017 (190): 158-169.

[8] SELES B M R P, LOPES DE SOUSA JABBOUR A B, JABBOUR C J C, et al. Do Environmental Practices Improve Business Performance Even in an Economic Crisis? Extending the Win-Win Perspective [J]. Ecological Economics, 2019, 163: 189-204.

事实上，这些实践才是企业在这一特殊时期保持竞争优势并持续生存的关键因素，[1] 这一观点与合法性理论是一致的；[2] 第二种观点认为，经济危机的出现可能会对企业的环境和社会实践造成威胁，因此，这些行为在这一时期会明显减少[3]。考虑到"双赢"的情况，塞勒斯等认为上述两种思路都是重要的和需要研究的，因为环境实践与企业绩效之间的双赢关系即使是在经济危机的大背景下也能够存在，这也进一步表明了无论经济危机引发的市场突发事件如何，改善环境措施都是值得的。[4] 塞勒斯等通过对巴西的实证研究也证实了这一观点，即使在经济困难时期，绿色行为也可以继续支持企业的业绩，并为企业带来经济利润，但是实现这一效益的前提是这些企业将绿色实践作为企业核心战略的一部分。[5] 绿色战略实则为一个双赢的战略：它关心环境，同时节省资源。只有当绿色行为这些做法与企业的核心战略相连接并付诸长期实施时，才有可能创造真正的可持续绩效。[6]

大量学者和实际工作人员就"绿色化"行为对于环境资源贡献的有效性进行了辩论。[7] 许多研究分析了绿色实践是否能够为企业与环境创造双赢的局面，

---

[1] BENLEMLIH M, BITAR M. Corporate Social Responsibility and Investment Efficiency [J]. Journal of Business Ethics, 2018, 148 (3): 647-671.

[2] ALRAZI B, DE V C, VAN STADEN C J. A Comprehensive Literature Review on, and the Construction of a Framework for, Environmental Legitimacy, Accountability and Proactivity [J]. Journal of Cleaner Production, 2015 (102): 44-57.

[3] DIAS A. Global Financial Crisis and Corporate Social Responsibility Disclosure [J]. Social Responsibility Journal, 2016, 12 (4): 654-671.

[4] SELES B M R P, LOPES DE SOUSA JABBOUR A B, JABBOUR C J C, et al. Do Environmental Practices Improve Business Performance Even in an Economic Crisis? Extending the Win-Win Perspective [J]. Ecological Economics, 2019, 163: 189-204.

[5] SELES B M R P, LOPES DE SOUSA JABBOUR A B, JABBOUR C J C, et al. Do Environmental Practices Improve Business Performance Even in an Economic Crisis? Extending the Win-Win Perspective [J]. Ecological Economics, 2019, 163: 189-204.

[6] LIBONI L B, JABBOUR C J C, JABBOUR A, et al. Sustainability as a Dynamic Organizational Capability: A Systematic Review and a Future Agenda Toward a Sustainable Transition [J]. Journal of Cleaner Production, 2017 (142): 308-322; ORTIZ-DE-MANDOJANA N, BANSAL P. The Long-Term Benefits of Organizational Resilience Through Sustainable Business Practices [J]. Strategic Management Journal, 2016, 37 (8): 1615-1631.

[7] DANGELICO R M, PONTRANDOLFO P. Being "Green and Competitive": The Impact of Environmental Actions and Collaborations on Firm Performance [J]. Business Strategy and the Environment, 2015, 24 (6): 413-430.

即环境碳足迹的减少是否同时为企业带来了成本的降低或绩效的提高。[1] 然而，即使大多数论文都通过实证证明了绿色实践与企业绩效之间存在着积极的关系，但绿色行为与企业绩效之间的关系仍然存在着争议，因为也有文献反映出了相反的结果，即绿色实践与企业的环境和运营绩效呈负相关关系。[2] 一些先前的研究表明，在不同条件下，例如，绿色技术创新等绿色行为对环境的影响可能是正的，也可能是负的，[3] 并且相关关系还可能受到其他因素的影响。布劳恩加特（Braungardt）等人的研究表明，尽管绿色创新通常被视为绿色增长战略的一个基本要素，但由于反弹效应的存在，对环境特别是气候变化的影响一直受到争论。[4] 王等人的研究也有类似的结论，研究发现在中国情境下，能源技术专利的数量增加对于减少中国二氧化碳排放量等方面并没有显著作用，而采用自由碳技术的能源专利仅在中国东部地区有助于减少二氧化碳排放量。[5] 随后，杜（Du）等的研究表明，绿色技术创新等环境友好实践与二氧化碳排放的关系在经济体收入水平的影响下，呈现 U 型发展的特点，即随着经济水平的不断提高，技术创新会有效减少二氧化碳的排放量。[6] 上述研究表明，在特定时期或者特定区域实施绿色行为不一定会对环境产生直接正面影响。但是随着我国经济水平的不断提升以及环境保护政策的完善，消费者环保意识也会不断增强，加上政府环保规制和补贴政策的全面执行，中小制造企业绿色行为的实施对环境绩效

---

[1] JABBOUR C J C, MARIA D S E, PAIVA E L, et al. Environmental Management in Brazil: is It a Completely Competitive Priority? [J]. Journal of Cleaner Production, 2012, 21 (1): 11-22.

[2] ELTAYEB T K, ZAILANI S, RAMAYAH T. Green Supply Chain Initiatives Among Certified Companies in Malaysia and Environmental Sustainability: Investigating the Outcomes [J]. Resources, Conservation and Recycling, 2011, 55 (5): 495-506; GREEN K W. Green Supply Chain Management Practices: Impact on Performance [J]. Supply Chain Management: An International Journal, 2012, 17 (3): 290-305; ZHU Q H, SARKIS J, LAI K. Green Supply Chain Management: Pressures, Practices and Performance within the Chinese Automobile Industry [J]. Journal of Cleaner Production, 2007, 15 (11): 1041-1052.

[3] ACEMOGLU D, GANCIA G, ZILIBOTTI F. Competing Engines of Growth: Innovation and Standardization [J]. Journal of Economic Theory, 2012, 147 (2): 570-601.

[4] BRAUNGARDT S, ELSLAND R, EICHHAMMER W. The Environmental Impact of Eco-Innovations: The Case of EU Residential Electricity Use [J]. Environmental Economics and Policy Studies, 2016, 18 (2): 213-228.

[5] WANG Z, YANG Z, ZHANG Y, et al. Energy Technology Patents-CO2 Emissions Nexus: An Empirical Analysis from China [J]. Energy Policy, 2012, 42: 248-260.

[6] DU K, LI P, YAN Z. Do Green Technology Innovations Contribute to Carbon Dioxide Emission Reduction? Empirical Evidence from Patent Data [J]. Technological Forecasting and Social Change, 2019, 146: 297-303.

的正面影响会越来越显著。

  为了在降低企业生产成本的同时提高其服务绩效，大多数企业都将其重点放在运营活动之中。① 然而，追求卓越的生产经营行为可能会损害环境和社会绩效，从而影响企业的可持续发展。由于环境管理与我国企业经营绩效之间缺乏相容性，大多数新兴市场经济体可能会首先实施象征性的绿色行为，因为实质性绿色行为创造的利益更容易被社会群体分享，从而降低企业的收益规模。② 但是 RBV 表明，开发和积累有价值的、不寻常的和不可复制的资源，是获取竞争优势的可能途径之一。③ 哈特更是在此基础上引入了绿色能力的概念，他强调了绿色能力的积累和管理是促进企业合理应对自然资源约束并形成良好互动的关键。④ 从这个概念出发，企业的绿色行为是有助于保护环境并节约资源的。朱等提出，实施内部环境管理等绿色行为不仅有利于企业获得运营绩效，还与资源绩效正相关。⑤ 因为绿色行为的实施不仅能满足企业降低成本的需求或愿望，也将进一步促进更清洁、高效技术的产生，从而节约资源、能源并减少污染物排放量。达亚拉特纳（Dayaratne）和古纳瓦德纳（Gunawardana）的研究也表明绿色制造与提高生产效率、降低能源和资源消耗以及减少污染物排放直接相关。⑥ 开发更先进的环境项目，如绿色设计与绿色生产已被公认为是大幅减少原材料投入和废物产生，并降低企业产品和运营过程对外部环境和自然资源负面

---

① HULT G T M, KETCHEN JR D J, ADAMS G L, et al. Supply Chain Orientation and Balanced Scorecard Performance [J]. Journal of Managerial Issues, 2008, 20 (4): 526–544.
② LIU T, LIANG D, ZHANG Y, et al. The Antecedent and Performance of Environmental Managers' Proactive Pollution Reduction Behavior in Chinese Manufacturing Firms: Insight from the Proactive Behavior Theory [J]. Journal of Environmental Management, 2019 (242): 327–342.
③ BARNEY J. Firm Resources and Sustained Competitive Advantage [J]. Journal of Management, 1991, 17 (1): 99–120.
④ HART S L. A Natural-Resource-Based View of Firm [J]. Academy of Management Review, 1995, 20 (4): 986–1014.
⑤ ZHU Q, SARKIS J, LAI K-H. Institutional-Based Antecedents and Performance Outcomes of Internal and External Green Supply Chain Management Practices [J]. Journal of Purchasing and Supply Management, 2013, 19 (2): 106–117.
⑥ DAYARATNE S P, GUNAWARDANA K D. Carbon Footprint Reduction: A Critical Study of Rubber Production in Small and Medium Scale Enterprises in Sri Lanka [J]. Journal of Cleaner Production, 2015, 103: 87–103.

<<< 第四章 我国中小制造企业"绿色化"驱动因素模型解构

影响的一种好方法。[1]

在一个相互依赖、资源受限的生态系统世界中,企业的"绿色化"行为倡议是潜在的竞争优势的关键来源,[2] "绿色化"行为可以创造市场环境差异并提高公司的利润和收入,环境友好实践也能促使企业降低未来的监管成本、提供资源并提高其制造过程的效率。[3] 自愿、规范、积极地进行环境管理等绿色行为,会为企业带来竞争利益,[4] 也为企业提供了独特的竞争优势,[5] 甚至可以提高制造企业的生产效率,带来资源绩效,因为实施环境管理需要对产品的设计和工艺进行根本性的反思,从而引发创新和改进的机会。积极的环境管理行为还可以通过更好地利用投入的原材料、减少废物处理成本和消除生产过程中不必要的步骤来降低成本,[6] 购买新的绿色技术、采用更加绿色的分销和运输系统、对产品和工艺进行生态设计等决策都将促使企业减少对外部环境的负面影响。[7] 阿卜杜拉赫曼(Abdulrahman)等进一步指出,企业实施绿色行为不仅是符合环境法规的,还能为同行带去压力,甚至产生绿色贸易壁垒,促进更多的企业采取绿色实践,也带动供应链上下游的绿色转型,从而不仅为企业所在区

---

[1] ZHU Q H, SARKIS J. Relationships between Operational Practices and Performance among Early Adopters of Green Supply Chain Management Practices in Chinese Manufacturing Enterprises [J]. Journal of Operations Management, 2004, 22 (3): 265-289.

[2] LUCAS M T, NOORDEWIER T G. Environmental Management Practices and Firm Financial Performance: The Moderating Effect of Industry Pollution-Related Factors [J]. International Journal of Production Economics, 2016 (175): 24-34.

[3] AMBEC S, LANOIE P. Does It Pay to Be Green? A Systematic Overview [J]. Academy of Management Perspectives, 2008, 22 (4): 45-62; HART S L, MILSTEIN M B. Creating Sustainable Value [J]. Academy of Management Perspectives, 2003, 17 (2): 56-67.

[4] SHARMA S, VREDENBURG H. Proactive Corporate Environmental Strategy and the Development of Competitively Valuable Organizational Capabilities [J]. Strategic Management Journal, 1998, 19 (8): 729-753.

[5] CHRISTMANN P. Effects of "Best Practices" of Environmental Management on Cost Advantage: The Role of Complementary Assets [J]. Academy of Management Journal, 2000, 43 (4): 663-680.

[6] BERRONE P, GOMEZ-MEJIA L R. Environmental Performance and Executive Compensation: An Integrated Agency-Institutional Perspective [J]. Academy of Management Journal, 2009, 52 (1): 103-126.

[7] FRAJ-ANDRÉS E, MARTÍNEZ-SALINAS E, MATUTE-VALLEJO J. Factors Affecting Corporate Environmental Strategy in Spanish Industrial Firms [J]. Business Strategy & the Environment, 2009, 18 (8): 500-514.

域创造了良好的生活环境,还激发了新一轮的就业机会。①

综上,企业实施绿色行为不仅可以减少原材料的投入,节约成本,还能够开拓市场,提高销售额。同时,绿色技术的应用使得企业能够进行清洁生产,在保护环境的同时也提高了资源利用效率。另外,企业实施清洁生产可以保障员工、当地社区环境的健康。根据上述讨论,本研究提出了以下假设:

H5a:中小制造企业实施绿色行为对企业的经济绩效具有正向影响。

H5b:中小制造企业实施绿色行为对企业的环境绩效具有正向影响。

H5c:中小制造企业实施绿色行为对企业的资源绩效具有正向影响。

H5d:中小制造企业实施绿色行为对企业的社会绩效具有正向影响。

第六节 行业类型的调节作用

权变理论认为,任何战略在不同的业务环境下都无法对企业产生相同的影响,战略实施效果随着外部环境的变化而变化。② RBV 强调了内部企业资源和能力对于企业卓越绩效的潜在影响力,但 RBV 理论框架并未指明如何充分利用这些已部署资源,从而产生最大的效果。正如科利斯(Collis)和蒙哥马利(Montgomery)所观察到的,"在特定行业或特定时间,有价值的资源在不同行业或时间背景下可能无法具有相同的价值"③。换句话说,具体的应用情境很重要。赛斯等使用 ISM 模型比较了大型企业与中小企业的绿色驱动因素,实证结果表明,企业规模的大小也会影响驱动因素。④ 制度理论指出,在不同的法律背景要求以及利益相关者的期望下,绿色驱动因素对企业所造成的影响也不尽相

---

① ABDULRAHMAN M D-A, SUBRAMANIAN N, LIU C, et al. Viability of Remanufacturing Practice: A Strategic Decision Making Framework for Chinese Auto-Parts Companies [J]. Journal of Cleaner Production, 2015, 105: 311-323.

② LAWRENCE P R, LORSCH J W. Differentiation and Integration in Complex Organizations [J]. Administrative Science Quarterly, 1967, 12 (1): 1-47.

③ COLLIS D J, MONTGOMERY C A. Competing on Resources: Strategy in the 1990s [J]. Harvard Business Review, 1995, 73 (4): 118-128.

④ SETH D, REHMAN M A A, SHRIVASTAVA R L. Green Manufacturing Drivers and Their Relationships for Small and Medium (SME) and Large Industries [J]. Journal of Cleaner Production, 2018, 198: 1381-1405.

同。① 雷曼等对比了发达国家与发展中国家的环保政策制定和实施现状,研究结果为法律政策环境在"驱动因素—行为"关系之间的调节作用提供了实证支撑。② 米拉斯·罗德里格斯(Miras-Rodríguez)等的研究也支撑了这一论点,他通过计算各个国家的治理环境指数,将10个国家划分为严格规制导向型、普通规制导向型和关系导向型三类,研究结果表明不同类型的国家,绿色驱动因素的差距较大。③

无论企业的规模、位置和性质如何,它们都会因环境压力的影响而改变其经营战略。伴随我国环境法规的逐步完善,以及社会公众环保意识的觉醒,无论是中小型制造企业还是大型制造企业,都必须满足利益相关者的环保诉求,以此获得经营合法性和竞争优势。虽然不同规模的制造企业对于"绿色化"的响应所具备的能力和资源是不同的,但是在同一行业类型下外部利益相关者对其"绿色化"要求却是相似的。

目前,有研究学者聚焦于特定行业的绿色驱动因素研究。政府监管、技术和供应商以及消费者偏好被认为是金属行业中最重要的驱动因素;④ 管理者感知、消费者需求被认为是造纸业中最重要的驱动因素;⑤ 成本节约和企业的环境承诺是制鞋业中承担环境责任排名较前的两个驱动因素;⑥ 消费者意识、高层管

---

① BAUGHN C C, BODIE N L, MCINTOSH J C. Corporate Social and Environmental Responsibility in Asian Countries and Other Geographical Regions [J]. Corporate Social Responsibility and Environmental Management, 2007, 14 (4): 189-205.

② REHMAN M A, SETH D, SHRIVASTAVA R L. Impact of Green Manufacturing Practices on Organisational Performance in Indian Context: An Empirical Study [J]. Journal of Cleaner Production, 2016, 137: 427-448.

③ MIRAS-RODRÍGUEZ M D M, MACHUCA J A D, ESCOBAR-PÉREZ B. Drivers That Encourage Environmental Practices in Manufacturing Plants: A Comparison of Cultural Environments [J]. Journal of Cleaner Production, 2018, 179: 690-703.

④ ORJI I J. Examining Barriers to Organizational Change for Sustainability and Drivers of Sustainable Performance in the Metal Manufacturing Industry [J]. Resources, Conservation & Recycling, 2019 (140): 102-114.

⑤ BUZUKU S, KÄSSI T. Drivers and Barriers for the Adoption of Eco-design Practices in Pulp and Paper Industry: A Case Study of Finland [J]. Procedia Manufacturing, 2019 (33): 717-724.

⑥ MOKTADIR A, RAHMAN T, JABBOUR C J C, et al. Prioritization of Drivers of Corporate Social Responsibility in the Footwear Industry in an Emerging Economy: A Fuzzy AHP Approach [J]. Journal of Cleaner Production, 2018 (201): 369-381.

理和政府支持与监管是皮革制造业实施可持续制造的主要驱动力。[1] 前人的研究表明不同行业类型背景下绿色驱动因素有所差异,虽然这些研究结果可能受到国家、文化和样本的影响,但仍可以合理推断,绿色驱动因素在不同的行业中会对企业实施绿色行为产生不同的影响。

是否有实证证据表明,行业背景的不同会调节"绿色化"驱动因素与"绿色化"行为之间的关系。虽然阿尔贝蒂尼(Albertini)运用Meta-analysis的方法拒绝了不同行业背景下"驱动因素—行为"之间存在调节作用的假设,[2] 迪克森·福勒(Dixon-Fowler)等也仅找到有限的实证结果证明不同背景调节作用的存在或其可能产生的影响。[3] 但是,学者都表明需要谨慎地解释他们的研究结果,并指出他们运用Meta-analysis仅仅基于现有的研究,这些研究在所采用的研究方法和测量方法上存在显著差异。迪克森·福勒等认为未来的研究仍然需要更多地考虑调节效应,这样才能有效地指导管理者了解在其运营环境下产生哪些驱动因素能够更有效地促进企业实施绿色行为,并创造最大的可持续绩效。[4]

基于半个世纪以来对组织相关的研究,斯科特(Scott)提出"二元论"观点,为理解行业背景对"驱动因素—绿色行为"关系的影响提供了一个极具前景的研究途径。[5] 自20世纪60年代以来,许多研究都支持了组织"二元论"的观点,这种观点认为,组织不仅被视为寻求组织效率的"技术生产系统",而且被视为寻找组织合法性的"自适应社会系统"。因此,组织一方面受到"物质资源力量"的影响,因为组织效率取决于资源、技术和信息的"技术"环境;另一方面也受"社会和文化"的外部力量所影响,即组织的"制度"环境。[6] 由

---

[1] MOKTADIR M A, RAHMAN T, RAHMAN M H, et al. Drivers to Sustainable Manufacturing Practices and Circular Economy: A Perspective of Leather Industries in Bangladesh [J]. Journal of Cleaner Production, 2018 (174): 1366-1380.

[2] ALBERTINI E. Does Environmental Management Improve Financial Performance? A Meta-Analytical Review [J]. Organization & Environment, 2013, 26 (4): 431-457.

[3] DIXON-FOWLER H R, SLATER D J, JOHNSON J L, et al. Beyond "Does It Pay to Be Green?" A Meta-Analysis of Moderators of the CEP-CFP Relationship [J]. Journal of Business Ethics, 2013, 112 (2): 353-366.

[4] DIXON-FOWLER H R, SLATER D J, JOHNSON J L, et al. Beyond "Does It Pay to Be Green?" A Meta-Analysis of Moderators of the CEP-CFP Relationship [J]. Journal of Business Ethics, 2013, 112 (2): 353-366.

[5] SCOTT W R. Reflections on a Half-Century of Organizational Sociology [J]. Annual Review of Sociology, 2004, 30 (1): 1-21.

[6] MEYER J W, ROWAN B. Institutionalized Organizations: Formal Structure as Myth and Ceremony [J]. American Journal of Sociology, 1977, 83 (2): 340-363.

于绿色实践的实施不仅由利润最大化驱动,企业还受所面临的外部产业环境涉及的社会和文化因素的影响,这在很大程度上有助于理解行业背景对绿色行为实施的调节作用。

卢卡斯(Lucas)和诺德维尔(Noordewier)从组织的"二元论"视角出发,提出行业背景的二维概念,即行业的相对污染严重性以及行业的相对环境管理主动性,实证研究证明行业背景的不同确实会调节绿色行为与企业绩效的关系。① 在卢卡斯和诺德维尔②之前,也有部分学者基于"二元论"的思想间接地证实了行业背景的调节作用,班纳吉(Banerjee)等表明行业类型的不同能够调节政府规制、公众压力等因素与企业采取绿色行为之间的关系,③ 因为不同行业类型的企业的污染与排放是不相同的。④ 例如,处于化工、矿业、石油、印染等环境敏感行业的企业,由于环境法规的要求严格以及公众关注度较高,相较于其他行业,它们对环境管理和实践的承诺也较高。⑤ 刘等通过计算中国各个行业的碳排放量,发现如电力、化工、金属等行业都有较高的碳排放量,他建议政府应当更加关注这些行业,并更加注重在这些行业中推广应用清洁生产技术。⑥ 曾(Zeng)等人根据我国北方中小制造企业污染程度的不同,将中小制造企业划分为高污染与低污染两类,并分别检验环境管理行为如何影响中小制造企业的环境绩效和经济绩效。结果表明,不同污染水平下的中小制造企业环

---

① LUCAS M T, NOORDEWIER T G. Environmental Management Practices and Firm Financial Performance: The Moderating Effect of Industry Pollution-Related Factors [J]. International Journal of Production Economics, 2016, 175: 24-34.

② LUCAS M T, NOORDEWIER T G. Environmental Management Practices and Firm Financial Performance: The Moderating Effect of Industry Pollution-Related Factors [J]. International Journal of Production Economics, 2016, 175: 24-34.

③ BANERJEE S B, IYER E S, KASHYAP R K. Corporate Environmentalism: Antecedents and Influence of Industry Type [J]. Journal of Marketing, 2003, 67 (2): 106-122.

④ DAWKINS C E, FRAAS J W. Erratum to: Beyond Acclamations and Excuses: Environmental Performance, Voluntary Environmental Disclosure and the Role of Visibility [J]. Journal of Business Ethics, 2011, 99 (3): 383-397.

⑤ WANG Q, DAI H-N, WANG H. A Smart MCDM Framework to Evaluate the Impact of Air Pollution on City Sustainability: A Case Study from China [J]. Sustainability, 2017, 9 (6): 1-17.

⑥ LIU X, YU Q, FUJITSUKA T, et al. Functional Mechanisms of Mandatory Corporate Environmental Disclosure: An Empirical Study in China [J]. Journal of Cleaner Production, 2010, 18 (8): 823-832.

境管理行为对绩效的影响水平会有所差异。①

从总体研究来看，虽然已有学者的研究表明不同行业类型实施"绿色化"的主要驱动力并不一致，但检验行业类型对于"绿色化"驱动因素与绿色行为的调节作用仍然处于起步阶段，需要更多的研究来全面理解不同行业背景的绿色驱动因素。我国经济增长所面临的资源、环境约束日趋紧张，要求制造企业从依赖有形要素投入的粗放型经济增长方式，转变为依赖技术等知识投入的集约型增长方式。劳动力、资源及资本技术被视为现代大规模生产的主要投入要素，根据劳动力、资源、资本、知识和其他生产要素投放比例的不同，制造业可分为三种行业类型：资源密集型（CI）行业、劳动密集型（LI）行业、资本技术密集型（TI）行业。劳动密集型制造业是指以劳动力为主要投入要素的生产经营过程，资源密集型制造业的自然资源投入比重普遍较高，资本技术密集型制造业是那些资本体量、技术含量和智力含量较高的制造业。表4-4展示了按生产要素密度为划分标准的制造业行业分类情况。

表4-4 按要素密度的制造业行业分类

资源密集型	劳动密集型	资本技术密集型
C13 农副食品加工业 C14 食品制造业 C15 酒、饮料和精制茶制造业 C16 烟草制品业 C20 木材加工和木、竹、藤、棕、草制品业	C17 纺织业 C18 纺织服装、服饰业 C19 皮革、毛皮、羽毛及其制品和制鞋业 C21 家具制造业 C22 造纸和纸制品业 C23 印刷和记录媒介复制业 C30 非金属矿物制品业 C33 金属制品业 C41 其他制造业 C43 金属制品、机械和设备修理业	C24 文教、工美、体育和娱乐用品制造业 C25 石油、煤炭及其他燃料加工业 C26 化学原料和化学制品制造业 C27 医药制造业 C28 化学纤维制造业 C29 橡胶和塑料制品业 C31 黑色金属冶炼和压延加工业 C32 有色金属冶炼和压延加工业 C34 通用设备制造业 C35 专用设备制造业 C36 汽车制造业 C37 铁路、船舶、航空航天和其他运输设备制造业 C38 电气机械和器材制造业 C39 计算机、通信和其他电子设备制造业 C40 仪器仪表制造业 C42 废弃资源综合利用业

---

① ZENG S X, MENG X H, ZENG R C, et al. How Environmental Management Driving Forces Affect Environmental and Economic Performance of SMEs: A Study in the Northern China District [J]. Journal of Cleaner Production, 2011, 19 (13): 1426-1437.

第四章 我国中小制造企业"绿色化"驱动因素模型解构

不同要素投入密度的中小制造企业赖以生产和发展的因素存在差异。资源密集型中小制造企业是否实施绿色行为更多地受自然资源、原材料和市场环境的影响，劳动密集型中小制造企业的"绿色化"则更多地受员工素质和能力的影响。由于这两类企业的技术含量较低，它们的绿色转型不会过多依赖高新技术。资本技术密集型中小制造企业是否能够全面开展绿色生产活动的关键就在于新材料、新能源、新工艺等高新清洁技术的支撑。同时，外部利益相关者对于不同要素投入密度的中小制造企业"绿色化"诉求也不尽一致。对于资源密集型中小制造企业，提高资源利用率、减少资源投入量是获取经营合法性的主要着力点；劳动密集型中小制造企业更多通过增强员工的绿色意识并培训员工的绿色技能以回应利益相关者的环境声音；资本技术密集型企业则被赋予了依托创新绿色生产技术、工艺从而保护环境的期望。因此，依据要素密集度将我国中小制造企业划分为资源密集型、劳动密集型和资本密集型，不仅能够区分外部利益相关者对不同行业类型的中小制造企业"绿色化"的诉求，还能体现不同行业类型的中小制造企业实现"绿色化"所具备的资源和能力的差异。根据上述讨论，本研究认为有必要从不同生产要素密集度出发，考察行业类型是否能够调节绿色驱动因素与企业实施绿色行为之间的关系。本研究提出以下假设：

H6："绿色化"驱动因素对不同行业类型的中小制造企业实施绿色行为的影响是不同的。

综合上述讨论内容，我国中小制造企业"绿色化"驱动因素的假设模型图如图4-4所示。

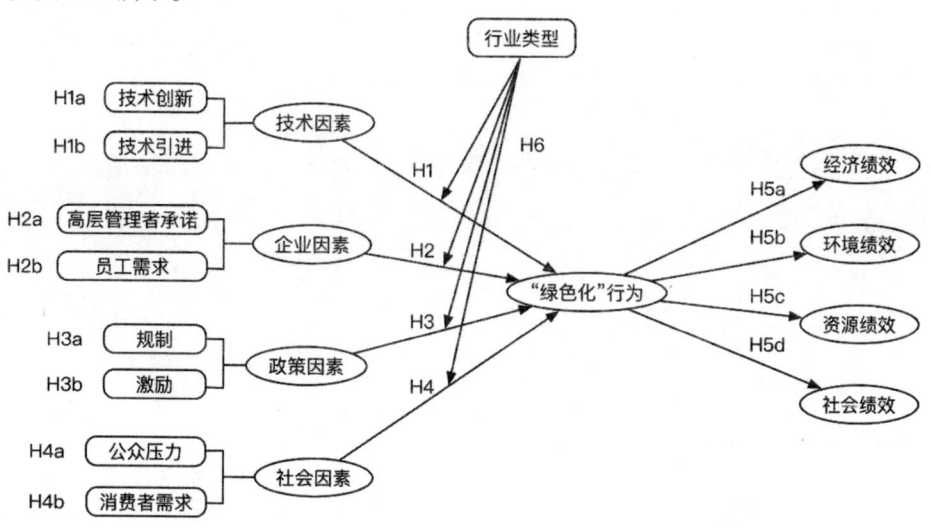

图4-4 我国中小制造企业"绿色化"驱动因素假设模型图

本章小结

　　根据"动机—行为—绩效"的思路，本章首先构建了"'绿色化'驱动因素—绿色行为—可持续绩效"的概念框架，通过理论推演从环境资源特质出发，探明了企业环境压力的来源。为了将压力转化为企业"绿色化"动力，还分析了环境监管的参与主体，并阐释了技术对于企业实施绿色行为的支撑作用，从而将我国中小制造企业"绿色化"驱动因素划分为技术、政策、企业和社会四个维度。产品生命周期理论明确了绿色行为的含义及内容，结合 TBL 和公共物品理论将可持续绩效划分为经济、环境、资源和社会四个维度。通过对文献的梳理，结合第三章我国中小制造企业"绿色化"面临的障碍，本章进一步解构了我国中小制造企业"绿色化"驱动因素模型。在此基础上，阐释了"绿色化"驱动因素的作用机理、"绿色化"行为对企业可持续绩效的影响、行业类型的调节作用，并建立了相关假设。

第五章

我国中小制造企业"绿色化"驱动因素模型实证分析

本章在文献梳理和理论分析的基础上,根据第四章所构建的模型和假设,对本研究拟解决的问题进行了量表设计,并借助国家社科基金重点项目平台向不同区域、不同行业类型的中小制造企业发放了问卷。运用 PLS-SEM 的方法,通过使用 SPSS 22.0 和 SmartPLS 3.0 统计分析软件对数据进行多项分析,检验本研究所提出的研究假设,并对相应的结果进行分析讨论。

第一节 偏最小二乘法结构方程模型 (PLS-SEM)

SEM 是一类在商业和社会科学中非常流行的统计技术。它能够对潜在变量进行建模,考虑各种形式的测量误差,有效将因子分析和回归分析相结合,使研究能够同时验证测量变量和潜在变量之间以及潜在变量与潜在变量之间的关系,并对整个理论进行测试,这使得它对于研究大量的问题非常有用。

虽然可以通过很多方法来建构 SEM,但 SEM 主要分为基于协方差的结构方程模型(Covariance - Based SEM,CB - SEM)和基于方差的结构方程模型(Variance-Based SEM,VB-SEM),目前应用最广泛的方法仍然是 CB-SEM。瑞典经济计量经济学家沃尔德(Wold)(1982)认为,传统使用的无论是基于因子的结构方程模型还是 CB-SEM,模型的成功建立都需要以严格的假设、合理的数据分布和适当的样本为前提,这种模型被标记为"硬模型"。

沃尔德(1974)最早提出 PLS,PLS 的核心是一系列交替最小二乘算法的结合,它们模拟和扩展了主成分分析和典型相关分析等方法。它可用于在低结构环境中分析高维数据,并经过了各种扩展和修改。PLS-SEM 被认为是一种成熟的结构方程模型,它可以同时处理构念测量的因子模型和复合模型,并进行模型拟合测试。

与 CB-SEM 相比，由于 PLS-SEM 是 VB-SEM，最初是为实现预测目的设计的，① 这种模型对样本量不太敏感，因此不必严格要求多元正态样本数据。② 约瑟夫·海尔（Joseph F. Hair）等总结了市场营销和战略管理学科顶级期刊上发表的关于 PLS-SEM 的研究，他们的分析表明，由于人们认识到 PLS-SEM 的独特方法学特征，并将其作为 CB-SEM 方法的替代方法，PLS-SEM 的使用频率自 1980 年以来呈指数增长，并且其增长速率自 2010 年开始进一步提升。③

现有文献中所描述的关于 PLS-SEM 的常见优点，主要包括即使在样本量很小、数据非正态分布或具有许多指标和模型关系的复杂模型被估计时，它也能进行分析。此外，PLS-SEM 可以同时处理反映型和形成型测量模型，以及单一题项的构念。因此，PLS-SEM 是一种通用性很强的研究方法，参数估计效率高，其统计能力强于 CB-SEM。

一些学者也强调了进行 PLS-SEM 所需的最小样本量要求。总的来说，一个结构模型的复杂程度会影响其对样本量大小的要求。由于 PL-SEM 使用 OLS 回归来估计模型的偏回归关系，因此，即使使用小样本，PLS-SEM 也会有较为准确的结果。此外，与 CB-SEM 相比，PLS-SEM 在模型结构复杂或样本量较小的情况下具有更高的统计能力。作为经验法则，样本大小应大于或等于构念（潜变量）的 10 倍，或者大于或等于结构模型中所涉及路径的 10 倍。本研究采用 SmartPLS 3.0 软件分析数据并对已建立的模型进行评估，主要包括测量模型（外部模型）和结构模型（内部模型）。

第二节 量表设计与形成

明确了验证我国中小制造企业"绿色化"驱动因素的模型和假设的方法后，需要遵循一定的原则和步骤，结合前人的研究成果和实地访谈资料对量表进行

---

① HAIR J F, HULT G T M, RINGLE C M, et al. A Primer on Partial Least Squares Structural Equation Modeling (PLS-SEM) [M]. 2nd ed. Los Angeles: SAGE Publications, Inc., 2017: 4.

② HENSELER J, HUBONA G, RAY P A. Using PLS Path Modeling in New Technology Research: Updated Guidelines [J]. Industrial Management & Data Systems, 2016, 116 (1): 2-20.

③ HAIR J F, HULT G T M, RINGLE C M, et al. A Primer on Partial Least Squares Structural Equation Modeling (PLS-SEM) [M]. Los Angeles: SAGE Publications, Inc., 2014: xii-xiii.

设计。在形成初始测量题项后还需进行小样本试测，以保证量表的有效性，根据试测结果再对量表进行进一步修正和完善。

一、量表设计原则与步骤

（一）量表设计原则

为了确保量表的信度和效度，多数研究者建议，在有条件的基础上，问卷设计最好是直接采用成熟量表，对研究能力还需进一步提升以及研究受众面较窄的学生来说，更应以此为参考，因为成熟量表的开发经过了实践和理论的反复推敲，并且也经过了大量研究的检验。[①] 但是，在沿用成熟量表的同时，也应当注意它带来的局限性。权变理论指出，没有任何一种战略适用于所有的环境，那么也没有任何一种量表可以适用于所有的研究。特别是在引用国外成熟量表时，更要谨慎使用，需要综合考虑制度差异、文化差异、语言差异等为量表使用带来的问题，这种情况下应当结合量表具体使用情境对量表进行一定的修正和改进，也需注意避免翻译带来的语义歧义。对于那些还不太成熟的量表，则需要自行开发。

本研究所涉及"绿色化"主题历来是学者们关注的焦点，因此也形成了一些较为成熟的量表。这些量表中的变量都经过了学者们的反复验证，如"技术创新""消费者需求""经济绩效""环境绩效"等，这些变量在多个领域都有成熟的量表。考虑到研究主题、制度、文化差异等，本研究将结合在已有成熟量表的基础上进行整合修改以及对少量无法借鉴前人成果的变量进行自行开发量表这两种形式，形成最新的研究调查问卷。

（二）量表设计步骤

本研究的问卷设计遵循以下 7 个步骤：明确要测量的内容，建立一个初始题项库，确认测量的方式，由专家评估初始题项库，在小范围内测度题项的信度和效度，再次评估并修正题项，形成一份完整的量表。

确认量表测量内容。量表所测量的内容是研究所涉及的变量，通常被称为构念。在第四章模型构建和假设建立的过程中，已经明确了本研究需要测度的内容，并通过理论推演界定了变量的含义和维度。

形成初始测量题项库。演绎法和归纳法是形成问卷测量题项的两种方法。演绎法是通过梳理现有文献，明晰相应构念的定义，以此提出测量题项；归纳

[①] 陈晓萍，徐淑英，樊景立. 组织与管理研究的实证方法 [M]. 2 版. 北京：北京大学出版社，2012：132-138.

法则是在定性研究的基础上对构念进行界定，并结合现有文献提出测量题项。本研究结合这两种方法，通过文献梳理和访谈的方式获取初始测量题项。

确认测量的方式。一般情况下，量表的测量条款标度都为基数，目前使用最多的为李克特五级量表和李克特七级量表。考虑到本研究题项所涉及的区分度不用划分到七级量表那么细致，并且为了方便问卷作答者填写，本研究的问卷设计采用了从"强烈不同意"到"强烈同意"的李克特五级量表的形式。

专家评估初始题项库。题库是在文献梳理和访谈过程中形成的，不能保证所有的题项都能被答题者理解，也无法确认所有题项都能够准确反映出构念的内容，因此需要请专家对题项库的内容效度进行评判。

小范围试测。因为问卷的题项是在结合已有量表和自行开发的基础上形成的，且整套问卷的构念和题项并不是完全来自同一份量表，而是对已有多份成熟量表的归纳和访谈记录的演绎，为了确保问卷的有效性，应该在发放大规模问卷之前，在小范围内试测信度和效度。

再次评估和修正题项。根据小样本的试测结果，对问卷的题项进行修正和精练。

形成最终量表。对不具代表性、不符合效度或具有多重共线性的题项进行移除后，形成最终问卷以供大规模调研使用。

二、形成测量题项

（一）形成初始测量题项库

本研究检索 Web of Science、ScienceDirect、Scopus、EBSCO、SpringerLink、中国知网等国内外数据库关于"绿色制造、环境制造、可持续制造、清洁生产的驱动因素（动力、动机）"相关研究成果，通过筛选使用量表分析的研究，挖掘出现有成熟量表。通过对不同的量表的使用制度、文化、行业背景进行比较，选择符合本研究主题且信度和效度表现良好并被广泛认可的量表，提取相关测量题项。

由于量表的题项大多来自国外成熟的研究量表，为避免语言差异造成的理解偏差，需要将英文题项精准翻译为中文。为了保证翻译结果的有效性，本研究采用回译法对量表进行翻译，即先将英文量表翻译成中文，再由双语研究者翻译成英文，并将翻译成英文的题项与原始题项进行对比，对于双重翻译中存在歧义的题项进行重新讨论，并转交给另一位双语研究者重复上述工作，直到形成意见一致的中文量表为止。

由于现有文献不能满足本研究涉及的构念，且能够使用的量表与本研究的研究对象不一致，因此需要进一步对我国中小制造企业管理者进行访谈，这样不仅能够获得与研究直接相关的资料，还能够加深对研究问题的了解。本研究选择了5名分属于资源密集型、资本技术密集型、劳动密集型的中小制造企业管理者作为访谈对象，通过面对面交谈的形式跟他们探讨与构念相关的问题。访谈之前，先向5位管理者介绍了本研究的目的，让他们对于访谈主题有基本的了解。为了不影响受访者的思路，本研究采用的是半结构访谈的方式。针对每一个构念都只是客观叙述，没有进行具体的界定，也没有刻意提出具有指向性的问题。访谈主要以"您如何看待……（构念）"，或"您公司目前在……（构念）的现状和预期"等开放型表达形式展开，访谈时间一般为25~35分钟。最后总结访谈纪要，通过演绎法提炼出测量题项，对现有成熟量表进行补充和修正。

本次问卷设计注重围绕研究主题编制测量题项，题项表述保持中立且不具有暗示性或倾向性。题项描述尽可能地避免专有学术名词，如若无法避免则单独标注解释该名词，保证题项浅显易懂，规避语义不清、模棱两可的表述，且内容不涉及政治问题、宗教信仰等敏感信息。

本研究主要涉及技术创新、技术引进、高层管理者承诺、员工参与、激励、规制、消费者需求、公众压力、绿色行为、经济绩效、环境绩效、资源绩效和社会绩效等13个变量。

1. 技术创新初始测量题项

关于技术创新的含义，不同研究领域有不同的含义。本研究的技术创新聚焦于中小制造企业绿色发展，因此，它更加接近于绿色技术创新。蔡和李将技术创新与企业绿色发展相结合，认为技术创新能够促进绿色发展的前提条件是，企业有资源、有能力开展技术创新活动，并且能获得有效的外部支持。[1] 在访谈过程中，中小制造企业的实际管理者强调不仅要考虑技术创新的可获得性，还需要考虑技术创新是否能够带来绿色效应，因为不是所有的技术创新都能够带来新的清洁技术或者生产工艺。综合考虑蔡和李的量表以及访谈内容，[2] 表5-1展示了技术创新的初始测量题项。

---

[1] CAI W G, LI G P. The Drivers of Eco-Innovation and Its Impact on Performance: Evidence from China [J]. Journal of Cleaner Production, 2018, 176: 110-118.

[2] CAI W G, LI G P. The Drivers of Eco-Innovation and Its Impact on Performance: Evidence from China [J]. Journal of Cleaner Production, 2018, 176: 110-118.

表 5-1 技术创新的初始测量题项

变量	编号	测量题项
技术创新	tin1	企业的绿色生产技术非常便利[a]
	tin2	企业很容易获得技术创新咨询服务（包括规划、评估和培训等方面）[a]
	tin3	企业具有一些成功的技术创新经验[a]
	tin4	企业拥有设计绿色产品所必需的资源[a]
	tin5	企业的研发团队有更成熟和强大的设计能力[a]
	tin6	清洁生产技术及其不断更新能够有效减少浪费并保护环境[b]

＊题项来源：[a]改编自蔡和李（2018）的研究成果；[b]根据访谈纪要添加。

2. 技术引进初始测量题项

张江雪将技术引进与我国工业绿色增长相结合，她将技术引进定义为一个国家或地区的企业、高等院校、科研机构通过有计划、有重点的方式从本国或其他国家、地区的企业、高等院校、科研机构获得先进技术的行为，技术引进也是我国中小制造企业获取清洁技术的主要来源。[①] 目前，尚无学者开发出关于制造企业绿色发展背景下技术引进的成熟量表。在相关文献梳理的基础上，结合访谈资料，本研究发现我国中小制造企业虽然依赖技术引进带来新的绿色生产技术，但是技术引进的渠道相对大企业来说仍然不畅，而且一些技术的引进成本相对高昂，超过了中小制造企业的承受范围。考虑到如果技术引进能够作为"绿色化"驱动因素，它应该较容易被中小制造企业所获取且中小制造企业也愿意购买，并且它能够切实带来环境保护、资源节约等效益。基于此，本研究自行开发了技术引进的初始测量题项，具体见表 5-2。

[①] 张江雪，蔡宁，毛建素，等. 自主创新、技术引进与中国工业绿色增长：基于行业异质性的实证研究 [J]. 科学学研究, 2015, 33 (2): 185-194, 271.

表 5-2 技术引进的初始测量题项

变量	编号	测量题项
技术引进	tim1	企业拥有引进具有节约资源、保护环境等特性技术的渠道和资源^a
	tim2	企业愿意为引进绿色技术付出一定的经济代价^a
	tim3	企业目前引进的先进技术有助于减少"三废"的产生并且节约资源、能源^a

*题项来源：^a根据访谈纪要添加。

3. 高层管理者承诺测量题项

企业实施相关行为是高层管理者意愿的体现。只有被高层管理者所认可，且获得他们在语言、决策、企业规章制度等方面支持的行为才能被长期、有效地实施。而高层管理者所做出的承诺也是他们价值观的体现。因此，高层管理者的承诺要作为中小制造企业"绿色化"驱动因素的首要前提，便是他们自身关心环境并且认为这是一项道德义务，愿意主动承担保护环境的社会责任。米拉斯·罗德里格斯等认为，除了在精神层面上的支持，高层管理者还需为他们所做出的承诺付诸行动，要制订相应的组织计划实现这一承诺。① 在访谈中，笔者也发现，中小制造企业由于组织结构比较扁平化、权力集中程度较高，高层管理者的思想能够很大程度上影响企业的运行方向，即企业是否实施相应的绿色行为是由高层管理者所决定。综上，结合米拉斯·罗德里格斯等的研究成果和访谈纪要，② 高层管理者承诺的初始测量题项如表 5-3 所示。

---

① MIRAS-RODRÍGUEZ M D M, MACHUCA J A D, ESCOBAR-PÉREZ B. Drivers That Encourage Environmental Practices in Manufacturing Plants: A Comparison of Cultural Environments [J]. Journal of Cleaner Production, 2018, 179: 690-703.

② MIRAS-RODRÍGUEZ M D M, MACHUCA J A D, ESCOBAR-PÉREZ B. Drivers That Encourage Environmental Practices in Manufacturing Plants: A Comparison of Cultural Environments [J]. Journal of Cleaner Production, 2018, 179: 690-703.

表 5-3　高层管理者承诺的初始测量题项

变量	编号	测量题项
高层管理者承诺	tmc1	企业的高层管理者或所有者以身作则关心环境[a]
	tmc2	企业的高层管理者或所有者制订自上而下的环保计划[a]
	tmc3	企业的高层管理者或所有者认为承担环境责任是一项道德义务[a]
	tmc4	企业的高层管理者或所有者认为环境责任是企业必须承担的社会责任中的一部分[a]
	tmc5	企业所进行的与环境保护、资源节约相关的生产经营活动的动机来源于高层管理者或所有者[b]

*题项来源：[a]改编自米拉斯·罗德里格斯等（2018）的研究成果；[b]根据访谈纪要添加。

4. 员工参与测量题项

员工是企业战略、战术和计划的实际执行者。与高层管理者一样，米拉斯·罗德里格斯等认为员工的价值观也是必须考量的因素，只有他们认可环保的价值观，他们才能够理解并承担企业的环境责任。[①] 领导参与理论也指出，让员工参与决策是一种理想的领导方式。同时，因为企业的绿色发展不单是一个理念，更是实操的体现，员工需具备处理环保问题的能力。尤索夫（Yusoff）等表明，只有让员工参与到企业关于绿色发展的决策制订过程中，才能够真正激发他们实施绿色行为的热情。[②] 访谈中也有管理者提及，不仅要让员工参与相关决策，更要向他们反馈他们的行为、态度对于企业的影响。综上，员工参与的初始测量题项如表 5-4 所示。

[①] MIRAS-RODRÍGUEZ M D M, MACHUCA J A D, ESCOBAR-PÉREZ B. Drivers That Encourage Environmental Practices in Manufacturing Plants: A Comparison of Cultural Environments [J]. Journal of Cleaner Production, 2018, 179: 690-703.

[②] YUSOFF R B M, IMRAN A, QURESHI M I, et al. Investigating the Relationship of Employee Empowerment and Sustainable Manufacturing Performance [J]. International Review of Management and Marketing, 2016, 6: 284-290.

<<< 第五章 我国中小制造企业"绿色化"驱动因素模型实证分析

表 5-4 员工参与的初始测量题项

变量	编号	测量题项
员工参与	ee1	员工关心并保护环境[a]
	ee2	员工认为他们应该分担企业的环境责任[a]
	ee3	员工有能力解决与环保相关的问题[a]
	ee4	员工具有做正确事情的个人愿望[a]
	ee5	员工有渠道参与企业与环保相关的决策制订[b]
	ee6	员工相信他们对待环境的态度和行为能够影响企业对待环境的态度或行为[c]

*题项来源:[a]改编自米拉斯·罗德里格斯等（2018）的研究成果;[b]改编自尤索夫等（2016）;[c]根据访谈纪要添加。

5. 规制测量题项

环境资源具有公共物品的特性，如果不对其进行干预就会导致"公地悲剧"，政府实施的环境规制是一项强有力的干预措施。加登（Gadenne）等[①]认为，如果政府制定具体的环境法律法规，企业就会面临强制性压力，从而实施相应的环保行为。亚乌兹·阿甘[②]进一步提出，只有当那些环境法规影响到企业的主营业务时，企业才会更多地关注环境法规。同时，现行法律法规的系统完善性以及执行力度的强弱也是影响企业绿色动机的重要因素。米拉斯·罗德里格斯等[③]认为不仅应该考虑现行法律规制因素，企业对未来法律颁布及执行的预期也不能够被忽略。访谈中企业实际经营者也提到，当他们意识到违反相关政策法规会造成经济损失时，他们会主动实施并寻求满足政府要求的经营生产活动。综合考虑以上因素，规制的初始测量题项如表 5-5 所示。

[①] GADENNE D, KENNEDY J, MCKEIVER C. An Empirical Study of Environmental Awareness and Practices in SMEs [J]. Journal of Business Ethics, 2009, 84 (1): 45-63.
[②] AGAN Y, ACAR M F, BORODIN A. Drivers of Environmental Processes and Their Impact on Performance: A Study of Turkish SMEs [J]. Journal of Cleaner Production, 2013: 23-33.
[③] MIRAS-RODRÍGUEZ M D M, MACHUCA J A D, ESCOBAR-PÉREZ B. Drivers That Encourage Environmental Practices in Manufacturing Plants: A Comparison of Cultural Environments [J]. Journal of Cleaner Production, 2018, 179: 690-703.

表 5-5　规制的初始测量题项

变量	编号	测量题项
规制	pr1	政府制定和企业相关的环境法规能促使企业实施绿色行为[a,b]
	pr2	环境法律规制会对企业的业务产生影响[b]
	pr3	企业密切关注环境法规[b]
	pr4	目前实施的环境法规是完善且系统的[b]
	pr5	目前环境法规的执行力度是严苛的[b]
	pr6	预期未来会颁布、实施更加全面和严厉的环境法规[c]
	pr7	为了避免违反环境法规而造成损失，企业愿意实施绿色行为[d]

*题项来源：[a]改编自加登等（2009）的研究成果；[b]改编自亚乌兹·阿甘（2013）；[c]改编自米拉斯·罗德里格斯等（2018）的研究成果；[d]根据访谈纪要添加。

6. 激励测量题项

对企业的环保行为以经济激励的形式进行处理是避免由严格的环境法规带来威胁的刚性问题的有效途径之一。政府因奖励实施绿色行为的企业而产生的成本在短期可能低于因实施严格的法律规制带来的监管成本。[①] 因此，政府倡导企业进行绿色转型，并为企业运用相应的清洁技术、实施的绿色流程提供税收减免或定向投资补贴等政策，可以激发企业的绿色动机。[②] 关于激励这一措施，中小制造企业的管理者有一些不同的看法，他们表示如果政府给予的优惠政策不够明朗或力度不大，他们也没有勇气轻易采取绿色行为，因为实施绿色行为的成本相对高昂，即使出台了相关优惠政策也可能无法实现收支平衡。同时他们也指出，如果企业在前期一直注重环保这方面的工作，或者同时面临强制性的政策要求，政府给予的激励措施无疑是"雪中送炭"，能够帮助他们更好地进行绿色转型。因此，本研究整理的关于激励的初始测量题项如表 5-6 所示。

[①] XEPAPADEAS A, DE Z A. Environmental Policy and Competitiveness: The Porter Hypothesis and the Composition of Capital [J]. Journal of Environmental Economics and Management, 1999, 37 (2): 165-182.

[②] CAI W G, LI G P. The Drivers of Eco-Innovation and Its Impact on Performance: Evidence from China [J]. Journal of Cleaner Production, 2018, 176 (Supplement C): 110-118.

表 5-6 激励的初始测量题项

变量	编号	测量题项
激励	pi1	政府倡导企业实施绿色环保行为[a]
	pi2	政府为实施绿色行为的企业提供税收优惠政策[a]
	pi3	政府为实施绿色行为的企业提供优惠补贴[a]
	pi4	企业为了获取由于满足政府环保要求而产生的补贴或税收优惠而实施绿色行为[b]

*题项来源：[a]改编自蔡和李（2018）的研究成果；[b]根据访谈纪要添加。

7. 消费者需求测量题项

随着近年来公众对于环境问题关注度的不断提升，消费者对于产品的需求和偏好也逐渐改变。对中小制造企业的管理者的访谈证实了这一观点，他们指出，近几年我国空气质量的严重下降、资源枯竭等问题的出现，直接影响了消费者的日常生活，因此消费者对于环境问题有了空前明确的认知，这也促使消费者在进行产品购买的时候更倾向于选择那些环境绩效较好的企业。[①] 由于消费者意识到环境问题的重要性，企业为了确保市场份额就必须满足消费者的环保诉求；这间接督促企业要在环保方面有所作为，并且如果企业能够满足消费者对于环境方面的要求，他们愿意支付更高的价格去补偿企业的绿色行为。[②] 特别是一位来自家居建材的中小企业管理者，他强调消费者为了保障自身及家人的健康，在进行家具、涂料等材料选择时明确指出要使用环保材料，尽最大可能降低室内甲醛含量。综合考虑前人研究成果以及访谈纪要，消费者需求的初始测量题项如表 5-7 所示。

[①] MIRAS-RODRÍGUEZ M D M, MACHUCA J A D, ESCOBAR-PÉREZ B. Drivers That Encourage Environmental Practices in Manufacturing Plants: A Comparison of Cultural Environments [J]. Journal of Cleaner Production, 2018 (179): 690-703.

[②] AGAN Y, ACAR M F, BORODIN A. Drivers of Environmental Processes and Their Impact on Performance: A Study of Turkish SMEs [J]. Journal of Cleaner Production, 2013 (51): 23-33.

表 5-7 消费者需求的初始测量题项

变量	编号	测量题项
消费者需求	cd1	消费者对环境问题有明确的要求[a]
	cd2	对环境问题有需求的消费者会在经济上支持企业[a]
	cd3	消费者对环境问题有清晰的认知[b,c]
	cd4	消费者在制订消费决策时会优先考虑承担环境责任的企业[b]
	cd5	消费者相信保护环境是重要的且与自身是息息相关的[c]
	cd6	消费者对于绿色产品和环保企业的需求会促使企业实施绿色行为[a,c]

* 题项来源：[a] 改编自亚乌兹·阿甘（2013）的研究成果；[b] 改编自米拉斯·罗德里格斯等（2018）的研究成果；[c] 根据访谈纪要添加。

8. 公众压力测量题项

近年来，我国在环境治理方面取得了明显的进步，党的十九大也明确提出我国要构建以政府为主导、企业为主体、社会组织和公众共同参与的环境治理体系，因此公众和非政府组织被赋予了针对污染者的生态环境侵权民事诉讼的权利。由于我国媒体、社区和非政府组织的数量不断扩大、功能不断完善，朱和耿指出当企业感知到他们所处行业受媒体或社区关注且媒体在意环境问题时，他们会迫于规范压力而实施绿色行为。[①] 中小制造企业管理者表示，由于我国公众使用社交媒体的渠道较广，媒体便充当了公众发出环保声音的媒介这一角色。对企业生产运营行为不满的社区和非政府组织也会向媒体发出诉求，以此要求企业积极承担环境责任。也正是因为"微博""朋友圈""知乎"等社交媒体的普及，若企业不遵循相关环保要求，则会被曝光于公众视野之中，舆论压力会促使企业积极实施绿色行为。综合考虑以上因素，公众压力的初始测量题项如表 5-8 所示。

[①] ZHU Q, GENG Y. Drivers and Barriers of Extended Supply Chain Practices for Energy Saving and Emission Reduction among Chinese Manufacturers [J]. Journal of Cleaner Production, 2013, 40: 6-12.

表 5-8 公众压力的初始测量题项

变量	编号	测量题项
公众压力	pp1	媒体和社区密切关注企业所处行业[a]
	pp2	媒体等非政府组织认为环境问题至关重要[a]
	pp3	媒体等非政府组织明确要求企业的生产运营行为有利于保护环境、节约资源[b]
	pp4	为了避免和消除社会舆论带来的负面影响，企业愿意积极承担环境责任[b]

*题项来源：[a] 改编自朱和耿（2013）的研究成果；[b] 根据访谈纪要添加。

9. 绿色行为测量题项

企业的绿色行为可以从管理和运营两个视角进行考量。本研究基于运营视角，并结合产品生命周期理论界定企业的绿色行为。亚乌兹·阿甘指出，企业首先需要设计满足环保要求的业务流程，就这些要求开展相应的研发活动，在实际生产过程中要选择安全、环保、可降解的原材料，生产过程也需遵守"减量化"的原则。[1] 在生产过程中，废气、废水、固体废物的排放也是不可忽略的问题，企业不仅要控制"三废"的产生量，也要对无法避免的"三废"进行积极的处理。[2] 中小制造企业的管理者也指出，为了实现绿色发展，对于生产过程中产生的报废产品也需进行相应的内部回收再利用。在有条件的情况下，他们也愿意回收市场中终止产品生命周期的产品，但是这需要企业开发相应的回收工艺。[3] 综上，我国中小制造企业的绿色行为从产品的设计，到原材料的选择，再到产品的制造过程，最后到产品的处置都要实现环境友好、资源节约等目标，初始测量题项见表 5-9。

---

[1] AGAN Y, ACAR M F, BORODIN A. Drivers of Environmental Processes and Their Impact on Performance: A Study of Turkish SMEs [J]. Journal of Cleaner Production, 2013: 23-33.

[2] RUSINKO C A. Green Manufacturing: An Evaluation of Environmentally Sustainable Manufacturing Practices and Their Impact on Competitive Outcomes [J]. Ieee Transactions on Engineering Management, 2007, 54 (3): 445-454.

[3] AGAN Y, ACAR M F, BORODIN A. Drivers of Environmental Processes and Their Impact on Performance: A Study of Turkish SMEs [J]. Journal of Cleaner Production, 2013 (51): 23-33.

表 5-9 绿色行为的初始测量题项

变量	编号	测量题项
绿色行为	gp1	企业在进行产品设计时将环保因素考虑在内^c
	gp2	企业设计环保的业务流程^a
	gp3	企业就环保问题进行研发^a
	gp4	企业选择无污染、无毒、有利于分解回收的原材料进行生产^a
	gp5	企业在生产过程中尽可能减少原材料和能源的使用量^a
	gp6	企业控制生产过程中"三废"的产生^b
	gp7	企业积极主动地处理"三废"^{b}
	gp8	企业注重内部回收再利用^c
	gp9	企业开发回收工艺^a

*题项来源：^{a}改编自亚乌兹·阿甘（2013）的研究成果；^{b}改编自鲁辛科（2007）的研究成果；^{c}根据访谈纪要添加。

10. 经济绩效测量题项

本研究提及的经济绩效是中小制造企业因实施绿色行为而带来的经济资本的增长，主要包括企业能获得的长期收益、短期收益这些直接财务指标，以及增长的市场份额、良好的公司形象这些间接促进企业获取经济利润的指标。[1] 除了获取正向的财务增长，减少负向的财务损失也能够为企业带来经济效益，包括废物处理、环境事故处理等费用的减少。[2] 因此，经济绩效的初始测量题项如表 5-10 所示。

---

[1] AGAN Y, ACAR M F, BORODIN A. Drivers of Environmental Processes and Their Impact on Performance：A Study of Turkish SMEs [J]. Journal of Cleaner Production, 2013（51）: 23-33.

[2] CAI W G, LI G P. The Drivers of Eco-Innovation and Its Impact on Performance：Evidence from China [J]. Journal of Cleaner Production, 2018, 176（Supplement C）: 110-118.

表 5-10 经济绩效的初始测量题项

变量	编号	测量题项
经济绩效	econp1	企业实施绿色行为有助于获取长期收益[a]
	econp2	企业实施绿色行为有助于获取短期收益[a]
	econp3	企业实施绿色行为有助于获取市场份额[a]
	econp4	企业实施绿色行为有助于提升公司形象[a]
	econp5	企业实施绿色行为有助于减少废物处理的费用[b]
	econp6	企业实施绿色行为有助于减少环境事故的发生[b]

*题项来源：[a] 改编自亚乌兹·阿甘（2013）的研究成果；[b] 改编自蔡和李（2018）的研究成果。

11. 环境绩效测量题项

本研究提及的环境绩效是中小制造企业因实施绿色行为而降低对自然环境影响的程度。目前，制造企业造成环境污染的主要根源是废气、废水、固体废物的排放，企业实施绿色行为无论是从根源减少"三废"的排放，还是对"三废"进行末端控制，都降低了"三废"的总产生量。对于有毒、有害或不可降解原材料的使用也在一定程度上增加了自然环境的负担，企业的绿色行为要求企业在原材料选取的时候避免使用这些物资，这样就减少了对环境的负面影响。同时，绿色行为的实施使得企业的生产运营活动满足环保要求，大大降低了环境污染事故发生的可能性，这是对自然环境的另一种保护。蔡和李还表明，由于企业实施绿色行为需要相关技术的支撑，因此可能会催生一些与环保相关的专利，促使更多的企业有条件进行绿色发展。[①] 鉴于以上原因，本研究构建了环境绩效的初始测量题项，具体如表 5-11 所示。

---

① CAI W G, LI G P. The Drivers of Eco-Innovation and Its Impact on Performance: Evidence from China [J]. Journal of Cleaner Production, 2018, 176: 110-118.

表 5-11　环境绩效的初始测量题项

变量	编号	测量题项
环境绩效	envp1	企业实施绿色行为有助于减少废气、废水、固体废物的排放"
	envp2	企业实施绿色行为有助于减少有毒、有害、不可降解原材料的消耗"
	envp3	企业实施绿色行为有助于减少环境事故的发生"
	envp4	企业实施绿色行为有助于增加与保护环境相关的专利"

*题项来源:"改编自蔡和李（2018）的研究成果。

12. 资源绩效测量题项

本研究提及的资源绩效是中小制造企业因实施绿色行为而减少资源消耗的程度。一些学者将绿色制造与精益生产进行了对比分析，发现两者有很大的重叠部分，也就是说，企业实施绿色制造能够在一定程度上实现"零浪费"。关于这一观点，中小制造企业管理者也表示，企业要真正实施绿色行为必须要有清洁技术或高效生产工艺的支撑，这些新技术或工艺能够提高资源的利用效率，保证能源的充分转换从而减少废料的产生，因此生产同等数量的产品可以投入更少的原材料。综上，资源绩效的初始测量题项如表 5-12 所示。

表 5-12　资源绩效的初始测量题项

变量	编号	测量题项
资源绩效	rp1	企业实施绿色行为有助于减少原材料和能源的投入量"
	rp2	企业实施绿色行为有助于提高资源利用效率"

*题项来源:"根据访谈纪要添加。

13. 社会绩效测量题项

本研究提及的社会绩效是中小制造企业因实施绿色行为而为社会创造的福祉。绿色行为要求企业要选择无毒、无害的原材料进行生产，这在一定程度上保障了员工的健康，并且企业的绿色实践也降低了环境事故发生的概率，从而能够保障企业所处社区的安全。目前，我国经济发展进入了新时代，习近平总书记提出要正确处理绿水青山与金山银山的关系，把绿水青山转化为金山银山，因此企业的绿色发展能够推动经济的高质量发展。同时，企业的绿色行为也需要上下游产业链的支持，如垃圾处理、污水处理等相关行业，这会直接或间接地创造更多就业机会。访谈中管理者们也提到，如果企业不采取绿色实践，有时甚至会为所处社区带来负面效应。综上，社会绩效的初始题项见表 5-13。

表 5-13　社会绩效的初始测量题项

变量	编号	测量题项
社会绩效	sp1	企业实施绿色行为有助于保障员工的健康与安全[a]
	sp2	企业实施绿色行为有助于保障所在社区的健康与安全[a]
	sp3	企业实施绿色行为有助于推动经济发展[a]
	sp4	企业实施绿色行为有助于创造就业机会[a]
	sp5	企业实施绿色行为有助于减少或避免产品生产和使用导致的不利于当地社区的负面影响[b]

*题项来源:[a]改编自乔瓦尼（Giovanni）（2012）的研究成果;[b]根据访谈纪要添加。

（二）测量题项专家评估

在形成初始测量题项库的基础上，还要确保这些题项的内容效度。所谓内容效度，是指测量题项能够准确反映评价内容的程度。为了保证初始测量题项的内容效度，本研究采取了专家判断法。本研究先后邀请了6位专家对测量题项进行评估，其中3位来自高校从事相关领域研究的学者，1位来自绿色发展促进会，剩余2位则是中小制造企业管理者。在向6位专家说明本研究的主题、相关构念的含义以及评判标准后，请他们对初始题项的相关性、明确性和重点性进行判断。相关性是指测量题项是否符合对构念的定义和描述；明确性是指测量题项是否容易理解；重点性是指测量题项是否抓住了构念的重点，而不是简单笼统的概括。每个评判准则分为好、不好和不确定三个标准。

根据专家评判结果，因题项没有抓住构念重点、测量内容不具体，删除了tin1、pr1、pr2、pi1、pp1和econp4这几个题项；因题项描述内容不明确，剔除了ee4、envp3和envp4；因题项描述内容无法予以确切的判断，剔除了tin3、cd2和sp2。另外，因为cd1和cd3表述意思相似，剔除了cd1；因gp8与gp9测量内容相似，剔除了gp9；gp2、gp3因与gp1描述内容相似被剔除。根据专家意见将tin4中资源进一步明确为人力、物力和财力资源。最终得出量表，如表5-14所示。

表 5-14 我国中小制造企业"绿色化"驱动模型构念及题项

技术创新（赛斯等，2018；蔡和李，2018）
TIN1：企业容易获得技术创新的资源（人力、物力、财力等）
TIN2：企业的研发团队有强大且成熟的设计与创新能力
TIN3：企业拥有设计绿色产品的必要资源
TIN4：清洁生产技术及其不断更新能够有效减少浪费并保护环境
技术引进
TIM1：企业拥有引进具有节约资源、保护环境等特性技术的渠道和资源
TIM2：企业愿意为引进绿色技术付出一定的经济代价
TIM3：企业目前引进的先进技术有助于减少"三废"的产生并且节约资源、能源
高层管理承诺（米拉斯·罗德里格斯等，2018）
TMC1：企业的高层管理者或所有者认为承担环境责任是一项道德义务
TMC2：企业的高层管理者或所有者认为环境责任是企业必须承担的社会责任中的一部分
TMC3：企业所进行的与环境保护、资源节约相关的生产经营活动的动机来源于高层管理者或所有者
员工参与（尤索夫等，2016；米拉斯·罗德里格斯等，2018）
EE1：员工关心并愿意保护环境
EE2：员工认为他们应该分担企业的环境责任
EE3：员工有能力解决与环保相关的问题
EE4：员工有渠道参与企业与环保相关的决策制订
EE5：员工相信他们对待环境的态度和行为能够影响企业对待环境的态度或行为
激励（蔡和李，2018）
PI1：政府为实施绿色行为（绿色创新、绿色制造等）的企业提供税收优惠政策
PI2：政府为实施绿色行为（绿色创新、绿色制造等）的企业提供优惠补贴
PI3：企业为了获取由于满足政府环保要求而产生的补贴或税收优惠而实施绿色行为
规制（加登等，2009）
PR1：目前实施的环境法规是完善且系统的
PR2：目前环境法规的执行力度是严苛的
PR3：预期未来会颁布、实施更加全面和严厉的环境法规
PR4：为了避免违反环境法规而造成的损失，企业愿意实施绿色行为

续表

消费者需求（米拉斯·罗德里格斯等，2018；亚乌兹·阿甘，2013）	
CD1：消费者对于环境问题具有清晰的认知	
CD2：消费者相信保护环境是重要的且与自身是息息相关的	
CD3：消费者在制订消费决策时会优先考虑承担环境责任的企业	
CD4：消费者对于绿色产品和环保企业的需求会促使企业实施绿色行为	
公众压力（朱和耿，2013）	
PP1：媒体等非政府组织认为环境问题至关重要	
PP2：媒体等非政府组织明确要求企业的生产运营行为有利于保护环境、节约资源	
PP3：为了避免和消除社会舆论带来的负面影响，企业愿意积极承担环境责任	
绿色行为（鲁辛科，2007；亚乌兹·阿甘，2013）	
GP1：企业在进行产品设计时将环保因素考虑在内	
GP2：企业选择无污染、无毒、有利于分解回收的原材料进行生产	
GP3：企业在生产过程中尽可能减少原材料和能源的使用量	
GP4：企业控制生产过程中"三废"的产生	
GP5：企业积极主动地处理"三废"	
GP6：企业注重内部回收再利用	
经济绩效（亚乌兹·阿甘，2013；蔡和李，2018）	
EconP1：企业实施绿色行为有助于获取长期收益	
EconP2：企业实施绿色行为有助于获取短期收益	
EconP3：企业实施绿色行为有助于获取市场份额	
EconP4：企业实施绿色行为有助于减少废物处理的费用	
EconP5：企业实施绿色行为有助于减少环境事故的发生	
环境绩效（蔡和李，2018）	
EnvP1：企业实施绿色行为有助于减少废气、废水、固体废物的排放	
EnvP2：企业实施绿色行为有助于减少有毒、有害、不可降解原材料的消耗	
资源绩效	
RP1：企业实施绿色行为有助于减少原材料和能源的投入量	
RP2：企业实施绿色行为有助于提高资源利用效率	
社会绩效（乔瓦尼，2012）	
SP1：企业实施绿色行为有助于保障员工的健康与安全	

续表

| SP2：企业实施绿色行为有助于推动经济发展 |
| SP3：企业实施绿色行为有助于创造就业机会 |
| SP4：企业实施绿色行为有助于减少和避免产品生产和使用导致的不利于当地社区的负面影响 |

三、小样本试测及量表修正

虽然专家评估在一定程度上保证了测量题项的内容效度，但是由于测量题项不止来源于成熟量表，且有一部分题项是本研究自行开发的。因此，在大规模发放问卷前，应在较小的群体中对题项进行相关的检验，以确保测量题项的准确性及适用性。

小样本测试问卷全部通过问卷星进行发放，问卷发放至收集时间为期半个月。小样本试测总共回收问卷219份，剔除掉题项答案呈现规律性（规律性排列位1、2、3、4、5）、填写时间少于180秒以及企业规模不符合的问卷共24份，最后剩余有效问卷195份。

（一）小样本描述性统计

表5-15展示了小样本的人口统计特征信息。受访者有149人从事管理工作，即有高达76.41%的受访者对"绿色化"驱动因素有比较全局的把握。工作超过3年的受访者占比81.03%，他们熟知自己工作的领域，能对题项有正确的认知。只有21个受访者没有接受过高等教育，且男性占比71.28%。以上受访者的信息能够保证本次小样本问卷调查的质量。

表5-15 小样本人口统计特征信息（$N=195$）

统计内容	内容分类	频数	百分比（%）
职位	董事长或CEO	38	19.49
	部门经理	59	30.26
	一线管理人员	52	26.67
	一线工作人员	46	23.59
工作年限	0~3年（不含3年）	37	18.97
	3~5年（不含5年）	52	26.67
	5~10年（不含10年）	70	35.90
	10年及以上	36	18.46

续表

统计内容	内容分类	频数	百分比（%）
教育背景	研究生	44	22.56
	本科生	87	44.62
	大专生	43	22.05
	中学文化	12	6.15
	小学文化	9	4.62
	未受教育	0	0
性别	男	139	71.28
	女	56	28.72

从表5-16可以看出，小样本调查的企业涵盖了资本技术密集型、劳动密集型和资源密集型三种行业类型的制造企业，且企业的规模也包括小型制造企业和中型制造企业。从企业的统计信息可以看出小样本的数据基本符合本研究对企业分布的要求。

表5-16 小样本企业统计特征信息（$N=195$）

统计内容	内容分类	频数	百分比（%）
行业类型	资本技术密集型	52	26.67
	劳动密集型	78	40.00
	资源密集型	65	33.33
企业规模	20（含）~300人	134	68.72
	300（含）~1000人	61	31.28

小样本各变量的均值、标准差、方差、偏度和峰度的统计量见表5-17。从表5-17可以看出，各测量题项偏度统计量绝对值最大为1.327，峰度统计量绝对值最大为2.785。克莱因（Kline）指出，当样本偏度统计量绝对值小于3，峰度绝对值小于10时，样本数据服从正态分布。[①] 但也有学者表明，样本的偏度绝对值应该在1以内，峰度绝对值在3以内。综上，小样本的数据虽然不完全符合标准正态分布，但是由于PLS-SEM的方法对数据的正态分布并没有严格要

[①] KLINE R B. Principles and Practice of Structural Equation Modeling, Third Edition [M]. New York：The Guilford Press, 2011：51-68.

求，所以小样本数据仍可以继续用于下一步分析。

表 5-17 小样本变量统计信息

题项	平均值统计量	标准差统计量	方差统计量	偏度统计量	偏度标准误差	峰度统计量	峰度标准误差
TIN1	2.62	0.979	0.958	0.424	0.174	-0.146	0.346
TIN2	3.42	0.918	0.842	-0.071	0.174	-0.321	0.346
TIN3	3.08	0.941	0.886	0.070	0.174	-0.801	0.346
TIN4	3.96	0.805	0.648	-0.764	0.174	0.807	0.346
TIM1	3.47	0.915	0.838	-0.247	0.174	-0.477	0.346
TIM2	3.35	0.898	0.806	-0.272	0.174	-0.034	0.346
TIM3	4.01	0.849	0.722	-0.835	0.174	0.874	0.346
TMC1	4.14	0.504	0.254	0.245	0.174	0.575	0.346
TMC2	4.01	0.743	0.552	-0.237	0.174	-0.541	0.346
TMC3	3.96	0.672	0.452	-0.261	0.174	0.093	0.346
EE1	3.43	0.872	0.761	-0.052	0.174	-0.484	0.346
EE2	3.46	1.011	1.023	-0.227	0.174	-0.398	0.346
EE3	3.07	0.903	0.815	-0.132	0.174	-0.040	0.346
EE4	3.15	0.997	0.993	0.076	0.174	-0.488	0.346
EE5	3.26	0.972	0.944	-0.569	0.174	-0.055	0.346
PI1	4.02	0.891	0.793	-0.615	0.174	-0.171	0.346
PI2	4.04	0.818	0.668	-0.648	0.174	0.331	0.346
PI3	3.93	0.722	0.521	-0.723	0.174	1.424	0.346
PR1	3.07	0.966	0.933	-0.145	0.174	-0.166	0.346
PR2	3.87	0.814	0.663	-0.735	0.174	0.655	0.346
PR3	4.28	0.751	0.564	-1.327	0.174	2.785	0.346
PR4	4.04	0.724	0.524	-0.556	0.174	0.895	0.346
CD1	3.52	0.821	0.674	-0.425	0.174	0.376	0.346
CD2	3.65	0.886	0.785	-0.422	0.174	0.122	0.346
CD3	3.50	0.887	0.787	-0.723	0.174	0.531	0.346
CD4	3.90	0.770	0.594	-0.719	0.174	0.964	0.346

续表

题项	平均值统计量	标准差统计量	方差统计量	偏度统计量	偏度标准误差	峰度统计量	峰度标准误差
PP1	3.99	0.859	0.737	-0.731	0.174	0.566	0.346
PP2	3.94	0.807	0.651	-0.610	0.174	0.444	0.346
PP3	3.79	0.766	0.587	-0.745	0.174	0.911	0.346
GP1	3.83	0.746	0.557	-0.607	0.174	0.865	0.346
GP2	3.90	0.825	0.680	-0.754	0.174	0.635	0.346
GP3	3.99	0.677	0.459	-0.497	0.174	1.308	0.346
GP4	4.02	0.766	0.587	-0.799	0.174	1.199	0.346
GP5	3.86	0.867	0.752	-0.675	0.174	0.439	0.346
GP6	3.94	0.841	0.708	-0.880	0.174	0.799	0.346
EconP1	3.71	0.793	0.628	-0.317	0.174	0.096	0.346
EconP2	3.15	0.949	0.900	-0.046	0.174	-0.344	0.346
EconP3	3.54	0.838	0.703	-0.298	0.174	0.272	0.346
EconP4	3.80	0.715	0.511	-0.369	0.174	0.657	0.346
EconP5	3.95	0.652	0.426	-0.629	0.174	1.992	0.346
EnvP1	4.02	0.760	0.577	-0.890	0.174	1.520	0.346
EnvP2	4.02	0.763	0.582	-1.011	0.174	1.817	0.346
RP1	3.93	0.809	0.655	-0.812	0.174	0.878	0.346
RP2	3.97	0.759	0.576	-0.734	0.174	1.110	0.346
SP1	4.06	0.777	0.604	-1.171	0.174	2.153	0.346
SP2	3.86	0.673	0.454	-0.538	0.174	1.372	0.346
SP3	3.74	0.743	0.552	-0.384	0.174	0.469	0.346
SP4	3.95	0.734	0.539	-0.717	0.174	1.300	0.346
有效样本量	195						

（二）小样本检验

在明确小样本数据满足继续分析的条件后，还需运用相关分析工具对测量题项进行修正，以保证量表的有效性。传统使用 CB-SEM 方法进行小样本试测，主要运用探索性因子分析对变量及构念的关系进行初步判断分析，并进行 CITC 分析和内部一致性信度检验。本研究采取的是 PLS-SEM 的分析方法，小样本试测主要是对测量模型进行相关分析，测量信度和效度。

表 5-18 展现出了测量题项的信度。从表中可以看出，所有构念的 Cronbach's α 值、rho_A 和组合信度都大于可接受的阈值 0.7，表明所有量表具有良好的信度。

表 5-18 小样本信度分析

构念	Cronbach's α	rho_A	组合信度
CD	0.785	0.828	0.852
EE	0.874	0.909	0.906
EconP	0.775	0.840	0.846
EnvP	0.941	0.956	0.971
GP	0.923	0.930	0.940
PI	0.846	0.856	0.908
PP	0.799	0.800	0.882
PR	0.773	0.797	0.867
RP	0.830	0.832	0.922
SP	0.805	0.830	0.871
TIM	0.702	0.710	0.834
TIN	0.738	0.817	0.814
TMC	0.723	0.725	0.791

表 5-19 描述了小样本的因子交叉载荷系数，从表中可以看出，EconP2、PR1 和 TIN3 的因子载荷分别为 0.411、0.511 和 0.588，低于可接受临界值 0.7。故 EconP2 和 PR1 两个题项被删除。但是，考虑技术创新对资源密集型和劳动密集型的影响作用并不显著，TIN3 的因子载荷可能会受行业类型的影响，因此，虽然其值低于 0.7，但依然保留这一题项。

多重共线性的检验一般使用方差膨胀因子（VIF）。约瑟夫·海尔认为 VIF

应该低于 5，才能表明测量题项之间不存在多重共线性的关系，[①] 从表 5-19 中可以看到各题项的 VIF 系数最高值为 4.763，在门槛值范围之内。

删除 EconP2 和 PR1 两个题项后，对小样本进行收敛效度和区分效度的评估，见表 5-20。一般用平均方差提取量（AVE）评判构念的收敛性。从表 5-20 可以看出，每个构念的 VIF 都超过了可接受的阈值 0.5，该构念能够解释超过 50% 的项目方差，这表明了构念的收敛有效性[②]。区分效度遵循的是福内尔·拉克（Fornell-Larcker）标准，即构面平均萃取变异量的平方根 $\sqrt{AVE}$ 是否大于该构面与其他构面的相关系数 $CORR_{y_i y_i}$，这种考量方式的内在逻辑相较于其他构面，与其下辖的指标分享了更多的变异。表 5-20 可以发现每个构念的 $\sqrt{AVE}$ 均大于 $CORR_{y_i y_i}$，展现了良好的区分效度。

（三）量表修正

根据对小样本的信度分析，明确了该样本数据满足要求可以用于完善量表。

[①] HAIR J F, JR., HULT G T M, RINGLE C M, et al. A Primer on Partial Least Squares Structural Equation Modeling (PLS-SEM) [M]. Los Angeles: SAGE Publications, Inc., 2014: 125.
[②] HENSELER J, HUBONA G, RAY P A. Using PLS Path Modeling in New Technology Research: Updated Guidelines [J]. Industrial Management & Data Systems, 2016, 116: 2-20.

表 5-19　小样本因子交叉载荷及方差膨胀系数

	CD	EE	EconP	EnvP	GP	PI	PP	PR	RP	SP	TIM	TIN	TMC	VIF
CD1	0.772	0.584	0.340	0.253	0.252	0.263	0.300	0.418	0.296	0.348	0.411	0.295	0.365	2.104
CD2	0.792	0.504	0.257	0.274	0.305	0.215	0.233	0.445	0.257	0.281	0.351	0.150	0.403	2.139
CD3	0.746	0.620	0.263	0.284	0.254	0.296	0.259	0.387	0.317	0.285	0.394	0.269	0.367	1.704
CD4	0.763	0.420	0.581	0.512	0.489	0.529	0.455	0.601	0.531	0.515	0.593	0.457	0.481	1.182
EE1	0.565	0.852	0.327	0.310	0.423	0.319	0.379	0.518	0.357	0.475	0.411	0.284	0.441	2.502
EE2	0.654	0.856	0.386	0.413	0.404	0.381	0.263	0.557	0.405	0.466	0.533	0.295	0.501	2.513
EE3	0.446	0.751	0.305	0.255	0.260	0.199	0.215	0.270	0.340	0.204	0.496	0.410	0.280	2.046
EE4	0.469	0.796	0.251	0.160	0.239	0.194	0.218	0.315	0.296	0.278	0.444	0.327	0.414	2.569
EE5	0.509	0.798	0.371	0.305	0.267	0.261	0.305	0.334	0.469	0.362	0.591	0.403	0.444	2.284
EconP1	0.372	0.217	0.784	0.482	0.399	0.338	0.492	0.392	0.597	0.565	0.432	0.357	0.279	1.879
EconP2	0.140	0.187	0.411	0.039	0.067	0.139	0.382	0.198	0.292	0.262	0.233	0.304	0.247	1.482
EconP3	0.418	0.417	0.769	0.381	0.395	0.331	0.530	0.425	0.589	0.552	0.535	0.464	0.418	1.985
EconP4	0.335	0.266	0.714	0.457	0.323	0.426	0.358	0.386	0.611	0.478	0.422	0.376	0.323	1.725
EconP5	0.432	0.330	0.783	0.739	0.704	0.533	0.314	0.536	0.605	0.631	0.481	0.123	0.350	1.295
EnvP1	0.510	0.374	0.685	0.976	0.642	0.541	0.443	0.594	0.760	0.697	0.591	0.372	0.374	4.763
EnvP2	0.397	0.345	0.697	0.968	0.556	0.478	0.392	0.514	0.756	0.704	0.579	0.301	0.280	4.763
GP1	0.360	0.307	0.546	0.498	0.846	0.467	0.297	0.482	0.407	0.458	0.500	0.325	0.306	2.800

续表

	CD	EE	EconP	EnvP	GP	PI	PP	PR	RP	SP	TIM	TIN	TMC	VIF
GP2	0.401	0.334	0.507	0.425	0.881	0.454	0.291	0.491	0.353	0.443	0.412	0.197	0.254	4.066
GP3	0.303	0.177	0.470	0.395	0.792	0.493	0.214	0.409	0.341	0.427	0.332	0.139	0.259	2.553
GP4	0.367	0.355	0.586	0.561	0.896	0.537	0.375	0.514	0.456	0.582	0.452	0.308	0.264	3.614
GP5	0.517	0.489	0.569	0.613	0.855	0.537	0.352	0.512	0.546	0.562	0.546	0.381	0.307	2.869
GP6	0.376	0.384	0.583	0.609	0.825	0.457	0.336	0.529	0.561	0.628	0.535	0.355	0.443	2.273
PI1	0.451	0.243	0.492	0.471	0.519	0.899	0.372	0.445	0.437	0.421	0.564	0.462	0.444	3.586
PI2	0.457	0.325	0.505	0.475	0.539	0.944	0.287	0.547	0.451	0.404	0.588	0.486	0.382	4.359
PI3	0.308	0.360	0.454	0.438	0.461	0.779	0.313	0.514	0.382	0.364	0.535	0.248	0.389	1.596
PP1	0.250	0.108	0.467	0.440	0.293	0.323	0.849	0.359	0.488	0.463	0.328	0.342	0.272	2.428
PP2	0.392	0.300	0.428	0.425	0.292	0.296	0.887	0.375	0.501	0.434	0.378	0.325	0.352	2.694
PP3	0.443	0.445	0.462	0.245	0.347	0.311	0.795	0.462	0.440	0.456	0.345	0.305	0.362	1.366
PR1	0.517	0.534	0.354	0.216	0.258	0.161	0.345	0.511	0.252	0.258	0.365	0.319	0.384	1.250
PR2	0.522	0.374	0.354	0.402	0.356	0.410	0.332	0.802	0.307	0.379	0.424	0.344	0.654	1.851
PR3	0.431	0.329	0.503	0.527	0.542	0.512	0.358	0.831	0.509	0.560	0.528	0.373	0.466	1.724
PR4	0.511	0.427	0.520	0.490	0.505	0.525	0.417	0.813	0.412	0.528	0.396	0.273	0.418	1.521
RP1	0.472	0.430	0.737	0.775	0.508	0.451	0.549	0.490	0.929	0.652	0.571	0.343	0.394	2.015
RP2	0.440	0.418	0.707	0.665	0.478	0.444	0.493	0.462	0.920	0.721	0.636	0.362	0.413	2.015
SP1	0.420	0.438	0.496	0.670	0.477	0.397	0.307	0.456	0.696	0.741	0.568	0.294	0.331	1.465

续表

	CD	EE	EconP	EnvP	GP	PI	PP	PR	RP	SP	TIM	TIN	TMC	VIF
SP2	0.349	0.313	0.618	0.398	0.381	0.249	0.464	0.418	0.476	0.766	0.358	0.160	0.347	2.190
SP3	0.401	0.368	0.615	0.424	0.432	0.351	0.459	0.502	0.492	0.811	0.400	0.301	0.339	2.386
SP4	0.406	0.353	0.634	0.714	0.615	0.409	0.476	0.524	0.649	0.849	0.527	0.291	0.383	1.740
TIM1	0.425	0.420	0.364	0.406	0.411	0.563	0.230	0.359	0.335	0.370	0.731	0.503	0.345	1.243
TIM2	0.486	0.541	0.575	0.444	0.483	0.431	0.338	0.434	0.582	0.468	0.834	0.371	0.469	1.492
TIM3	0.517	0.454	0.505	0.588	0.414	0.546	0.420	0.571	0.620	0.580	0.807	0.482	0.628	1.502
TIN1	0.301	0.339	0.218	0.112	0.197	0.213	0.290	0.236	0.216	0.206	0.383	0.706	0.263	1.490
TIN2	0.314	0.327	0.346	0.220	0.218	0.393	0.318	0.345	0.303	0.295	0.394	0.755	0.297	1.613
TIN3	0.271	0.188	0.210	0.051	0.080	0.334	0.239	0.225	0.123	0.068	0.304	0.588	0.229	1.622
TIN4	0.331	0.311	0.326	0.422	0.365	0.406	0.290	0.381	0.359	0.300	0.574	0.832	0.433	1.266
TMC1	0.335	0.383	0.309	0.181	0.164	0.249	0.356	0.277	0.386	0.391	0.411	0.253	0.703	1.498
TMC2	0.348	0.449	0.384	0.260	0.286	0.311	0.253	0.281	0.379	0.337	0.499	0.318	0.788	1.488
TMC3	0.503	0.346	0.317	0.290	0.322	0.430	0.304	0.733	0.255	0.302	0.441	0.398	0.749	1.090

表 5-20　小样本收敛效度和区分效度

	AVE	CD	EE	EconP	EnvP	GP	PI	PP	PR	RP	SP	TIM	TIN	TMC
CD	0.527	0.768												
EE	0.627	0.665	0.812											
EconP	0.558	0.519	0.407	0.761										
EnvP	0.659	0.471	0.371	0.722	0.972									
GP	0.685	0.461	0.412	0.653	0.619	0.850								
PI	0.769	0.466	0.350	0.556	0.526	0.579	0.877							
PP	0.713	0.435	0.349	0.530	0.432	0.372	0.369	0.845						
PR	0.591	0.580	0.451	0.569	0.579	0.579	0.590	0.447	0.827					
RP	0.722	0.494	0.459	0.752	0.780	0.534	0.484	0.564	0.508	0.925				
SP	0.580	0.498	0.464	0.744	0.720	0.618	0.453	0.537	0.604	0.741	0.793			
TIM	0.944	0.601	0.599	0.613	0.602	0.553	0.642	0.416	0.545	0.651	0.596	0.792		
TIN	0.855	0.413	0.407	0.381	0.349	0.345	0.462	0.384	0.396	0.381	0.336	0.604	0.726	
TMC	0.628	0.544	0.520	0.448	0.340	0.365	0.461	0.393	0.596	0.436	0.443	0.606	0.448	0.747

本研究对小样本数据进行了因子载荷分析，删除了不符合最低接收阈值的题项。对删除后的测量题项进一步分析，剩余题项均通过了多重共线性、聚合效度和区分效度的检验。因此，通过小样本试测，证明了本研究所使用量表的有效性，并根据试测结果剔除不符合要求的 EconP2 和 PR1 两个题项。

第三节 研究数据样本收集与描述

根据小样本试测结果对量表进行修正完善后，可以进行本研究大样本的数据收集工作。样本数据的质量会影响后续研究的分析结果，因此，为了保证本研究收集的样本能够尽可能代表总体样本，样本的数据分布要尽可能广泛和均匀。并且通过对样本和变量的描述性统计分析，进一步确保样本数据满足模型分析和假设验证的条件。

一、数据样本收集

收集研究数据是开展本章实证研究的第一步，如果收集数据这一环节稍有偏差，就会影响后续实证分析的信效度。因此，为了确保实证分析结果的有效性，就需要保证所获取研究数据的质量。第四章建立的研究模型聚焦于我国中小制造企业"绿色化"驱动因素、"绿色化"行为以及企业可持续绩效之间的关系，参考龙思颖收集样本数据的方式[①]，本研究在选择调研对象时主要考虑了地域特征、行业特征、企业特征及受访者特征四方面。

地域特征。因为本研究的研究对象是我国中小制造企业，而我国地域辽阔，东中西部的经济发展水平参差不齐，各个省份的资源禀赋、产业集聚类型及程度、产业政策更是相差甚远，所以不同区域的中小制造企业的绿色驱动因素也不尽相同。因此，本研究尽可能向全国各个省份发放调研问卷，同时根据每个省份中小制造企业的数量，尽可能保证问卷等比例发放，即中小制造企业数量较多的省份问卷发放量也更多，并且每个省份的问卷发放量控制在 30~60 份之间，以确保研究结论不受来源于某一特定区域的大样本的影响。

行业特征。我国制造业一共涉及 31 大类、191 中类、525 小类，而我国中小制造企业涵盖范围广，产业类别齐全。由于时间、社会网络关系等方面的限制，本研究无法调查到每一类制造企业，因此，根据本研究假设建立的调节变

---

① 龙思颖. 基于认知视角的企业动态能力及其绩效研究 [D]. 杭州：浙江大学，2016.

量，在进行调研的时候，尽可能均匀选取来自资源密集型、劳动密集型以及资本技术密集型三类的中小制造企业。

企业特征。中小企业也有中型企业和小型企业的规模划分。企业规模越大，抗风险能力越强，但是企业规模越小越灵活。所以不管是资历较老、规模较大的中型制造企业，还是新兴且规模较小的小型制造企业，对于绿色转型都具有各自的优势和劣势。因此，为了保证结果的无偏性，在企业选取方面尽可能覆盖到不同规模的中小制造企业。

受访者特征。企业的高层管理者或相关部门经理，相对来说更加能够理解绿色驱动因素及可持续绩效的相关概念，同时他们也能更好地把握企业的实际情况。虽然制造企业的普通员工甚至是一线工作人员没有这么好的全局观，但是他们更清楚绿色行为的具体实施方式以及带来的环境、资源和社会效益。另外，受访者基于教育程度、工作年限、性别等因素也会产生不同视角的评判。所以，在进行调研的时候，本研究偏向于教育程度更高、工作年限更长、职级更高的受访者，但是也在一定程度上考虑一线工作人员、工作资历较浅的员工。

根据以上数据获取原则，本研究采取问卷调查的方式获得了截面数据。

问卷填写方式主要有问卷星在线填写、电话采访和面对面采访三类。调查对象为我国中小制造企业的所有者、高层管理人员，中高级管理人员和那些熟悉绿色概念、充分了解企业的生产和经营行为并清楚地了解绿色战略对企业的影响的一线工作人员。

本项研究的问卷调查历时约3个月。由于问卷调查对象必须归属于中小制造企业，且为了便于线上问卷发放量的统计，本次问卷调查并没有采取"朋友圈""微信群""QQ群"等无针对性的群发方式，而是主要通过社交网络中每个节点将问卷转发给下一个节点，由每一个子节点统计问卷转发并汇总给上一节点，最终统计线上问卷转发数为854份。通过电话采访转为调查样本26份、通过面对面采访转为调查样本7份，三种方式总计发放问卷887份，最终回收了719份问卷，回收率81.06%。其中，线上问卷中有24位受访者所处企业的公司规模超过300名员工，不属于中小制造企业范畴；43位受访者的问卷存在明显不认真对待的现象（问卷所有题项的评分一致、同一构念下的题项评分相同、题项评分呈现规律性、填写问卷时间低于300秒等）。删除不合格问卷后，最后留下652份有效问卷的数据，问卷有效率为90.68%。

二、数据样本描述性统计

在获得的652份有效问卷中，受访者的人口统计特征如表5-21所示。333

位受访者是企业所有者、高层管理者以及部门经理，从事管理工作的受访者占比71.17%，一线实际工作人员占比28.83%。这些受访者当中，有88.65%的员工至少拥有大专的学历，且有27.61%的受访者拥有研究生的教育背景，未接受教育的受访者仅有4人，占比0.61%。在受访企业工作超过5年的受访者有337人，占总数的51.69%，工作长达10年以上的员工有176人。男性受访者498人，女性受访者154人，分别占比76.38%、23.62%。受访者的这些统计数据表明，他们能够很好地理解本次问卷所调查的内容并且对所处企业的生产运营现状有正确的认知。

表5-21 受访者人口统计信息

统计内容	内容分类	频数	百分比（%）
职位	董事长/CEO	153	23.47
	部门经理	180	27.61
	一线管理人员	131	20.09
	一线工作人员	188	28.83
工作年限	0~3年	129	19.79
	3~5年	186	28.53
	5~10年	161	24.69
	10年以上	176	26.99
教育背景	研究生	180	27.61
	本科生	223	34.20
	大专生	175	26.84
	中学文化	41	6.29
	小学文化	29	4.45
	未受教育	4	0.61
性别	男	498	76.38
	女	154	23.62

表5-22展现了调查样本的地域。青海省、内蒙古自治区、西藏自治区、新疆维吾尔自治区、香港特别行政区、澳门特别行政区、台湾地区没有样本数据。其中，考虑到政策特殊性，本研究并未向台湾地区、香港和澳门发放问卷；同时考虑到西藏、新疆和内蒙古三个自治区制造业相对不发达，因此也没有向这

三个地区发放问卷；青海因为没有回收到有效问卷而并未体现相关样本数据。从表中可以看出，虽然来源于四川省、江苏省、福建省、陕西省的数据相对较多，但是并未出现某一个绝对大样本，样本数据较为均匀地分布在我国东中西部，能够合理反映我国各地中小制造企业的情况。

表5-22 样本地理分布信息

省份	频数	百分比（%）	省份	频数	百分比（%）	省份	频数	百分比（%）
四川	71	10.89	甘肃	25	3.83	河南	15	2.30
江苏	47	7.21	重庆	23	3.53	山东	14	2.15
陕西	45	6.90	黑龙江	23	3.53	广西	14	2.15
福建	42	6.44	辽宁	22	3.37	贵州	13	1.99
浙江	36	5.52	湖北	20	3.07	江西	13	1.99
河北	34	5.21	安徽	19	2.91	山西	12	1.84
广东	31	4.75	北京	19	2.91	天津	11	1.69
吉林	28	4.29	上海	17	2.61	宁夏	8	1.23
云南	27	4.14	湖南	16	2.45	海南	7	1.07

表5-23展现了样本的行业和企业特征。样本涉及的中小制造企业覆盖了资本技术密集型、劳动密集型和资源密集型三种类型，分别占比43.40%、29.45%和27.15%。小型规模和中型规模的中小制造企业分别占比59.05%和40.95%。不管是行业分布还是规模分布都未出现绝对优势比例部分，表明样本涉及的类型和规模能够很好地用于研究我国中小制造企业"绿色化"驱动因素。

表5-23 样本行业和企业特征信息

统计内容	内容分类	频数	百分比（%）
行业类型	资本技术密集型	283	43.40
	劳动密集型	192	29.45
	资源密集型	177	27.15
企业规模	20人（含）~300人	385	59.05
	300人（含）~1000人	267	40.95

三、变量描述性统计

表5-24展示了测量题项的均值、标准差和方差等统计量，以及偏度和峰度

的统计信息。偏度统计量绝对值最大值为 1.123，峰度统计量绝对值最大值为 3.304，这些指标符合克莱因（2015）提出的数据正态分布的标准，但是不太符合更加严苛的正态分布标准。虽然变量数据没有严格地遵循正态分布，但是依然不影响 PLS-SEM 对于非正态分布数据的处理。[①]

表 5-24　变量统计信息

题项	平均值统计量	标准差统计量	方差统计量	偏度统计量	偏度标准误差	峰度统计量	峰度标准误差
TIN1	2.56	0.943	0.889	0.639	0.096	0.118	0.191
TIN2	3.40	0.887	0.788	-0.230	0.096	-0.144	0.191
TIN3	3.05	0.909	0.825	-0.075	0.096	-0.642	0.191
TIN4	3.96	0.861	0.742	-0.916	0.096	1.094	0.191
TIM1	3.39	0.900	0.811	-0.264	0.096	-0.309	0.191
TIM2	3.34	0.911	0.830	-0.199	0.096	-0.277	0.191
TIM3	4.03	0.748	0.560	-0.748	0.096	1.261	0.191
TMC1	3.84	0.698	0.488	-0.070	0.096	-0.045	0.191
TMC2	3.91	0.732	0.536	-0.355	0.096	0.254	0.191
TMC3	3.79	0.826	0.682	-0.716	0.096	0.484	0.191
EE1	3.42	0.896	0.803	-0.436	0.096	0.218	0.191
EE2	3.34	0.968	0.936	-0.316	0.096	-0.092	0.191
EE3	2.97	0.949	0.901	0.021	0.096	-0.337	0.191
EE4	3.15	1.047	1.095	-0.157	0.096	-0.601	0.191
EE5	3.27	1.006	1.013	-0.413	0.096	-0.367	0.191
PI1	3.97	0.873	0.762	-0.993	0.096	1.549	0.191
PI2	3.95	0.881	0.776	-0.991	0.096	1.394	0.191
PI3	3.95	0.726	0.528	-0.820	0.096	1.939	0.191
PR1	2.92	1.043	1.088	-0.026	0.096	-0.431	0.191

---

① HENSELER J, HUBONA G, RAY P A. Using PLS Path Modeling in New Technology Research: Updated Guidelines [J]. Industrial Management & Data Systems, 2016, 116 (1): 2-20.

续表

题项	平均值统计量	标准差统计量	方差统计量	偏度统计量	偏度标准误差	峰度统计量	峰度标准误差
PR2	3.78	0.843	0.711	-0.834	0.096	0.828	0.191
PR3	4.18	0.702	0.493	-1.123	0.096	3.304	0.191
PR4	4.00	0.713	0.508	-0.886	0.096	2.474	0.191
CD1	3.30	0.844	0.713	-0.084	0.096	-0.151	0.191
CD2	3.54	0.895	0.802	-0.481	0.096	0.429	0.191
CD3	3.37	0.901	0.812	-0.467	0.096	-0.017	0.191
CD4	3.83	0.773	0.597	-0.996	0.096	1.897	0.191
PP1	4.01	0.724	0.524	-0.577	0.096	1.050	0.191
PP2	3.89	0.718	0.516	-0.453	0.096	0.723	0.191
PP3	3.65	0.825	0.681	-0.568	0.096	0.292	0.191
GP1	3.87	0.703	0.494	-0.637	0.096	1.228	0.191
GP2	3.90	0.809	0.654	-0.694	0.096	0.560	0.191
GP3	3.93	0.688	0.473	-0.595	0.096	1.343	0.191
GP4	3.94	0.766	0.587	-0.852	0.096	1.462	0.191
GP5	3.89	0.840	0.706	-0.593	0.096	0.243	0.191
GP6	3.96	0.841	0.708	-0.881	0.096	1.041	0.191
EconP1	3.71	0.738	0.545	-0.122	0.096	0.097	0.191
EconP2	2.99	0.907	0.823	0.204	0.096	-0.216	0.191
EconP3	3.49	0.845	0.714	-0.179	0.096	-0.097	0.191
EconP4	3.83	0.740	0.547	-0.426	0.096	0.511	0.191
EconP5	3.99	0.646	0.418	-0.471	0.096	1.507	0.191
EnvP1	4.08	0.688	0.473	-0.753	0.096	1.815	0.191
EnvP2	4.06	0.733	0.537	-1.100	0.096	2.734	0.191
RP1	3.96	0.745	0.555	-0.881	0.096	1.522	0.191
RP2	3.97	0.713	0.508	-0.678	0.096	1.322	0.191
SP1	4.13	0.692	0.479	-0.987	0.096	2.536	0.191

续表

题项	平均值统计量	标准差统计量	方差统计量	偏度统计量	偏度标准误差	峰度统计量	峰度标准误差
SP2	3.85	0.748	0.559	-0.674	0.096	1.515	0.191
SP3	3.65	0.799	0.638	-0.400	0.096	0.321	0.191
SP4	3.97	0.740	0.548	-0.939	0.096	2.349	0.191
有效样本量	652						

第四节 "绿色化"驱动因素识别

PLS-SEM 模型由两组线性方程正式定义：测量模型（外部模型）和结构模型（内部模型）。测量模型是指构念（潜变量）与其观察到的指标（测量题项）之间的关系，而结构模型指定构念之间的关系。本小节则对收集的样本数据进行测量模型和结构模型的检验。

一、测量模型

测量模型主要用于测量题项的可靠性、内部一致性信度、收敛效度和判别效度。根据约瑟夫·海尔的研究，评估 PLS-SEM 中测量模型的信度要从内部一致性开始。[①] 传统上，这种衡量方法依赖于 Cronbach's α 系数来衡量内部一致性，纳诺利（Nunnally）建议最低能接受的信度值为 0.7。[②] Cronbach's α 系数对量表中的项目数比较敏感，导致 Cronbach's α 系数普遍低估了内部一致性信度。因此，在 PLS-SEM 中还使用了其他的内部一致性信度度量方式。rho_A（ρ_A）是 PLS-SEM 中一个重要的检验信度的指标，因为它是唯一一个不受不同 PLS 处

[①] HAIR J F, Jr, HULT G T M, RINGLE C M, et al. A Primer on Partial Least Squares Structural Equation Modeling (PLS-SEM) [M]. Los Angeles: SAGE Publications, Inc., 2014: 101.

[②] NUNNALLY J C. Psychometric Theory [M]. 2nd ed. New York: McGraw-Hill Companies, 1978: 83.

理软件影响的信度测量指标。① 大多数 PLS 软件还提供了组合信度的这一指标，它和 Cronbach's α 一样，考虑了指标变量的不同外部载荷，通常与 Cronbach's α 的解释相同。由于"绿色化"驱动因素模型中涉及的构念的信度都高于可接受阈值 0.7（见表 5-25），因此，可以得出测量模型具有良好的内部一致性的结论。

表 5-25 测量模型信度

构念	Cronbach's α	rho_A	组合信度
CD	0.822	0.837	0.880
EE	0.863	0.872	0.901
EconP	0.764	0.795	0.846
EnvP	0.903	0.908	0.954
GP	0.915	0.916	0.934
PI	0.789	0.801	0.878
PP	0.779	0.777	0.872
PR	0.760	0.771	0.862
RP	0.800	0.800	0.909
SP	0.845	0.861	0.895
TIM	0.733	0.734	0.820
TIN	0.719	0.732	0.803
TMC	0.716	0.717	0.794

测量模型的效度分为收敛效度和区分效度。收敛效度主要用 AVE 来衡量，② AVE 也被称为共同性。如果从一组指标中提取的第一个因子能够解释其方差的一半以上，就不可能有第二个同样重要的因素。因此，0.5 被认为是收敛效度的可接受阈值。从表 5-26 可以看出，"绿色化"驱动因素模型中包含的构念的 AVE 均超过了 0.5，其中最低为 TIN，AVE 值为 0.508，最高为 EnvP，AVE

---

① HENSELER J, HUBONA G, RAY P A. Using PLS Path Modeling in New Technology Research: Updated Guidelines [J]. Industrial Management & Data Systems, 2016, 116 (1): 2-20.
② FORNELL C, LARCKER D F. Evaluating Structural Equation Models with Unobservable Variables and Measurement Error [J]. Journal of Marketing Research, 1981, 18 (1): 39-50.

值为 0.911，表明所有构念都能够具有良好的收敛性。

PLS-SEM 中区分效度的评价有三个标准：因子的交叉载荷、福内尔·拉克准则和相关性的"异质性—单性"比率（Heterotrait-Monotrait Ratio，HTMT）。评估因子的交叉载荷，是为了确保没有因子被错误分配给错误的构念。从表 5-27 可以看出，除了 TIN1 和 TIN3 的因子载荷分别为 0.622 和 0.667 以外，其余所有因子载荷都高于 0.7，但是约瑟夫·海尔认为因子载荷在 0.6 以上仍然可以被认为是可接受的，且所有构念内的因子载荷均高于不属于构念范围内的因子载荷，符合因子交叉载荷的判别标准。[①] 福内尔·拉克准则认为一个构念的 AVE 应该高于它与模型中所有其他构念的相关系数的平方，即 $\sqrt{AVE}>CORR_{y.y.}$，表 5-28 展示了基于福内尔·拉克准则的构念评分，证明了测量模型满足福内尔·拉克的区分效度评判标准。HTMT 是对因子相关性的估计，也可成为因子相关的一个上边界，它描述的是构念间相关（between-trait）与构念内（within-trait）相关的比率。[②] 为了明确区分两个构念，约瑟夫·海尔认为 HTMT 的值应该小于 0.9，[③] 但是亨瑟勒（Henseler）等指出 HTMT 值在 1 以内都可以被接受。[④] 表 5-29 描述了"绿色化"驱动因素中各个构念的 HTMT 值，所有 HTMT 值均在 1 以下，除 RP∗EconP、SP∗EconP、SP∗RP 和 TMC∗PR 四个值大于 0.9 以外，剩余所有评分均在 0.9 以下，符合 HTMT 关于区分效度的评判标准。综上，我国中小制造企业"绿色化"驱动模型的测量模型同时满足三种区分效度的判别标准，展现出了良好的区分效度水平。

[①] HAIR J F, Jr, HULT G T M, RINGLE C M, et al. A Primer on Partial Least Squares Structural Equation Modeling (PLS-SEM) [M]. Los Angeles：SAGE Publications, Inc., 2014：101.

[②] HENSELER J, RINGLE C M, SARSTEDT M. A New Criterion for Assessing Discriminant Validity in Variance-Based Structural Equation Modeling [J]. Journal of the Academy of Marketing Science, 2015, 43 (1)：115-135.

[③] HAIR J F, Jr, HULT G T M, RINGLE C M, et al. A Primer on Partial Least Squares Structural Equation Modeling (PLS-SEM) [M]. Los Angeles：SAGE Publications, Inc., 2014：101.

[④] HENSELER J, HUBONA G, RAY P A. Using PLS Path Modeling in New Technology Research：Updated Guidelines [J]. Industrial Management & Data Systems, 2016, 116 (1)：2-20.

表 5-26 测量模型的收敛效度

	CD	EE	EconP	EnvP	GP	PI	PP	PR	RP	SP	TIM	TIN	TMC
AVE	0.648	0.645	0.579	0.911	0.704	0.707	0.695	0.675	0.833	0.680	0.604	0.508	0.563

表 5-27 因子交叉载荷及 VIF

	CD	EE	EconP	EnvP	GP	PI	PP	PR	RP	SP	TIM	TIN	TMC	VIF
CD1	0.815	0.509	0.416	0.240	0.322	0.240	0.375	0.376	0.321	0.369	0.419	0.390	0.382	2.140
CD2	0.828	0.444	0.375	0.211	0.321	0.185	0.305	0.364	0.274	0.374	0.239	0.218	0.308	2.206
CD3	0.783	0.571	0.342	0.177	0.308	0.253	0.379	0.415	0.291	0.328	0.340	0.303	0.366	1.681
CD4	0.793	0.456	0.492	0.402	0.447	0.312	0.509	0.473	0.469	0.504	0.404	0.316	0.360	1.432
EE1	0.504	0.810	0.364	0.212	0.417	0.183	0.454	0.356	0.359	0.434	0.384	0.305	0.422	2.441
EE2	0.527	0.837	0.376	0.282	0.414	0.210	0.422	0.377	0.334	0.457	0.440	0.303	0.467	2.611
EE3	0.385	0.742	0.336	0.202	0.291	0.095	0.278	0.169	0.273	0.327	0.425	0.422	0.304	1.902
EE4	0.499	0.801	0.363	0.246	0.340	0.160	0.335	0.316	0.341	0.442	0.393	0.377	0.407	2.321
EE5	0.517	0.822	0.412	0.261	0.360	0.190	0.358	0.282	0.407	0.455	0.449	0.394	0.441	2.333
EconP1	0.361	0.352	0.759	0.450	0.418	0.411	0.470	0.382	0.541	0.569	0.439	0.334	0.337	1.526
EconP3	0.489	0.453	0.747	0.381	0.401	0.322	0.448	0.398	0.536	0.538	0.401	0.395	0.444	1.538
EconP4	0.338	0.247	0.728	0.450	0.384	0.409	0.295	0.337	0.487	0.510	0.352	0.335	0.318	1.459
EconP5	0.393	0.356	0.808	0.742	0.622	0.401	0.519	0.554	0.675	0.650	0.448	0.282	0.470	1.382
EnvP1	0.355	0.286	0.683	0.959	0.620	0.481	0.491	0.541	0.720	0.670	0.509	0.339	0.447	3.093

195

续表

	CD	EE	EconP	EnvP	GP	PI	PP	PR	RP	SP	TIM	TIN	TMC	VIF
EnvP2	0.287	0.288	0.647	0.950	0.567	0.411	0.442	0.545	0.693	0.665	0.445	0.230	0.409	3.093
GP1	0.362	0.405	0.568	0.523	0.834	0.407	0.448	0.451	0.471	0.520	0.484	0.386	0.380	2.490
GP2	0.352	0.377	0.470	0.488	0.879	0.409	0.377	0.463	0.434	0.480	0.432	0.309	0.374	3.308
GP3	0.341	0.351	0.512	0.476	0.759	0.365	0.413	0.446	0.508	0.476	0.399	0.277	0.374	1.940
GP4	0.362	0.334	0.495	0.563	0.861	0.438	0.442	0.497	0.473	0.491	0.402	0.299	0.373	2.907
GP5	0.400	0.411	0.547	0.555	0.861	0.410	0.405	0.432	0.514	0.545	0.458	0.349	0.388	3.075
GP6	0.420	0.426	0.530	0.523	0.834	0.371	0.419	0.470	0.516	0.585	0.460	0.347	0.392	2.512
PI1	0.256	0.150	0.410	0.387	0.419	0.880	0.263	0.399	0.325	0.324	0.386	0.294	0.350	2.312
PI2	0.287	0.147	0.435	0.432	0.423	0.898	0.305	0.489	0.334	0.313	0.390	0.308	0.352	2.443
PI3	0.252	0.254	0.434	0.361	0.359	0.735	0.347	0.471	0.339	0.362	0.391	0.274	0.347	1.322
PP1	0.402	0.309	0.498	0.422	0.413	0.317	0.837	0.402	0.466	0.472	0.353	0.315	0.339	1.900
PP2	0.372	0.380	0.511	0.461	0.398	0.310	0.878	0.392	0.499	0.498	0.437	0.307	0.394	2.168
PP3	0.471	0.475	0.441	0.344	0.430	0.271	0.783	0.527	0.426	0.422	0.349	0.313	0.409	1.386
PR2	0.463	0.318	0.436	0.428	0.370	0.381	0.369	0.806	0.331	0.368	0.339	0.232	0.696	1.703
PR3	0.438	0.291	0.479	0.518	0.493	0.438	0.482	0.863	0.489	0.479	0.394	0.294	0.562	1.768
PR4	0.375	0.337	0.477	0.446	0.471	0.491	0.445	0.794	0.359	0.444	0.378	0.262	0.482	1.359
RP1	0.419	0.424	0.679	0.694	0.532	0.355	0.530	0.453	0.914	0.665	0.515	0.315	0.394	1.801
RP2	0.377	0.358	0.689	0.658	0.528	0.365	0.486	0.433	0.912	0.711	0.543	0.371	0.409	1.801

续表

	CD	EE	EconP	EnvP	GP	PI	PP	PR	RP	SP	TIM	TIN	TMC	VIF
SP1	0.364	0.414	0.620	0.729	0.572	0.408	0.408	0.479	0.704	0.811	0.530	0.323	0.446	1.738
SP2	0.422	0.453	0.630	0.451	0.435	0.255	0.461	0.373	0.571	0.844	0.418	0.299	0.367	2.466
SP3	0.417	0.465	0.576	0.423	0.407	0.251	0.480	0.403	0.516	0.769	0.407	0.305	0.361	2.027
SP4	0.462	0.435	0.655	0.635	0.581	0.349	0.498	0.471	0.658	0.872	0.475	0.321	0.387	2.144
TIM1	0.367	0.368	0.431	0.384	0.404	0.420	0.308	0.311	0.393	0.401	0.785	0.599	0.347	1.347
TIM2	0.384	0.546	0.415	0.272	0.378	0.284	0.350	0.349	0.418	0.449	0.767	0.452	0.476	1.342
TIM3	0.287	0.312	0.418	0.496	0.438	0.365	0.399	0.393	0.531	0.458	0.779	0.408	0.478	1.254
TIN1	0.336	0.348	0.236	0.092	0.184	0.212	0.245	0.149	0.214	0.229	0.346	0.622	0.191	1.367
TIN2	0.299	0.413	0.421	0.267	0.369	0.317	0.327	0.278	0.312	0.335	0.495	0.841	0.347	1.450
TIN3	0.220	0.238	0.211	0.140	0.185	0.246	0.246	0.194	0.161	0.213	0.348	0.667	0.194	1.431
TIN4	0.258	0.246	0.297	0.286	0.311	0.208	0.245	0.262	0.332	0.274	0.539	0.703	0.311	1.197
TMC1	0.203	0.352	0.288	0.234	0.266	0.248	0.306	0.329	0.281	0.298	0.428	0.275	0.728	1.401
TMC2	0.294	0.482	0.426	0.319	0.362	0.301	0.356	0.397	0.368	0.393	0.487	0.352	0.804	1.426
TMC3	0.459	0.316	0.438	0.429	0.373	0.366	0.360	0.778	0.329	0.367	0.347	0.240	0.715	1.099

表 5-28 Fornell-Larcker 准则

	CD	EE	EconP	EnvP	GP	PI	PP	PR	RP	SP	TIM	TIN	TMC
CD	0.805												
EE	0.610	0.803											
EconP	0.516	0.461	0.761										
EnvP	0.338	0.301	0.697	0.955									
GP	0.446	0.459	0.622	0.623	0.839								
PI	0.315	0.214	0.506	0.468	0.477	0.841							
PP	0.501	0.468	0.580	0.490	0.498	0.359	0.833						
PR	0.513	0.383	0.567	0.569	0.549	0.536	0.532	0.822					
RP	0.436	0.429	0.749	0.741	0.581	0.395	0.557	0.485	0.913				
SP	0.503	0.531	0.753	0.699	0.618	0.393	0.557	0.529	0.753	0.825			
TIM	0.442	0.518	0.542	0.501	0.525	0.461	0.455	0.453	0.580	0.562	0.777		
TIN	0.383	0.440	0.430	0.300	0.393	0.348	0.375	0.323	0.375	0.379	0.624	0.713	
TMC	0.441	0.514	0.524	0.449	0.454	0.415	0.458	0.694	0.440	0.477	0.558	0.386	0.750

表 5-29 Heterotrait-Monotrait Ratio

	CD	EE	EconP	EnvP	GP	PI	PP	PR	RP	SP	TIM	TIN	TMC
CD													
EE	0.722												
EconP	0.637	0.567											
EnvP	0.369	0.339	0.796										
GP	0.498	0.508	0.712	0.683									
PI	0.382	0.259	0.654	0.554	0.562								
PP	0.604	0.557	0.734	0.584	0.588	0.464							
PR	0.643	0.461	0.714	0.682	0.649	0.691	0.679						
RP	0.517	0.513	0.936	0.871	0.678	0.500	0.705	0.613					
SP	0.587	0.621	0.921	0.775	0.685	0.474	0.689	0.644	0.901				
TIM	0.589	0.692	0.748	0.632	0.665	0.634	0.627	0.627	0.785	0.734			
TIN	0.511	0.573	0.573	0.343	0.458	0.465	0.503	0.419	0.477	0.48	0.886		
TMC	0.592	0.691	0.728	0.582	0.591	0.586	0.652	0.989	0.617	0.644	0.868	0.555	

二、结构模型

当测量模型的评估结果被认为是可靠的和有效的之后，就需要进一步对结构模型进行评估，结构模型评估考量的是模型的预测能力和构念之间的关系。但是只有在明确模型之中不存在多重共线性后才能对结构模型进行评估，因为 PLS-SEM 是基于每个内生潜在变量在其相应的前置结构上的 OLS 回归，如果结构之间存在显著的共线性水平，则路径系数可能有偏差。[①] VIF 通常用于检验是否存在多重共线性，如果 VIF 高于 5，则表明存在多重共线性的风险。在表 5-27 中，测量模型所涉及的题项 VIF 值最高为 3.308，远低于 5 这一门槛值，因此表明测量模型不存在多重共线性的风险。"绿色化"驱动因素模型主要分为两个部分：第一部分的自变量为绿色驱动因素，因变量为绿色行为；第二部分的自变量为绿色行为，因变量为经济绩效、环境绩效、资源绩效和社会绩效。表 5-30 展示了结构模型的多重共线性评估，第一部分中 VIF 的最大值为 2.638，远低于可接受门槛值 5，由于第二部分的自变量只有一个，所以 VIF 均为 1。综上，结构模型不存在多重共线性的问题，可以进行下一步分析。

表 5-30 结构模型多重共线性分析

因变量	自变量	VIF
"绿色化"行为	技术创新	1.719
	技术引进	2.275
	高层管理者承诺	2.433
	员工参与	2.063
	规制	2.638
	激励	1.576
	消费者需求	1.951
	公众压力	1.674
经济绩效	"绿色化"行为	1
环境绩效	"绿色化"行为	1

[①] HAIR J F, Jr., HULT G M, RINGLE C M, et al. A Primer on Partial Least Squares Structural Equation Modeling (PLS-SEM) [M]. 2nd ed. Los Angeles：SAGE Publications, Inc., 2017：14.

续表

因变量	自变量	VIF
资源绩效	"绿色化"行为	1
社会绩效	"绿色化"行为	1

与传统 SEM 模型拟合分析不同，总体拟合优度统计并不适用于 PLS-SEM 环境。近似模型拟合准则有助于回答模型隐含和经验相关矩阵之间的差异有多大的问题。目前，用于 PLS 路径建模的唯一近似模型拟合准则是标准化均方根残差（SRMR），它是模型隐含矩阵与经验相关矩阵之间的欧氏距离。根据 SmartPLS 的计算结果，结构模型的 SRMR 值为 0.072，小于可接受的阈值 0.08，[①] 表明模型拟合良好。PLS-SEM 模型分析结果如图 5-1 所示。

在 PLS-SEM 中评估结构模型的关键标准是判定系数（R^2）、交叉验证冗余度（Q^2）和路径系数（β）三个指标。如果将 OLS 用于结构模型，则首先需要考量内生结构的判定系数（R^2），它们表明了模型中由前置结构所占的变异百分比。调整后的 R^2 值则考虑模型复杂度和样本大小，从而有助于比较不同模型或不同数据集在模型上的应用。根据经验，在 PLS-SEM 分析中，R^2 值为 0.75、0.50 和 0.25 被分别认为模型拟合是实质性的、中等的和微弱的，但是，阈值应根据具体的研究情景确定。[②] 阿博尔马吉德[③]认为涉及制造业绿色发展的模型 R^2 可接受阈值为 0.235，王等[④]的研究确认了 R^2 为 0.243 是可接受值。从表 5-31 可以看出，本研究的内生潜变量调整后的 R^2 最低值为 0.336，展现出较好的模型拟合程度。

[①] HOMBURG C, KLARMANN M, VOMBERG A. Handbook of Market Research [M]. Berlin: Springer Berlin Heidelberg, 2017: 561.

[②] HAIR J F, Jr., HULT G M, RINGLE C M, et al. A Primer on Partial Least Squares Structural Equation Modeling (PLS-SEM) [M]. 2nd ed. Los Angeles: SAGE Publications, Inc., 2017: 198.

[③] ABOELMAGED M. The Drivers of Sustainable Manufacturing Practices in Egyptian SMEs and Their Impact on Competitive Capabilities: A PLS-SEM Model [J]. Journal of Cleaner Production, 2018, 175: 207-221.

[④] WANG Z, WANG Q, ZHANG S, et al. Effects of Customer and Cost Drivers on Green Supply Chain Management Practices and Environmental Performance [J]. Journal of Cleaner Production, 2018, 189: 673-682.

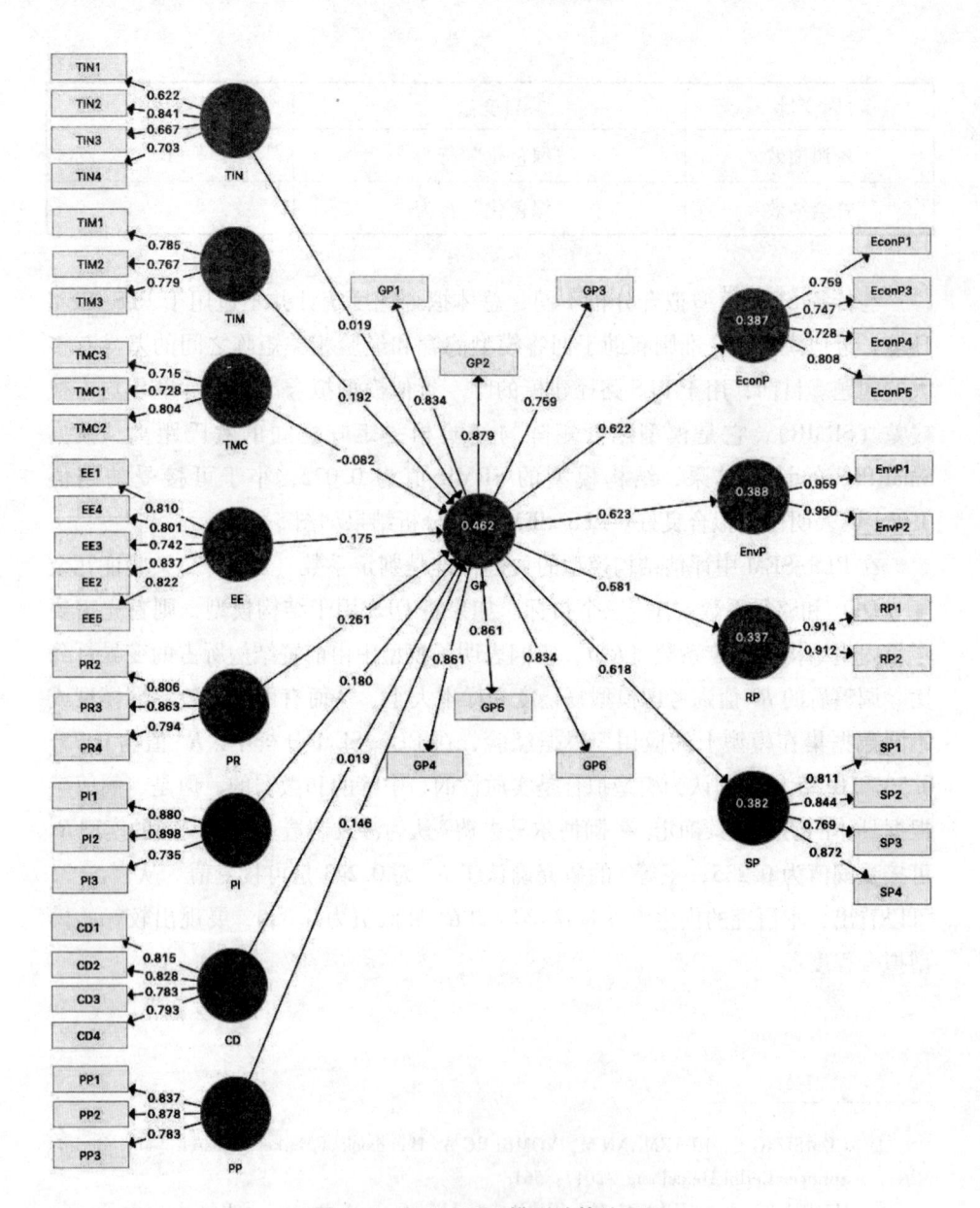

图 5-1　PLS-SEM 模型计算结果图

表 5-31　结构模型的 R^2 和 Q^2

	R^2	调整后 R^2	Q^2
"绿色化"行为（GP）	0.462	0.455	0.370
经济绩效（EconP）	0.387	0.386	0.449

续表

	R^2	调整后R^2	Q^2
环境绩效（EnvP）	0.388	0.387	0.294
资源绩效（RP）	0.337	0.336	0.341
社会绩效（SP）	0.382	0.381	0.404

交叉验证冗余度（Q^2）可用于探索 PLS 路径模型的预测相关性，它的得分可以通过 SmartPLS 的 Blindfolding 程序获得。预测值与原始值的差值越小，Q^2 的取值就越大，表明模型相关性的预测精度越高。通常，对于特定的内生结构，Q^2 大于零表明有良好的模型路径预测精度。[①] 表 5-31 显示本研究中的 Q^2 最小值为 0.294（GP=0.370，EconP=0.449，EnvP=0.294，RP=0.341，SP=0.404），表明路径模型的预测精度较高。

本研究构建的我国中小制造企业"绿色化"驱动因素模型的路径系数见表5-32。从表中的标准化路径系数来看，技术创新到"绿色化"行为的路径系数仅为 0.019（<0.1），T 统计值小于 1，P 值为 0.657，远大于 0.05 的最低可接受的显著水平，因此技术创新对企业实施"绿色化"行为的影响并不显著。技术引进到"绿色化"行为的路径系数是 0.192，超过 0.1 的可接受值，T 统计值 3.799（>1），$p<0.001$，即技术引进能够显著促进企业采取绿色实践。高层管理者承诺负向影响企业的绿色行为 $\beta=-0.082$，但是该影响并不显著（$p=0.11>0.05$）。员工参与（$\beta=0.175$，$t=3.673$，$p=0$）、规制（$\beta=0.261$，$t=4.375$，$p=0$）和激励（$\beta=0.180$，$t=3.720$，$p=0$）均能够正向显著影响企业是否实施绿色行为。而消费者需求（$\beta=0.019$，$t=0.432$，$p=0.666$）路径系数较低，p 值过高，它对企业绿色行为的正向影响并不显著。我国中小制造企业的"绿色化"行为对经济绩效（$\beta=0.622$，$t=18.806$，$p=0$）、环境绩效（$\beta=0.623$，$t=16.879$，$p=0$）、资源绩效（$\beta=0.581$，$t=13.984$，$p=0$）和社会绩效（$\beta=0.618$，$t=16.907$，$p=0$）均有显著的正向影响。

---

① HOMBURG C，KLARMANN M，VOMBERG A. Handbook of Market Research [M]. Berlin：Springer Berlin Heidelberg，2017：611.

表 5-32　结构模型假设判别

假设	路径	路径系数	T统计量	P值	显著性	假设判别
H1a	TIN->GP	0.019	0.443	0.657	否	拒绝
H1b	TIM->GP	0.192	3.799	0.000	***	接受
H2a	TMC->GP	-0.082	1.600	0.110	否	拒绝
H2b	EE->GP	0.175	3.673	0.000	***	接受
H3a	PR->GP	0.261	4.375	0.000	***	接受
H3b	PI->GP	0.180	3.720	0.000	***	接受
H4a	PP->GP	0.146	3.440	0.001	***	接受
H4b	CD->GP	0.019	0.432	0.666	否	拒绝
H5a	GP->EconP	0.622	18.806	0.000	***	接受
H5b	GP->EnvP	0.623	16.879	0.000	***	接受
H5c	GP->RP	0.581	13.984	0.000	***	接受
H5d	GP->SP	0.618	16.907	0.000	***	接受

注：* $p<0.05$，** $p<0.01$，*** $p<0.001$。

从"绿色化"驱动因素的技术维度出发，本研究发现技术创新没能有效推动企业采用绿色实践。企业的技术创新活动不是一个简单的投入产出函数，而是一个包含要素投入（人力、资本和设备）和技术研发的系统工程。技术创新活动本身是一个"环节循环"，研发成果是一个长期的知识积累和资金拨付过程的结果，这不仅要求企业持续投入人力资本，还要求企业具备足够的财务条件和现金流水平，但我国中小制造企业并不具备这一条件。也有学者认为，一个公司是否选择采用创新的绿色技术取决于该企业的规模、所有权和主要业务。[1] 在我国，企业的所有权状态与公司治理密切相关，所有权结构决定了有关技术创新活动投资的决策方式。[2] 与大型企业相比，中小型企业基本为个人所有，决策权在追求经济利润的少数管理者手中，并且他们面临着更高的技术风险、有限的财力和技能以及应对新技术的人力资源、不确定的环境承诺等问题，

---

[1] ZHOU Y, XU G N, MINSHALL T, et al. How Do Public Demonstration Projects Promote Green-Manufacturing Technologies? A Case Study from China [J]. Sustainable Development, 2015, 23 (4): 217-231.

[2] WANG Z-J, DENG X-L. Corporate Governance and Financial Distress: Evidence from Chinese Listed Companies [J]. The Chinese Economy, 2006, 39 (5): 5-27.

导致他们对绿色技术创新投资的容忍度也较低。赛斯等的研究也证实了这一结论，他们比较了中小企业和大企业的绿色制造驱动力，发现绿色技术创新未能推动中小企业绿色实践的进展，但对大企业有积极作用。① 我国中小企业大多是低技术产业，进行相关的生态创新涉及高成本和高风险，技术创新很难成为有效的绿色驱动力。② 相反，发达国家向发展中国家进行技术转让，被认为是发展中国家进行可持续发展的重要动能。③ 科彻（Kirchherr）和厄本（Urban）也证实了在发展中国家引入低碳技术对实施绿色制造具有积极影响，技术引进的风险和成本对中小企业来说相对较低，这意味着技术引进更有可能促使中小企业采取绿色行为。④

从企业层面来看，高层管理者承诺对企业绿色行为的实施并没有显著影响，甚至有一定的负相关关系。由于中小企业的组织结构，高层管理者直接决定企业行为，然而，企业进行绿色发展通常具有高投入成本、低规模经济产出的特点，因此，绿色行为对企业边际利润的负面影响一直是企业家们关注的问题。⑤ 大多数中小制造企业的经营目标是节约成本和提高利润，因此企业管理者更关注利润，尤其是短期可预测利润，因此通常只在审计、认证或检查期间他们才会实施具有高环保意识的做法，⑥ 以此避免产生与全面实施绿色实践相关的成本和不确定性。员工参与对企业实施绿色行为有显著的正向影响，因为企业实施的绿色行为是具有实操性的，这意味着员工才是真正在一线实施生产行为的群体，他们更善于发现并解决环境相关问题，这能够在一定程度上促进中小

---

① SETH D, REHMAN M A A, SHRIVASTAVA R L. Green Manufacturing Drivers and Their Relationships for Small and Medium (SME) and Large Industries [J]. Journal of Cleaner Production, 2018, 198: 1381-1405.

② CAI W G, LI G P. The Drivers of Eco-Innovation and Its Impact on Performance: Evidence from China [J]. Journal of Cleaner Production, 2018, 176 (Supplement C): 110-118.

③ BLOHMKE J. Technology Complexity, Technology Transfer Mechanisms and Sustainable Development [J]. Energy for Sustainable Development, 2014 (23): 237-246.

④ WIENGARTEN F, FAN D, LO C K Y, et al. The Differing Impacts of Operational and Financial Slack on Occupational Safety in Varying Market Conditions [J]. Journal of Operations Management, 2017, 52: 30-45.

⑤ HUI I K, CHAN A H S, PUN K F. A Study of the Environmental Management System Implementation Practices [J]. Journal of Cleaner Production, 2001, 9 (3): 269-276.

⑥ GOVINDAN K, DIABAT A, SHANKAR K M. Analyzing the Drivers of Green Manufacturing with Fuzzy Approach [J]. Journal of Cleaner Production, 2015 (96): 182-193.

制造企业实施绿色制造。① 企业的环保活动具有系统性、复杂性和专业性等特点，这要求参与者保持分工协作、信息沟通、知识和经验的共享、传递和补充，这样才能保证绿色行为的有效实施。解决企业生产过程中存在的环境问题是一个"环节循环"的过程，这也要求以员工前期的知识和经验为基础，如果员工没有真正参与到"绿色化"的过程中，中小制造企业"绿色化"将仅停留在理念的阶段。

经研究发现，政府实施的环境规制和激励措施都对企业的绿色实践产生了直接的积极影响，主要是因为污染控制和排放交易政策指导方针可以迫使中小企业实施政府采购，特别是在我国，近年来政府环保力度不断加大，如果工厂无法达到环保要求，就会面临被勒令关闭的危机。出于中小企业的逐利性，贷款、税收激励和其他经济利益等激励措施有助于激发它们的绿色动机。② 然而，在社会层面上，尽管在一些研究中，客户需求曾被视为企业进行绿色转型的主要驱动因素，但目前的研究结果显示，它并不是我国中小制造企业"绿色化"的重要驱动因素，米拉斯·罗德里格斯等的研究得出了类似的结论，该研究指出发展中国家绿色发展的程度与进程之所以落后于发达国家，主要原因是环保意识还没有深入人心，消费者往往更注重质量好、价格低的产品，而不将环境因素考虑在内。③ 虽然我国消费者的环保意识正逐渐提升，但是在消费者真正实施购买决策的时候，他们仍然更加注重自身的经济利益，倾向于买性价比更高的产品。然而，大众传媒、环保委员会等非政府机构没有在经济利益与环保之间做抉择的困扰，这些团体能够更好地了解绿色发展的必要性和迫切性，它们可以积极监测企业的生产行为，并对企业施加环境责任的压力，④ 来源于它们的压力对促进我国中小制造企业采取绿色行为的影响十分显著。

与以往大多数研究成果一样，本研究的研究结果也证实了绿色行为的实施可以创造一个多方共赢的局面。绿色行为可以通过减少原材料的投入量节约成

---

① MITTAL V K, SANGWAN K S. Ranking of Drivers for Green Manufacturing Implementation Using Fuzzy Technique for Order of Preference by Similarity to Ideal Solution Method [J]. Journal of Multi-Criteria Decision Analysis, 2015, 22 (1-2): 119-130.

② BAI Y, HUA C, JIAO J, et al. Green Efficiency and Environmental Subsidy: Evidence from Thermal Power Firms in China [J]. Journal of Cleaner Production, 2018 (188): 49-61.

③ MIRAS-RODRÍGUEZ M D M, MACHUCA J A D, ESCOBAR-PÉREZ B. Drivers That Encourage Environmental Practices in Manufacturing Plants: A Comparison of Cultural Environments [J]. Journal of Cleaner Production, 2018, 179: 690-703.

④ LIAO X, SHI X. Public Appeal, Environmental Regulation and Green Investment: Evidence from China [J]. Energy Policy, 2018 (119): 554-562.

本,抢占市场份额获取利润,树立良好的企业形象提高竞争力等方式有效提高企业的经济绩效;① 可以通过在原材料选取过程中摒弃有毒、有害、不可降解的原材料保障资源投入源头的环保性,使用清洁技术减少污染物的排放等方式增加企业的环境绩效;② 可以通过采用清洁技术和绿色生产工艺提高资源利用率,在产品生命周期结束时对其进行回收再利用节约原材料投入量等原因,帮助企业达成资源绩效;企业的绿色生产行为是一个环境友好的行为,它保障了员工和当地社区的健康与安全,同时,企业的绿色行为会带动相关产业链的经营活动,从而间接创造就业岗位,对社会福祉产生积极的影响,实现企业的社会绩效③。

三、多群组分析

多群组分析可以用于检验不同子样本之间的调节关系。④ 本研究采用多群组分析法来检验行业类型的调节作用。PLS-SEM 中的多群组分析根据调节变量对总体样本进行分组,并对每个子样本单独运行模型。本研究的调节变量为制造企业所从属的不同行业类型,因此以这三种类型的中小制造企业为分类标准,将总体样本也划分为了劳动密集型、资源密集型和资本技术密集型三个子样本。为了保证多群组分析的有效性,需要检验每个子样本的信效度,以及结构是否存在多重共线性问题。

表 5-33 展示了子样本的结构 VIF,从表中可以看出,所有内在潜变量的 VIF 值都低于 5,证明所有子样本均不存在多重共线性的问题。表 5-34、表 5-35、表 5-36 分别描述了劳动密集型、资源密集型以及资本技术密集型的子样本的组合信度、AVE 和福内尔·拉克准则评分,三大指标分别评估了子样本的信度、聚合效度以及区分效度。从表中数据可以看出,三个子样本均展现出良好

---

① ABOELMAGED M. The Drivers of Sustainable Manufacturing Practices in Egyptian SMEs and Their Impact on Competitive Capabilities: A PLS-SEM Model [J]. Journal of Cleaner Production, 2018 (175): 207-221.
② CHENG J, LIU Y. The Effects of Public Attention on the Environmental Performance of High-Polluting Firms: Based on Big Data from Web Search in China [J]. Journal of Cleaner Production, 2018 (186): 335-341.
③ GIOVANNI P D. Do Internal and External Environmental Management Contribute to the Triple Bottom Line? [J]. International Journal of Operations & Production Management, 2012, 32 (3): 265-290.
④ HENSELER J, FASSOTT G. Testing Moderating Effects in PLS Path Models: An Illustration of Available Procedures [M] // Handbook of Partial Least Squares: Concepts, Methods and Applications. Berlin: Springer Berlin Heidelberg, 2010: 719-721.

的可靠性和有效性。综上，三个子样本可以进行多群组分析。

表 5-33 子样本多重共线性分析

因变量	自变量	VIF 劳动密集型	VIF 资源密集型	VIF 资本技术密集型
"绿色化"行为	技术创新	1.628	2.647	1.839
	技术引进	2.893	3.011	2.130
	高层管理者承诺	2.385	4.143	2.535
	员工参与	2.245	2.954	2.053
	规制	2.565	4.197	2.412
	激励	2.169	1.658	1.582
	消费者需求	2.570	1.992	1.928
	公众压力	1.408	2.789	2.018
经济绩效	"绿色化"行为	1	1	1
环境绩效	"绿色化"行为	1	1	1
资源绩效	"绿色化"行为	1	1	1
社会绩效	"绿色化"行为	1	1	1

当子样本满足多群组分析条件后，首先对子样本分别运行模型，评价子样本的假设接受情况。再运用 PLS-MGA 工具分析子样本之间的路径系数差异是否存在统计学意义，如果存在统计学意义，则可以证明不同行业类型能够调节"绿色化"驱动因素与企业实施"绿色化"行为的关系；如果不存在统计学意义，则行业类型在本研究构建的模型中无法起到调节效应。

在运行 PLS-MGA 程序后，可以发现各个子样本路径系数具有差异，具体见表 5-37。虽然技术创新无法影响劳动密集型和资源密集型企业实施绿色行为，但是却能显著促进资本技术密集型企业的绿色转型。技术引进可以正向影响劳动密集型和资本技术密集型企业的绿色发展动机，但是对资源密集型企业的作用并不明显。高层管理者承诺对企业实施绿色行为的影响在三种类型的企业中都不显著，员工参与却只在资源密集型子样本中能够显著影响企业的绿色实践。法律规制同样能够作用于三种类型的企业采取积极的环保行为，但是激励措施对资源密集型企业实施环境友好行为影响效果不明显。有趣的是，公众压力却仅能促进资源密集型企业的绿色发展。消费者需求的结果与总体样本结果一致，无法推动中小制造企业的"绿色化"进程。

从行业类型来看，与劳动密集型和资源密集型相比，资本技术密集型企业实施绿色行为受技术因素的影响更大，尤其是技术创新对企业的影响，因为资本技术密集型企业的核心竞争力就是新技术，如果企业不能及时开展技术创新活动，在技术高速发展的时代，它们将无法在市场上站稳脚跟。[1] 此外，由于技术的快速进步和外部市场环境的不断变化，技术升级的压力也在不断加大，因此，为了有效应对环境保护问题，劳动密集型企业试图从技术的角度出发，寻求解决这些问题的突破点。资源密集型企业的生产活动主要依赖于能源、原材料等资源的投入，对技术变化相对不敏感，这就是为什么技术创新或技术引进无法有效促进这些企业实施绿色行为的原因。但资本密集型企业的员工对企业采取绿色实践具有一定的影响，这可能是因为行业本身的特点使员工更加了解生产过程的资源耗费等问题，他们能更好地理解生产与运营活动、资源与环境之间的关系。[2] 另一个反常现象是，劳动密集型企业是否实施绿色行为并不受公众压力的影响，这也是我国的一个特点，因为劳动密集型企业更加倾向于在小范围的社会圈子运作，所以受外部社会影响较小。

虽然子样本之间的路径系数存在差异，但每个子样本的样本量不同，还需检验这些路径系数差异是否存在统计学意义。从表5-38中可以看出，虽然三个子样本的路径系数不同，假设检验的结果也不同，但是PLS-MGA的路径系数差异测算结果表明，劳动密集型和资本技术密集型企业关于技术创新对于绿色行为的影响，以及资本技术密集型和资源密集型企业关于消费者需求对于绿色行为影响的路径系数差异具有显著性，其余系数差异均不显著。虽然考虑到消费者需求在不同行业类型中的路径系数具有显著差异，但是这个差异并不影响假设判别的结果，所以在多群组分析中，只有技术创新这一驱动因素在劳动密集型和资本技术密集型两类行业中对企业实施绿色行为的不同影响具有统计学意义。这一结论与只考虑子样本得出的路径系数的结论有偏差，主要是由于子样本是从现有研究样本按行业类型不同剥离出来的，每个子样本的样本容量较小，当样本数量能够继续扩大后，两个结论就会趋于一致。

---

[1] TAIB M Y M, UDIN Z M, GHANI A H A. The Collaboration of Green Design & Technology towards Business Sustainability in Malaysian Manufacturing Industry [J]. Procedia-Social and Behavioral Sciences, 2015 (211): 237-242.

[2] YUSOFF R B M, IMRAN A, QURESHI M I, et al. Investigating the Relationship of Employee Empowerment and Sustainable Manufacturing Performance [J]. International Review of Management and Marketing, 2016 (6): 284-290.

表 5-34 劳动密集型子样本信效度

	CR	AVE	CD	EE	EconP	EnvP	GP	PI	PP	PR	RP	SP	TIM	TIN	TMC
CD	0.858	0.601	0.776												
EE	0.908	0.665	0.702	0.816											
EconP	0.858	0.603	0.518	0.419	0.776										
EnvP	0.971	0.943	0.499	0.403	0.739	0.971									
GP	0.941	0.728	0.479	0.425	0.662	0.628	0.854								
PI	0.906	0.763	0.465	0.392	0.569	0.536	0.603	0.873							
PP	0.887	0.725	0.433	0.351	0.546	0.453	0.381	0.382	0.851						
PR	0.875	0.700	0.622	0.498	0.561	0.580	0.602	0.613	0.461	0.836					
RP	0.924	0.859	0.507	0.463	0.796	0.779	0.526	0.512	0.578	0.506	0.927				
SP	0.880	0.647	0.518	0.466	0.762	0.732	0.635	0.489	0.561	0.611	0.744	0.805			
TIM	0.829	0.619	0.585	0.587	0.627	0.629	0.569	0.671	0.412	0.566	0.673	0.604	0.787		
TIN	0.817	0.530	0.403	0.392	0.356	0.340	0.319	0.446	0.385	0.416	0.365	0.353	0.595	0.728	
TMC	0.765	0.523	0.606	0.567	0.513	0.470	0.449	0.497	0.443	0.683	0.479	0.495	0.611	0.462	0.723

第五章 我国中小制造企业"绿色化"驱动因素模型实证分析

表 5-35 资源密集型子样本信效度

	CR	AVE	CD	EE	EconP	EnvP	GP	PI	PP	PR	RP	SP	TIM	TIN	TMC
CD	0.880	0.647	0.804												
EE	0.890	0.619	0.535	0.787											
EconP	0.828	0.547	0.556	0.574	0.739										
EnvP	0.929	0.868	0.290	0.355	0.663	0.932									
GP	0.917	0.649	0.467	0.611	0.695	0.651	0.806								
PI	0.912	0.775	0.200	0.111	0.442	0.320	0.379	0.880							
PP	0.885	0.719	0.598	0.702	0.588	0.394	0.655	0.211	0.848						
PR	0.842	0.643	0.521	0.400	0.549	0.568	0.564	0.481	0.531	0.802					
RP	0.923	0.856	0.387	0.470	0.690	0.626	0.713	0.196	0.511	0.403	0.925				
SP	0.898	0.689	0.472	0.619	0.813	0.734	0.828	0.394	0.686	0.528	0.692	0.830			
TIM	0.818	0.601	0.312	0.415	0.549	0.447	0.482	0.430	0.502	0.353	0.588	0.577	0.775		
TIN	0.774	0.509	0.245	0.492	0.553	0.337	0.440	0.254	0.398	0.257	0.458	0.464	0.746	0.713	
TMC	0.747	0.537	0.348	0.491	0.555	0.549	0.524	0.515	0.475	0.815	0.385	0.546	0.395	0.300	0.733

表 5-36 资本技术密集型子样本信效度

	CR	AVE	CD	EE	EconP	EnvP	GP	PI	PP	PR	RP	SP	TIM	TIN	TMC
CD	0.890	0.669	0.818												
EE	0.903	0.653	0.596	0.808											
EconP	0.848	0.583	0.530	0.451	0.763										
EnvP	0.953	0.911	0.305	0.228	0.692	0.955									
GP	0.940	0.725	0.437	0.416	0.572	0.624	0.851								
PI	0.830	0.626	0.315	0.199	0.501	0.529	0.490	0.791							
PP	0.849	0.654	0.508	0.419	0.617	0.605	0.523	0.513	0.809						
PR	0.863	0.678	0.433	0.288	0.576	0.606	0.522	0.480	0.586	0.823					
RP	0.887	0.797	0.451	0.395	0.744	0.782	0.558	0.459	0.605	0.538	0.893				
SP	0.905	0.705	0.510	0.515	0.740	0.682	0.532	0.376	0.514	0.494	0.810	0.839			
TIM	0.814	0.594	0.421	0.508	0.492	0.451	0.546	0.346	0.472	0.416	0.514	0.512	0.771		
TIN	0.794	0.503	0.464	0.497	0.457	0.309	0.494	0.399	0.383	0.354	0.379	0.403	0.590	0.709	
TMC	0.826	0.613	0.378	0.500	0.520	0.440	0.458	0.295	0.466	0.643	0.456	0.450	0.612	0.450	0.783

第五章 我国中小制造企业"绿色化"驱动因素模型实证分析

表 5-37 子样本路径系数

路径	劳动密集型 β	劳动密集型 T统计量	劳动密集型 p值	资源密集型 β	资源密集型 T统计量	资源密集型 p值	资本技术密集型 β	资本技术密集型 T统计量	资本技术密集型 p值
TIN->GP	-0.099	1.175	0.240	0.079	1.077	0.282	0.121	2.395	0.017
TIM->GP	0.232	2.291	0.022	0.035	0.300	0.764	0.233	3.466	0.001
TMC->GP	-0.091	0.993	0.321	-0.092	0.943	0.346	-0.042	0.567	0.571
EE->GP	0.060	0.721	0.471	0.295	2.490	0.013	0.092	1.342	0.180
PR->GP	0.319	2.686	0.007	0.272	2.664	0.008	0.214	2.825	0.005
PI->GP	0.270	3.403	0.001	0.176	1.733	0.083	0.185	3.437	0.001
PP->GP	0.076	1.186	0.236	0.281	2.519	0.012	0.109	1.831	0.067
CD->GP	0.039	0.374	0.709	-0.034	0.482	0.630	0.038	0.584	0.559
GP->EconP	0.662	16.864	0.000	0.695	14.980	0.000	0.572	8.681	0.000
GP->EnvP	0.628	10.299	0.000	0.651	8.593	0.000	0.624	11.226	0.000
GP->RP	0.526	6.375	0.000	0.713	14.870	0.000	0.558	8.388	0.000
GP->SP	0.635	10.006	0.000	0.828	28.688	0.000	0.532	9.007	0.000

注：$*p<0.05$，$**p<0.01$，$***p<0.001$。

表 5-38 子样本路径系数差异分析

路径	劳动密集型 vs 资源密集型			劳动密集型 vs 资本技术密集型			资本技术密集型 vs 资源密集型		
	β差异	T值差异	p值差异	β差异	T值差异	p值差异	β差异	T值差异	p值差异
TIN->GP	0.178	1.589	0.113	0.220	2.412	0.016	0.027	0.296	0.767
TIM->GP	0.198	1.316	0.189	0.001	0.005	0.996	0.05	0.414	0.679
TMC->GP	0.001	0.007	0.994	0.049	0.418	0.676	0.009	0.085	0.932
EE->GP	0.235	1.622	0.106	0.032	0.295	0.768	0.155	1.667	0.096
PR->GP	0.047	0.296	0.767	0.104	0.782	0.435	0.058	0.461	0.645
PI->GP	0.095	0.743	0.458	0.086	0.935	0.350	0.072	0.721	0.471
PP->GP	0.205	1.643	0.101	0.033	0.372	0.710	0.042	0.491	0.624
CD->GP	0.073	0.57	0.569	0.001	0.011	0.992	0.296	3.779	0.000

注：$*p<0.05$，$**p<0.01$，$***p<0.001$。

在分析三个子样本的独立结果时，虽然本研究阐明了"绿色化"驱动因素在不同行业类型中产生不同效用的可能性原因，但是由于我国目前还没有专门出台细化到针对某一特定类型企业的法律政策，社会公众对于不同类型的中小制造企业发出不同的环境声音的现象还没有全面普及，因此我国中小制造企业面临的外部环境仍然是大体相似的，除技术创新对于资本技术密集型企业的影响具有特别含义以外，其他"绿色化"驱动因素在不同行业类型中小制造企业中的作用机理和效用都趋于一致。考虑到只有技术创新的路径系数在不同行业类型之间具有显著差异，"绿色化"驱动因素对我国不同行业类型中小制造企业实施绿色行为影响的调节作用只在特定情况下产生，因此 H6 假设得到部分支持。

根据样本分析结论，本研究构建的我国中小制造企业"绿色化"驱动模型的假设验证结果汇总如表 5-39 所示。

表 5-39 假设检验结果汇总

编号	假设内容	检验结果
H1a	技术创新对企业实施绿色行为具有正向影响	拒绝
H1b	技术引进对企业实施绿色行为具有正向影响	接受
H2a	高层管理者承诺对企业实施绿色行为具有正向影响	拒绝
H2b	员工参与对企业实施绿色行为具有正向影响	接受
H3a	法律规制对企业实施绿色行为具有正向影响	接受
H3b	激励措施对企业实施绿色行为具有正向影响	接受
H4a	公众压力对企业实施绿色行为具有正向影响	接受
H4b	消费者需求对企业实施绿色行为具有正向影响	拒绝
H5a	中小制造企业实施绿色行为对企业的经济绩效具有正向影响	接受
H5b	中小制造企业实施绿色行为对企业的环境绩效具有正向影响	接受
H5c	中小制造企业实施绿色行为对企业的资源绩效具有正向影响	接受
H5d	中小制造企业实施绿色行为对企业的社会绩效具有正向影响	接受
H6	"绿色化"驱动因素对不同行业类型的中小制造企业实施绿色行为的影响是不同的	部分接受

本章小结

本章的主要目的是验证第四章推导的我国中小制造企业"绿色化"驱动模型和相关假设。本章首先介绍了 PLS-SEM，形成了初始测量题项，在完成小样本试测后对量表进行修正和完善。通过分析收集的 652 份有效问卷，测量模型结果表示样本满足了信度、收敛效度和区分效度的检验标准，结构模型结果表示技术引进、激励、规制、员工参与和社会公众这五个驱动因素能够显著正向影响中小制造企业实施绿色行为，技术创新、高层管理承诺和消费者需求的驱动效益没有得到支持，绿色行为能够同时创造经济绩效、环境绩效、资源绩效和社会绩效。通过多群组分析将我国中小制造企业划分为资源密集型、劳动密集型和资本技术密集型三种行业类型。虽然本研究的不同行业类型子样本"绿色化"驱动因素的效用有所差距，但是只有技术创新在劳动密集型和资本技术密集型中的路径系数差异才具有统计学意义。因此，行业类型只在特定情况下调节"绿色化"驱动因素与我国中小制造企业实施绿色行为之间的关系。

第六章

我国中小制造企业"绿色化"驱动因素效率的评估与作用机理优化分析

要通过我国中小制造企业"绿色化"实现我国可持续发展的目标,就必须准确地实施政策,建立适当的"绿色化"驱动因素体系,并在更广泛的背景下对经济、社会和生态效益进行综合评价。[1] 政府的政策制定是一个长久且耗费人力投入的过程,企业的战略、战术的制订也是关乎企业生存发展的问题,并且不管是政府政策还是企业战略的实施,都会涉及人力、物力和财力的大量投入,只有将这些有限的资源投入最能产生效益的部分,才能实现帕累托最优。衡量绩效有助于增强意识、指导决策和评估既定目标的实现,因此,评估"绿色化"驱动因素的效率,有助于企业和政府及时调整相关战略、策略措施。对于我国中小制造企业的绿色发展,无论是政府还是企业本身都无法全方位地兼顾各方面,因此,评估出关键绿色驱动因素,实施靶向瞄准,根据二八定律,将资源与精力集中于最有推动作用的绿色驱动因素,有助于更加有效地推动我国中小制造企业"绿色化"的进程。

第一节 "绿色化"驱动因素评估指标体系构建

获取可持续绩效是我国中小制造企业实施"绿色化"的原始动机,也是"绿色化"驱动因素通过促进企业实施"绿色化"行为所达到的最终目的。因此,可持续绩效也是评价"绿色化"驱动因素效率高低的准则。根据我国中小制造企业"绿色化"驱动因素的实证研究,不管属于哪种行业类型的中小制造

---

[1] PANG R, ZHANG X. Achieving Environmental Sustainability in Manufacture: A 28-Year Bibliometric Cartography of Green Manufacturing Research [J]. Journal of Cleaner Production, 2019 (233): 84-99.

企业，"绿色化"行为都能为企业带来涉及经济、环境、资源与社会四方面的可持续绩效。在经济方面，企业的绿色行为可能涉及额外成本和财务效益；[①] 在社会方面，绿色制造系统可能影响公众对环境的满意度；在环境方面，绿色制造在减少污染物排放方面发挥着重要作用。我国中小制造企业"绿色化"驱动因素的评估准则分为经济绩效、环境绩效、资源绩效与社会绩效四类。技术引进、员工参与、规制、激励和公众压力为评价指标。由于行业类型的调节作用仅得到有限支持，因此本研究不单独考虑不同行业类型下的中小制造企业驱动因素的评估。

第二节 "绿色化"驱动因素评估方法选择

对于绿色驱动因素的评估是一个复杂的过程，因同时涉及政策、社会、企业、技术等不同评判标准。识别出驱动力强的绿色驱动因素，对于政府制定相关政策以及企业制订相应战略有着重要的影响。多属性决策（MADM）旨在帮助决策者通过考虑多个、不一致或冲突的标准，从一组备选方案中选择最佳的候选方案。[②] 经研究证明，如层次分析法（AHP）、网络分析法（ANP）、逼近理想解排序法（TOPSIS）和决策试验与实验评估法（DEMATEL）等多准则决策方法（MCDM）能够被用于评估绿色驱动因素。

传统研究大多假设评估指标的评估标准或准则是相对独立的，但在现实决策过程中这种假设是不成立的，因为所有因素都存在于社会环境而非真空之中，所以它们不可能是完全独立的个体，在一定程度上这些因素都会相互促进或者相互制约。中小制造企业"绿色化"可持续绩效所涉及的四方面亦是如此。

例如，如果企业的"绿色化"行为为企业带来了资源绩效，意味着由于企业生产效率的提高或清洁技术的使用，企业只需消耗更少的原材料便会创造与传统生产模式下相同的产品产量，资源投入量的减少也为企业节约了生产成本、增加了营业利润，这也进一步为企业创造了经济绩效；更少的原材料投入意味着物料的充分使用，特别是与能源相关的制造业，少量的能源投入产生同等数

[①] ALBORT-MORANT G, HENSELER J, LEAL-MILLÁN A, et al. Mapping the Field: A Bibliometric Analysis of Green Innovation [J]. Sustainability, 2017, 9 (6): 1-15.

[②] BAYKASOĞLU A, GÖLCÜK İ. Development of a Novel Multiple-Attribute Decision Making Model Via Fuzzy Cognitive Maps and Hierarchical Fuzzy TOPSIS [J]. Information Sciences, 2015 (301): 75-98.

量的产出，能源被充分燃烧或转换，将极大程度上减少废水、废气、废物的排放，这也对企业的资源绩效产生了积极的影响；在资源与能源危机的大环境下，社会公众及政府追求资源节约型的社会，企业的资源绩效满足了其外部利益相关者的诉求，也为社会公众和员工创造了更清洁、安全的环境，有利于促进企业的社会绩效提升。

相关实证研究也为制造企业可持续绩效四个维度存在耦合关系这一论点提供了支撑，乌加特（Ugarte）等的研究表明，一些精益生产的做法虽然有效地提高了企业运营绩效，但却在无意中增加了温室气体排放量。[1] 维恩加滕（Wiengarten）等也指出，企业为提高运营效率所做的努力可能会危及工人的健康和安全。[2] 前人的研究表明，可持续发展与企业经营导向之间存在一定的目标冲突，但是鉴于合法性理论，利益相关者会要求企业以更可持续的方式进行生产运营活动，并且对企业施加的压力会越来越大，企业必须积极培养可持续性导向的经营理念，努力实现环境和社会效益，从而获得利益相关者的支持，确保在市场与社会环境中的合法性。[3]

绩效之间的关系并非单纯的同增同减或者此消彼长的线性关系，它们之间的关系属于更加复杂的网络型关系。例如，企业为了实现其环境绩效，会加大对污染防治的投资，可能需要将环境问题纳入产品设计理念中，从而引进或研发清洁或绿色技术、购买新的设备提高生态效率、加强末端控制、增加控制"三废"排放的成本等，这些行为都需要企业投入大量的资本、人力与物力，在一定程度上增加了企业生产运营的经济负担，也许会逆向影响企业的经济绩效。但是由于环境绩效的增加，企业满足了利益相关者关于环保的要求，获得了市场与社会的认可，建立了良好的企业声誉，会正向影响企业产品的销售量，间接为企业增加利润提供了另一种可能性，从这一角度出发，企业环境绩效的提

---

[1] UGARTE G M, GOLDEN J S, DOOLEY K J. Lean Versus Green: The Impact of Lean Logistics on Greenhouse Gas Emissions in Consumer Goods Supply Chains [J]. Journal of Purchasing and Supply Management, 2016, 22 (2): 98-109.

[2] WIENGARTEN F, FAN D, LO C K Y, et al. The Differing Impacts of Operational and Financial Slack on Occupational Safety in Varying Market Conditions [J]. Journal of Operations Management, 2017, 52: 30-45.

[3] BOS-BROUWERS H E J. Corporate Sustainability and Innovation in SMEs: Evidence of Themes and Activities in Practice [J]. Business Strategy and the Environment, 2009, 19 (7): 417-435; SIGNORI P, FLINT D J, GOLICIC S. Toward Sustainable Supply Chain Orientation (SSCO): Mapping Managerial Perspectives [J]. International Journal of Physical Distribution & Logistics Management, 2015, 45 (6): 536-564.

升又可能提升企业经济绩效。综上，可以合理推导中小制造企业"绿色化"经济绩效、环境绩效、资源绩效与社会绩效并不能作为独立的标准对驱动因素进行考核，应该综合考虑四者之间的相互影响度与被影响度，进而明确每个绩效的重要程度，以此为统一标准对绩效进行赋权，评估各个驱动因素。

但是对于不同行业类型的中小制造企业，经济绩效、环境绩效、资源绩效和社会绩效的重要程度可能不一致。曾等的研究表明，轻污染的中小企业环境绩效与经济绩效呈现出正相关关系，但是属于重污染的中小企业的环境绩效与经济绩效之间的正向关系则不明确，因为高污染企业需要投入更高的成本进行环境治理。[1]

此外，在复杂系统的决策问题中，定性评价标准的专家评价往往通过语言来表达，而不单是精确的数值反映，这意味着专家的评价结果是一个向量，而不是一个点值，这使得计算复杂系统的决策问题变得困难。由于无法从决策者那里获得准确的评估数据，大多数评估标准和备选方案都无法精准确定。为了解决以上问题，本研究引入模糊集理论，它不仅可以描述评价对象，而且可以对参考信息进一步处理，因此可以用来衡量人的模糊判断。

因此，本研究采用两阶段模糊集的方法论模型。本研究的研究方法和模型是对贝卡索格鲁（Baykasoglu）和格尔居克（Golcuk）、[2] 贝卡索格路（Baykasoǧlu）等、[3] 布尤科兹坎和奇夫奇[4]等学者研究成果的提炼和总结。在文献梳理和专家意见的基础上，明确了本研究的研究目标。根据前文假设检验的结果，明确了我国中小企业的绿色驱动因素。根据文献和专家意见，确定了评估模型、评估标准和绿色驱动因素，并要求专家组明晰评价标准与驱动因素之间的相互依赖性和相关性。

---

[1] ZENG S X, MENG X H, ZENG R C, et al. How Environmental Management Driving Forces Affect Environmental and Economic Performance of SMEs: A Study in the Northern China District [J]. Journal of Cleaner Production, 2011, 19 (13): 1426-1437.

[2] BAYKASOGLU A, GOLCUK I. Development of an Interval Type – 2 Fuzzy Sets Based Hierarchical MADM Model by Combining DEMATEL and TOPSIS [J]. Expert Systems with Applications, 2017, 70: 37-51.

[3] BAYKASOǦLU A, KAPLANOǦLU V, DURMUOǦLU Z D U, et al. Integrating Fuzzy DEMATEL and Fuzzy Hierarchical TOPSIS Methods for Truck Selection [J]. Expert Systems with Applications, 2013, 40 (3): 899-907.

[4] BÜYÜKÖZKAN G, ÇIFÇI G. A Novel Hybrid MCDM Approach Based on Fuzzy DEMATEL, Fuzzy ANP and Fuzzy TOPSIS to Evaluate Green Suppliers [J]. Expert Systems with Applications, 2012, 39 (3): 3000-3011.

一、模糊集

显然,在复杂的决策过程中,不确定性的各方面都是预先存在的。不确定性可能来自包括形式、标准、目标、系统、行为等不同的方面,且与决策者的偏好高度相关。但在与复杂系统有关的决策问题中,专家或决策者对某一对象定性标准的评价往往是用语言表达的,这样的语言评价是模糊的,因此,无法用精确的数值对主观语言判断进行界定,这使得进一步的分析很难计算。为此,将模糊集理论引入决策方法中,可以解决语言不确定性带来的评估结果不准确的问题。[1] 模糊集理论是由查德(Zadeh)提出的,以解决人类认知和推理的模糊性和歧义性,作为一种处理数据的方法,模糊集使用部分集隶属度代替明晰的集隶属度,并运用数学计算优势来解决此类不确定性。[2] 为了便于计算,本研究采用三角模糊数来评价决策者的偏好。三角模糊数定义为 (a, b, c),其中 $a \leqslant b \leqslant c$。参数 a、b 和 c 分别表示最小可能值、最有希望值和最大可能值。

二、DEMATEL

1972—1976 年日内瓦巴特尔纪念研究所的科学和人类事务项目开发出决策试验与评估实验室(Decision-making Trail and Evaluation Laboratory, DEMATEL),是构建和分析复杂因素之间因果关系的结构模型的综合工具。与 ISM 方法一样,DEMATEL 也建立在图论的基础上,运用可视化的方法分析和解决问题。这种结构建模方法采用有向图、因果图的形式来表示各因素之间的相互依赖关系和影响效应的大小。该方法根据客观事物的具体特点,通过分析系统变量或属性之间的相互依赖关系,确定各要素的影响度和被影响度,并将反映该特征的关系限定在一个基本系统和发展趋势上,这可以使研究者更好地理解系统要素之间

---

[1] LIN R-J. Using Fuzzy DEMATEL to Evaluate the Green Supply Chain Management Practices [J]. Journal of Cleaner Production, 2013 (40): 32-39; SHEN L, LAYA O, GOUINDA N K. A Fuzzy Multi Criteria Approach for Evaluating Green Supplier's Performance in Green Supply Chain with Linguistic Preferences [J]. Resources, Conservation and Recycling, 2013 (74): 170-179.

[2] ZADEH L A. Systems Theory in the Social Sciences: Stochastic and Control Systems Pattern Recognition Fuzzy Analysis Simulation Behavioral Models [M]. Basel: Birkhäuser Basel, 1976, 202-282.

的结构关系，找到解决复杂系统问题的方法。[1]

三、TOPSIS

Technique for Order Preference by Similarity to Ideal Solution（TOPSIS）是由黄（Hwang）[2]开发的一种对方案进行排序的方法，其思想是使得所选择的方案与正理想解的距离最短且与负理想解的距离最长。其思想和运行原理主要是通过评估所选择的方案与最优解（正理想解）和最劣解（负理想解）之间的距离，对方案的优劣程度进行排序。如果方案离最优解的距离最近，同时还离最劣解的距离最远，那么该方案则被视为最优方案，反之，如果方案紧邻最劣解，并且远离最优解，那么该方案则被视为最不可选的方案。TOPSIS方法以其简单性和可理解性被成功地应用于各种决策问题，特别适用于解决社会经济和工程技术领域经常遇到的一类多指标、多方案的评价与排序问题。

第三节 "绿色化"驱动因素效率评估

一、数据来源

DEMATEL和TOPSIS均属于专家评判方法。为了保证专家结果的有效性，本研究将专家分为3个专家组，每个专家组3个人。第一组专家分别来自经济和信息化委员会、发展与改革委员会、绿色发展促进会等政府部门及相关行业协会；第二组专家为在高校、研究院所从事与环境、制造、管理等研究领域相关的学者；第三组专家为中小制造企业的高层管理者。三组专家需要分别对准则之间的相互影响程度以及准则对驱动因素的相对重要性进行打分。

由于专家评判方法问卷的特殊性，问卷有效性容易受到专家当时所处情境

---

[1] WU W-W, LEE Y-T. Developing Global Managers' Competencies Using the Fuzzy DEMATEL Method [J]. Expert Systems with Applications, 2007, 32（2）: 499-507; GABUS A, FONTELA E. Perceptions of the World Problematique: Communication Procedure, Communicating with Those Bearing Collective Responsibility [M]. Switzerland Geneva: Battelle Geneva Research Centre, 1973; BAYKASOGLU A, GOLCUK I. Development of an Interval Type-2 Fuzzy Sets Based Hierarchical MADM Model by Combining DEMATEL and TOPSIS [J]. Expert Systems with Applications, 2017（70）: 37-51.

[2] HWANG C L, YOON K. Multiple Auribute Decision Making [M]. Berlin: Springer, 1981.

的影响，因此本次问卷填写分为两轮。第一轮问卷填写采用了直接访谈专家的形式，将访谈结果转变为问卷评分，回收整理问卷后，对于组内有争议的评判再次访谈专家，请他们说明评判原因并及时反馈给组内其他专家，遵循德尔菲法，直到达成一致意见为准，形成三份来自不同专家组的问卷。

一个月后实施第二轮问卷填写，此次问卷填写在与专家沟通问卷设计逻辑以及评判标准的基础上，采取请专家直接在问卷上进行打分的方式，同样遵循德尔菲法获取第二轮的三份不同专家组的问卷。对比两轮问卷结果，发现在评估准则评价中，两轮专家评价结果具有一致性，但是在评估指标的评价中，评价结果具有一定偏差。高校专家组与政府及行业协会专家组关于技术引进这一指标的评价结果具有不一致性；企业专家组关于社会压力和员工参与的评价不一致。关于这几项评价结果不一致的问卷，通过电话访谈的方式联系了相应的专家，征询了评价结果不一致的原因以及最终确定的评价结果。

二、数据分析

（一）DEMATEL 分析

1. 建立模糊直接关系矩阵 $\tilde{K}$

专家通过分析各系统要素的直接影响，可以用语言表达各准则的影响程度和交互作用，从而构造 $n×n$ 的直接关系矩阵 $\tilde{K}$，其中 $\tilde{K}_{ij} = (L_{ij}, M_{ij}, U_{ij})$，表示专家认为准则 i 对准则 j 的影响程度。

专家对于评估准则影响程度的判断分为非常低、低、中等、高、非常高五个级别，分别用 VL、L、M、H、VH 表示。表 6-1 展示了语义术语的隶属函数，根据语义术语的转化规则，没有评价的部分则用（0，0，0）表示。最终三组专家的初始评分和可供进一步分析的专家打分的三角模糊数如表 6-2、表 6-3、表 6-4 所示。

表 6-1　准则评价结果的隶属函数

语义术语	语义代码	隶属函数
非常低	VL	(1, 1, 3)
低	L	(1, 3, 5)
中等	M	(3, 5, 7)
高	H	(5, 7, 9)
非常高	VH	(7, 9, 9)

表 6-2　高校专家组对评估准则相互关系的初始评价

评估准则	C1	C2	C3	C4	C1	C2	C3	C4
C1	-	L	M	M	(0, 0, 0)	(1, 3, 5)	(3, 5, 7)	(3, 5, 7)
C2	M	-	H	H	(3, 5, 7)	(0, 0, 0)	(5, 7, 9)	(5, 7, 9)
C3	H	VH	-	M	(5, 7, 9)	(7, 9, 9)	(0, 0, 0)	(3, 5, 7)
C4	H	M	L	-	(5, 7, 9)	(3, 5, 7)	(1, 3, 5)	(0, 0, 0)

注：C1 为经济绩效，C2 为环境绩效，C3 为资源绩效，C4 为社会绩效。

表 6-3　政府专家组对评估准则相互关系的初始评价

评估准则	C1	C2	C3	C4	C1	C2	C3	C4
C1	-	M	M	H	(0, 0, 0)	(3, 5, 7)	(3, 5, 7)	(5, 7, 9)
C2	H	-	H	H	(5, 7, 9)	(0, 0, 0)	(5, 7, 9)	(5, 7, 9)
C3	VH	H	-	M	(7, 9, 9)	(5, 7, 9)	(0, 0, 0)	(3, 5, 7)
C4	VH	H	M	-	(7, 9, 9)	(5, 7, 9)	(3, 5, 7)	(0, 0, 0)

注：C1 为经济绩效，C2 为环境绩效，C3 为资源绩效，C4 为社会绩效。

表 6-4　企业专家组对评估准则相互关系的初始评价

评估准则	C1	C2	C3	C4	C1	C2	C3	C4
C1	-	M	H	M	(0, 0, 0)	(3, 5, 7)	(5, 7, 9)	(3, 5, 7)
C2	M	-	H	VH	(3, 5, 7)	(0, 0, 0)	(5, 7, 9)	(7, 9, 9)
C3	H	VH	-	H	(5, 7, 9)	(7, 9, 9)	(0, 0, 0)	(5, 7, 9)
C4	H	H	M	-	(5, 7, 9)	(5, 7, 9)	(3, 5, 7)	(0, 0, 0)

注：C1 为经济绩效，C2 为环境绩效，C3 为资源绩效，C4 为社会绩效。

2. 确定平均模糊直接关系矩阵 $\tilde{A}$

由于本研究有 3 个专家组进行相关评分，因此在得到初始模糊矩阵后，还需确定平均模糊矩阵。假设研究有 k 组决策者，每组都被要求评估每个准则之间的影响程度。平均模糊直接关系矩阵 $\tilde{A}$ 可以通过公式（6-1）获得，矩阵 $\tilde{A}$ 如表 6-5 所示。

$$\tilde{a}_{ij} = (l_{ij}, m_{ij}, u_{ij}) = \left(\frac{l_{ij}}{k}, \frac{m_{ij}}{k}, \frac{u_{ij}}{k}\right) \qquad (6-1)$$

<<< 第六章 我国中小制造企业"绿色化"驱动因素效率的评估与作用机理优化分析

表6-5 平均模糊直接关系矩阵

准则	C1	C2	C3	C4
C1	(0,0,0)	(2.333,4.333,6.333)	(3.667,5.667,7.667)	(3.667,5.667,7.667)
C2	(3.667,5.667,7.667)	(0,0,0)	(5,7,9)	(5.667,7.667,9)
C3	(5.667,7.667,9)	(6.333,8.333,9)	(0,0,0)	(3.667,5.667,7.667)
C4	(5.667,7.667,9)	(4.333,6.333,8.333)	(2.333,4.333,6.333)	(0,0,0)

3. 计算标准化模糊直接关系矩阵 $\widetilde{X}$

根据直接关系矩阵，标准化的直接关系矩阵 $\widetilde{X}$ 可以通过公式（6-2）计算而得，矩阵 $\widetilde{X}$ 如表6-6所示。

令 $\widetilde{a}_{ij} = (l_{ij}, m_{ij}, u_{ij})$ 且 $s = \dfrac{1}{\max_{1 \leq i \leq n} \sum_{j=1}^{n} u_{ij}}$

$$\widetilde{X} = s \times \widetilde{A} \qquad (6-2)$$

表6-6 标准化模糊直接关系矩阵

准则	C1	C2	C3	C4
C1	(0,0,0)	(0.091,0.169,0.247)	(0.143,0.221,0.299)	(0.143,0.221,0.299)
C2	(0.143,0.221,0.299)	(0,0,0)	(0.195,0.273,0.351)	(0.221,0.299,0.351)
C3	(0.221,0.299,0.351)	(0.247,0.325,0.351)	(0,0,0)	(0.143,0.221,0.299)
C4	(0.221,0.299,0.351)	(0.169,0.247,0.325)	(0.091,0.169,0.247)	(0,0,0)

4. 识别模糊总关系矩阵 $\widetilde{T}$

总关系矩阵（表6-7）能通过下列公式获得，其中 I 是单位矩阵。令 $\widetilde{x}_{ij} = (l_{ij}, m_{ij}, u_{ij})$，并分别定义3个精确值矩阵，3个矩阵元素则从模糊矩阵中提取出来。

$$X_1 = \begin{bmatrix} 0 & l_{12} & \cdots & l_{1n} \\ l_{21} & 0 & \cdots & l_{2n} \\ \vdots & \vdots & & \vdots \\ \vdots & \vdots & \cdots & \vdots \\ \vdots & \vdots & & \vdots \\ l_{n1} & l_{n2} & \cdots & 0 \end{bmatrix}, X_2 = \begin{bmatrix} 0 & m_{12} & \cdots & m_{1n} \\ m_{21} & 0 & \cdots & m_{2n} \\ \vdots & \vdots & & \vdots \\ \vdots & \vdots & \cdots & \vdots \\ \vdots & \vdots & & \vdots \\ m_{n1} & m_{n2} & \cdots & 0 \end{bmatrix}, X_3 = \begin{bmatrix} 0 & u_{12} & \cdots & u_{1n} \\ u_{21} & 0 & \cdots & u_{2n} \\ \vdots & \vdots & & \vdots \\ \vdots & \vdots & \cdots & \vdots \\ \vdots & \vdots & & \vdots \\ u_{n1} & u_{n2} & \cdots & 0 \end{bmatrix}$$

为了获取精确值，总关系模糊矩阵 $\widetilde{T}$ 由公式（6-3）获得：

$$\widetilde{T}=\widetilde{X}\ (I-\widetilde{X})^{-1} \quad (6\text{-}3)$$

令 $\widetilde{T} = \begin{bmatrix} \tilde{t}_{11} & \tilde{t}_{12} & \cdots & \tilde{t}_{1n} \\ \tilde{t}_{21} & \tilde{t}_{22} & \cdots & \tilde{t}_{2n} \\ \vdots & \vdots & & \vdots \\ \vdots & \vdots & & \vdots \\ \vdots & \vdots & & \vdots \\ \tilde{t}_{n1} & \tilde{t}_{n2} & \cdots & \tilde{t}_{nn} \end{bmatrix}$

其中，$\tilde{t}_{ij}=(l'_{ij},\ m'_{ij},\ u'_{ij})$

$$\text{Matrix}\ [l'_{ij}]=X_l\ (I-X_l)^{-1} \quad (6\text{-}4)$$

$$\text{Matrix}\ [m'_{ij}]=X_m\ (I-X_m)^{-1} \quad (6\text{-}5)$$

$$\text{Matrix}\ [u'_{ij}]=X_u\ (I-X_u)^{-1} \quad (6\text{-}6)$$

表 6-7 总直接关系矩阵

准则	C1	C2	C3	C4
C1	(0.129,0.208,0.288)	(0.197,0.338,0.478)	(0.221,0.350,0.480)	(0.236,0.375,0.514)
C2	(0.308,0.451,0.586)	(0.160,0.226,0.284)	(0.301,0.424,0.542)	(0.343,0.474,0.574)
C3	(0.373,0.511,0.604)	(0.369,0.496,0.558)	(0.152,0.209,0.244)	(0.299,0.433,0.543)
C4	(0.335,0.476,0.588)	(0.273,0.408,0.537)	(0.205,0.335,0.460)	(0.137,0.206,0.268)

5. 计算每个准则的影响度和被影响度

利用总关系矩阵 $\widetilde{T}$ 中的元素进行结构相关性分析。矩阵 $\widetilde{T}$ 中的行和列的和分别表示为 $\widetilde{D}_i$ 和 $\widetilde{R}_i$。$\widetilde{D}_i$ 表示元素 i 对其他元素施加的综合影响，称为影响度；$\widetilde{R}_i$ 表示元素 i 受其他元素的综合影响，称为被影响度，可通过公式（6-7）、公式（6-8）获得，结果见表6-8。

$$\widetilde{D}_i=\sum_{j=1}^{m}\tilde{t}_{ij}(i=1,\ 2,\ \cdots,\ m) \quad (6\text{-}7)$$

$$\widetilde{R}_i=\sum_{i=1}^{m}\tilde{t}_{ij}(j=1,\ 2,\ \cdots,\ m) \quad (6\text{-}8)$$

表 6-8　影响度与被影响度

	$\widetilde{D}_i$	$\widetilde{R}_i$	$\widetilde{D}_i+\widetilde{R}_i$	$\widetilde{D}_i-\widetilde{R}_i$
C1	(0.784,1.272,1.760)	(1.146,1.647,2.066)	(1.930,2.919,3.825)	(-0.362,-0.375,-0.307)
C2	(1.113,1.575,1.986)	(0.999,1.467,1.856)	(2.112,3.042,3.842)	(0.114,0.108,0.130)
C3	(1.194,1.649,1.949)	(0.879,1.319,1.726)	(2.073,2.968,3.675)	(0.315,0.330,0.223)
C4	(0.950,1.425,1.853)	(1.016,1.488,1.900)	(1.966,2.913,3.753)	(-0.066,-0.063,-0.047)

6. 计算中心度和原因度

表 6-9 展示了 DEMATEL 计算得出的中心度和原因度。$(\widetilde{D}_i+\widetilde{R}_i)$ 称中心度，是元素 i 在系统中施加和接收的总影响之和，表示了在系统中的位置以及所起作用的大小。$(\widetilde{D}_i-\widetilde{R}_i)$ 又称原因度，表示元素 i 对系统的净影响程度。$E(\widetilde{D}_i+\widetilde{R}_i)$ 和 $E(\widetilde{D}_i-\widetilde{R}_i)$ 分别表示 $(\widetilde{D}_i+\widetilde{R}_i)$ 和 $(\widetilde{D}_i-\widetilde{R}_i)$ 去模糊化后的结果，可通过公式（6-9）获得去模糊化后的结果。当 $E(\widetilde{D}_i-\widetilde{R}_i)$ 为正时，表明元素 i 对其他元素的影响作用更大，被归类为原因要素；反之，当值为负时，元素 i 被归类为结果要素。

$$x_{ij}=defuzzy(\widetilde{x}_{ij})=\frac{x_{ij}^L+4x_{ij}^M+x_{ij}^U}{6} \tag{6-9}$$

7. 计算准则的权重

确认完元素 i 中心度和原因度之后，每个准则的重要性可以通过公式（6-10）获得。最后，标准化后的准则权重可以通过公式（6-11）计算得出（表6-9）。

$$\omega_i=\sqrt{(\widetilde{D}_i+\widetilde{R}_i)^2+(\widetilde{D}_i-\widetilde{R}_i)^2} \tag{6-10}$$

$$w_i=\frac{\omega_i}{\sum_{i=1}^{m}\omega_i} \tag{6-11}$$

表 6-9　中心度、原因度及权重

	$E(\widetilde{D}_i+\widetilde{R}_i)$	$E(\widetilde{D}_i-\widetilde{R}_i)$	权重（ω_i）	标准化权重（w_i）
C1	2.9049	-0.3618	2.9274	0.2481
C2	3.0198	0.1126	3.0219	0.2561
C3	2.9366	0.3102	2.9529	0.2503
C4	2.8947	-0.0609	2.8953	0.2454

DEMATEL 的分析结果显示，经济绩效、环境绩效、资源绩效和社会绩效是我国中小制造企业可持续绩效必须考虑的四个部分。不管是高校、政府还是企业的专家，在考虑到四个绩效相互影响的程度上，都认为他们是保障并促进中小制造企业"绿色化"的四个支柱，这一评估结果也与本研究解构的理论模型一致。

虽然四方面的绩效均是我国中小制造企业"绿色化"的源泉和最终结果，但是在赋权过程中仍有些微的差别。从表 6-9 可以看出，C2（环境绩效）的标准化权重为 0.2561，排名第一；其次为 C3（资源绩效），标准化权重为 0.2503；排名第三的则为 C1（经济绩效），权重得分 0.2481；赋权值最低的为 C4（社会绩效），得分 0.2454。

传统观点认为，对企业特别是中小制造企业来说，当考虑是否实施绿色行为的时候，通常将该行为是否带来经济利润放在首位，因为实施绿色制造可能会对企业利润率造成的不利影响是企业家们最为关注的方面。但是，本研究的实证结果证明事实并非如此。由于环境问题已引起全球关注，中小制造企业绿色转型迫在眉睫，因此科研机构、政府和行业专家都认为，在评估绿色驱动因素时，环境绩效才是最有影响力的标准，这与中国的基本国情及制造业实际发展背景情况相吻合。习近平总书记在 2017 年 10 月 18 日的中国共产党第十九次全国代表大会上指出，我国必须坚持节约资源和保护环境的基本国策，并且我国还应树立和实践"绿水青山就是金山银山"的理念。因此，在我国实施环保措施日益严格的背景下，企业只有满足了环境可持续性，才能够保障经济可持续性的有效实现。

环境绩效和资源绩效为权重较大的两个部分，这一观点也与本研究第四章中所推导的"绿色化"驱动因素理论概念模型的观点是一致的。我国经济正处于高质量发展的阶段，所谓的高质量发展，就是以更加全面、彻底且均衡的方式发展经济、社会与生态等各方面，是在高速发展的基础上从更高水平出发实现的新一轮供需动态平衡。相较于传统的由资源和低成本劳动力等要素驱动的仅追求"高速度"发展的模式，高质量发展使得我国政府和社会公众给予了绿色发展更多的关注，而不再强调高速度的经济发展，他们希望企业的生产运营活动能够更多地考虑生态因素。利益相关者理论指出，政府是企业主要的机构利益相关者，而社会公众是主要的商业利益相关者，合法性理论要求企业必须满足这些利益相关者的要求，才能免于遭受规范性和强制性压力，鉴于此，我国中小制造企业获得合法性的前提则是满足主要利益相关者对于环境保护和资源节约的诉求。

(二) TOPSIS 分析

通过 fuzzy-DEMATEL 获得评估准则权重后，就可以运用 fuzzy-TOPSIS 为评估指标排序。专家对于评估准则相对于驱动因素的重要程度判断分为完全不重要、相对不重要、比较重要、重要、非常重要五个级别，分别用 NI、LI、FI、I、VI 表示。根据评分的转化规则（表 6-10），得到最终三组专家的评分（表 6-11、表 6-12、表 6-13），将专家评价结果转变为可以处理的模糊数，表 6-14 展示了可供进一步分析的专家打分。

表 6-10 指标排序结果的隶属函数

语义术语	语义代码	隶属函数
完全不重要	NI	(1, 1, 3)
相对不重要	LI	(1, 3, 5)
比较重要	FI	(3, 5, 7)
重要	I	(5, 7, 9)
非常重要	VI	(7, 9, 9)

表 6-11 高校专家组对驱动因素排序的初始评价

	C1	C2	C3	C4	C1	C2	C3	C4
TIM	FI	I	VI	LI	(3, 5, 7)	(5, 7, 9)	(7, 9, 9)	(1, 3, 5)
EE	LI	I	FI	I	(1, 3, 5)	(5, 7, 9)	(3, 5, 7)	(5, 7, 9)
PI	VI	I	I	NI	(7, 9, 9)	(5, 7, 9)	(5, 7, 9)	(1, 1, 3)
PR	NI	VI	I	I	(1, 1, 3)	(7, 9, 9)	(5, 7, 9)	(5, 7, 9)
PP	LI	VI	FI	VI	(1, 3, 5)	(7, 9, 9)	(3, 5, 7)	(7, 9, 9)

*TIM 为技术引进，EE 为员工参与，PI 为激励，PR 为规制，PP 为公众压力。

表 6-12 政府专家组对驱动因素排序的初始评价

	C1	C2	C3	C4	C1	C2	C3	C4
TIM	I	FI	I	I	(5, 7, 9)	(3, 5, 7)	(5, 7, 9)	(5, 7, 9)
EE	LI	FI	FI	I	(1, 3, 5)	(3, 5, 7)	(3, 5, 7)	(5, 7, 9)
PI	VI	VI	I	VI	(7, 9, 9)	(7, 9, 9)	(5, 7, 9)	(7, 9, 9)

续表

	C1	C2	C3	C4	C1	C2	C3	C4
PR	FI	VI	I	VI	(3, 5, 7)	(7, 9, 9)	(5, 7, 9)	(7, 9, 9)
PP	LI	I	FI	VI	(1, 3, 5)	(5, 7, 9)	(3, 5, 7)	(7, 9, 9)

*TIM 为技术引进，EE 为员工参与，PI 为激励，PR 为规制，PP 为公众压力。

表 6-13　企业专家组对驱动因素排序的初始评价

	C1	C2	C3	C4	C1	C2	C3	C4
TIM	FI	FI	I	I	(3, 5, 7)	(3, 5, 7)	(5, 7, 9)	(5, 7, 9)
EE	FI	FI	I	I	(3, 5, 7)	(3, 5, 7)	(5, 7, 9)	(5, 7, 9)
PI	I	FI	I	I	(5, 7, 9)	(3, 5, 7)	(5, 7, 9)	(5, 7, 9)
PR	I	VI	FI	FI	(5, 7, 9)	(7, 9, 9)	(3, 5, 7)	(3, 5, 7)
PP	FI	I	FI	VI	(3, 5, 7)	(5, 7, 9)	(3, 5, 7)	(7, 9, 9)

*TIM 为技术引进，EE 为员工参与，PI 为激励，PR 为规制，PP 为公众压力。

1. 计算评估指标的综合模糊评分

假设一个决策组有 K 个决策者，并且每个决策者的模糊评分 D_k（$k=1, 2, \cdots, K$）可以表示为正三角模糊数 $\widetilde{R}_k = (l_k, m_k, u_k)$，$(k=1, 2, \cdots, K)$；根据公式（6-12）可以确定综合模糊评分，表 6-14 展示了评估指标的综合评分结果。

$$\widetilde{R} = (l, m, u), (k=1, 2, \cdots, k) \tag{6-12}$$

其中，$l = \min_k \{l_k\}$，$m = \dfrac{1}{K}\sum_{K=1}^{K} m_K$，$u = \max_k \{u_k\}$

表 6-14　综合模糊评分

	C1	C2	C3	C4
TIM	(3, 5.667, 9)	(3, 5.667, 9)	(5, 7.667, 9)	(1, 5.667, 9)
EE	(1, 3.667, 7)	(3, 5.667, 9)	(3, 5.667, 9)	(5, 7, 9)
PI	(5, 8.333, 9)	(3, 7, 9)	(5, 7, 9)	(1, 5.667, 9)
PR	(1, 4.333, 9)	(7, 9, 9)	(3, 6.333, 9)	(3, 7, 9)
PP	(1, 3.667, 7)	(5, 7.667, 9)	(3, 5, 7)	(7, 9, 9)

2. 标准化模糊决策矩阵

使用线性尺度变换对原始数据进行规范化处理，以使各种标准的尺度具有可比性。标准化模糊决策矩阵 $\widetilde{R}$ 由公式（6-13）计算得出（表6-15）。

$$\widetilde{R}=[\tilde{r}_{ij}]_{m\times n},\ (i=1,2,\cdots,m;j=1,2,\cdots,n) \qquad (6-13)$$

其中，$\tilde{r}_{ij}=\left(\dfrac{l_{ij}}{u_j^*},\dfrac{m_{ij}}{u_j^*},\dfrac{u_{ij}}{u_j^*}\right)$ 且 $u_j^*=\max_i\{u_{ij}\}$

表6-15 标准化模糊决策矩阵

	C1	C2	C3	C4
TIM	(0.333,0.630,1)	(0.333,0.630,1)	(0.556,0.852,1)	(0.111,0.630,1)
EE	(0.111,0.407,0.778)	(0.333,0.630,1)	(0.333,0.630,1)	(0.556,0.778,1)
PI	(0.556,0.926,1)	(0.333,0.778,1)	(0.556,0.778,1)	(0.111,0.630,1)
PR	(0.111,0.482,0.7778)	(0.778,1,1)	(0.333,0.704,1)	(0.333,0.778,1)
PP	(0.111,0.407,0.778)	(0.556,0.852,1)	(0.333,0.556,0.778)	(0.778,1,1)

3. 计算加权模糊决策矩阵

每个准则的权重在 DEMATEL 计算中获得，权重加权规范化矩阵 $\widetilde{V}$（表6-16）通过将评价准则权重 $\tilde{w}_i$ 与规范化模糊决策矩阵 $\tilde{r}_{ij}$ 相乘计算而得，如公式（6-14）所示：

$$\widetilde{V}=[\tilde{v}_{ij}]_{m\times n},\ (i=1,2,\cdots,m;j=1,2,\cdots,n) \qquad (6-14)$$

其中，$\tilde{v}_{ij}=\tilde{r}_{ij}(.)\tilde{w}_j$

表6-16 加权模糊决策矩阵

	C1	C2	C3	C4
TIM	(0.083,0.156,0.248)	(0.085,0.161,0.256)	(0.139,0.213,0.250)	(0.027,0.155,0.245)
EE	(0.028,0.101,0.193)	(0.085,0.161,0.256)	(0.083,0.158,0.250)	(0.136,0.191,0.245)
PI	(0.138,0.230,0.248)	(0.085,0.199,0.256)	(0.139,0.195,0.250)	(0.027,0.155,0.245)
PR	(0.028,0.120,0.248)	(0.199,0.256,0.256)	(0.083,0.176,0.250)	(0.082,0.191,0.245)
PP	(0.028,0.101,0.193)	(0.142,0.218,0.256)	(0.083,0.139,0.195)	(0.191,0.245,0.245)
A^+	(0.248,0.248,0.248)	(0.256,0.256,0.256)	(0.250,0.250,0.250)	(0.245,0.245,0.245)
A^-	(0.028,0.028,0.028)	(0.085,0.085,0.085)	(0.083,0.083,0.083)	(0.027,0.027,0.027)

4. 计算模糊正理想解（FPIS）与模糊负理想解（FNIS）

每个指标的正负模糊理想解由公式（6-15）和（6-16）计算而得，FPIS（A^+）和 FNIS（A^-）的值见表 6-16。

$$A^+ = (\tilde{v}_1^+, \tilde{v}_2^+, \cdots, \tilde{v}_n^+) \quad (6-15)$$

其中，$\tilde{v}_j^* = \max_i \{v_{ij3}\}$，$(i=1, 2, \cdots, m; j=1, 2, \cdots, n)$

$$A^- = (\tilde{v}_1^-, \tilde{v}_2^-, \cdots, \tilde{v}_n^-) \quad (6-16)$$

其中，$\tilde{v}_j^- = \min_i \{v_{ij3}\}$，$(i=1, 2, \cdots, m; j=1, 2, \cdots, n)$

5. 计算每个指标到正负模糊理想解的距离

每个加权指标 $i=1, 2, \cdots, m$ 与 FPIS 和 FNIS 的距离（d_i^+，d_i^-）由公式（6-17）、公式（6-18）和公式（6-19）中使用顶点法计算得出，表 6-17 和表 6-18 描绘了每个指标到正、负模糊理想解的距离。

令 $\tilde{a} = (l_a, m_a, u_a)$ 和 $\tilde{b} = (l_b, m_b, u_b)$ 为两个三角模糊数

$$d(\tilde{a}, \tilde{b}) = \sqrt{\frac{1}{3}[(l_a-l_b)^2 + (m_a-m_b)^2 + (u_a-u_b)^2]} \quad (6-17)$$

$$d_i^+ = \sum_{j=1}^{n} d_v(\tilde{v}_{ij}, \tilde{v}_j^+) \quad i=1, 2, \cdots, m \quad (6-18)$$

$$d_i^- = \sum_{j=1}^{n} d_v(\tilde{v}_{ij}, \tilde{v}_j^-) \quad i=1, 2, \cdots, m \quad (6-19)$$

表 6-17 每个指标到正模糊理想解的距离

	C1	C2	C3	C4
$d_v(\text{TIM}, \tilde{v}^+)$	0.1093	0.1128	0.0677	0.1364
$d_v(\text{EE}, \tilde{v}^+)$	0.1563	0.1128	0.1102	0.0704
$d_v(\text{PI}, \tilde{v}^+)$	0.0645	0.1039	0.0718	0.1364
$d_v(\text{PR}, \tilde{v}^+)$	0.1474	0.0329	0.1054	0.0996
$d_v(\text{PP}, \tilde{v}^+)$	0.1563	0.0693	0.1202	0.0315

表 6-18 每个指标到负模糊理想解的距离

	C1	C2	C3	C4
$d_v(\text{TIM}, \tilde{v}^+)$	0.1508	0.1079	0.1262	0.1458
$d_v(\text{EE}, \tilde{v}^+)$	0.1045	0.1079	0.1054	0.1696
$d_v(\text{PI}, \tilde{v}^+)$	0.1841	0.1185	0.1202	0.1458

<<< 第六章 我国中小制造企业"绿色化"驱动因素效率的评估与作用机理优化分析

续表

	C1	C2	C3	C4
d_v (PR, $\tilde{v}^+$)	0.1380	0.1541	0.1102	0.1606
d_v (PP, $\tilde{v}^+$)	0.1045	0.1292	0.0718	0.2016

6. 计算每个指标的接近系数（CC_i）

CC_i 是到 FPIS（A^+）和 FNIS（A^-）的距离，各指标的贴近系数采用公式（6-20）计算得出，贴近系数见表6-19。

$$CC_i = \frac{d_i^-}{d_i^- + d_i^+}, \ (i=1, 2, \cdots, m) \tag{6-20}$$

表6-19 "绿色化"驱动因素的贴近系数

	d_i^+	d_i^-	CC_i
TIM	0.4262	0.5307	0.5546
EE	0.4497	0.4874	0.5201
PI	0.3767	0.5686	0.6015
PR	0.3853	0.5629	0.5936
PP	0.3773	0.5071	0.5734

结合DEMATEL对于评估准则的赋权结果，TOPSIS的分析结果显示CC_i得分最高值为0.6015，即PI（激励）这一驱动因素能够创造最多的可持续绩效，因此更能促进我国中小制造企业实施"绿色化"行为。排名第二的为PR（规制），得分0.5936。紧接着是PP（公众压力）、TIM（技术引进）以及EE（员工参与），这3个驱动因素的贴近系数分别为0.5734、0.5546和0.5201。

激励和规制作为最有效的中小制造企业"绿色化"驱动因素，这一结论得到了前人大量研究的支撑。戈文丹等指出，在发展中国家，政府的监管行为是企业实施绿色制造的重中之重。[①] 同时，这一结论也符合我国实际情境。首先，激励和规制的实施主体都是政府等机关单位，而政府对我国中小制造企业具有管治权，政府是企业最重要的外部利益相关者。绿色发展已成为我国经济发展的主要战略方向，因此政府的工作导向更加注重生态保护。我国政府当前的主

---

① GOVINDAN K, DIABAT A, SHANKAR K M. Analyzing the Drivers of Green Manufacturing with Fuzzy Approach [J]. Journal of Cleaner Production, 2015, 96: 182-193.

要工作重点则从追求经济增长速度，转变为在保障经济高质量发展和供给侧结构性改革的基础上，促使经济发展向绿色靠拢、向绿色看齐。政府工作重点的转变会出台一系列的政策法规，这不仅向企业释放了"绿色化"重要性的信号，也向企业施加了强制性压力，迫使企业采取相应的绿色措施以获取经营生产的合法性。

其次，中小制造企业"绿色化"是显著创造正外部性的行为。我国作为最大的新兴经济体和转型经济体，虽然市场机制不断完善，但仍有进一步完善的空间。与发达国家相比，虽然我国不能通过市场调配的方式有效促使中小制造企业进行绿色转型，但从环境经济学的角度，政府内化环境外部性效应的作用显而易见，因此政府的强制干预是必不可少的措施。政府干预措施分为指挥控制型环境规制政策和市场激励型环境激励政策，本研究的分析结果表明激励的驱动效率略优于规制的驱动效率。以科斯定理为代表的传统新古典理论表明，环境规制本身会产生一系列的治理成本，这会降低政府监管的效率，从而降低环境规制对于企业"绿色化"的促进作用。威胁刚性从另一个角度支撑了本研究的研究结论，一般情况下，企业会将对环境不合规行为进行罚款和处罚等规制措施视为威胁，这会导致企业出现抵触等刚性反应，从而抑制企业积极、全面地实施绿色行为。相反，当政府的环境监管变为机会的时候，那么管理者则更有可能创造性地解决环境和资源问题。政府对于符合环保要求的企业进行税收减免和投资等激励措施，既可以降低政府的监管成本，也为企业采取绿色实践提供了经济动机，这不仅能够创建企业和政府合作共赢的关系，还能够促使企业以更积极的态度接受绿色理念。

再次，公众压力也是一个有效的驱动因素。公众也是企业的重要利益相关者，他们与企业的生产运营活动直接相关，他们对于企业的评价会直接反映到企业的声誉之中，能向企业施加规范性压力。但是公众压力与消费者需求不同，消费者需求需要为企业的环保行为买单，如果消费者要求企业提供绿色产品或者在生产过程中降低对环境的负面影响程度，则需要在购买商品的时候支付额外的价格补贴企业的绿色行为，虽然目前消费者的环保意识逐渐增强，但是当涉及自身经济利益的时候，他们还是更加偏向于性价比高的产品。然而，公众发出的"环境声音"却不需要承担额外成本，加之我国公众表达对企业生产运营行为不满的渠道较广，社交媒体的不断完善也为不同的社会力量提供了发表对环境和社会问题看法的平台。同时，媒体和非政府组织机构具有塑造社会感知的能力，来源于它们的压力可以被视为环境问题多中心共同治理体系的一个单独部分，能够更有效地迫使当地企业解决环境问题，并且也能促进政府协调相应的环保工作。

最后，技术引进作为中小制造企业获取新技术的主要来源，也能有力地促进中小制造企业实施绿色行为。企业绿色发展需要技术的支撑，但是随着技术水平的快速提高和外部市场环境的不断变化，技术升级压力和消费者需求的变化以及技术和市场风险都在增加，中小制造企业难以承受快速迭代的技术研发风险和成本，并且不具备技术创新的人力资源，引进绿色技术便成了获得技术支撑的不二选择。但是从技术输出方来看，不管是从国外直接引进还是从同行引进，考虑到技术垄断等因素，企业无法完全引进相应的核心技术。同时，技术引进的效果也因企业的消化吸收能力而异，中小制造企业的基础设备和高素质人才相对缺乏，在一定程度上限制了引进技术的应用。综上，这些因素成为技术引进虽能够促进我国中小制造企业"绿色化"，但是驱动效率并不高的原因。

不过，员工参与的驱动效率相对较低。员工虽然是企业的内部利益相关者，但是考虑到中小制造企业组织结构集权化的特点，相较于管理人员，员工对于企业的影响力度相对较小。由于高层管理者的承诺并不能有效促进我国中小制造企业"绿色化"，所以企业并未建立成熟的绿色人力资源管理体系，也没有形成相应的绿色文化。也正是因为没有得到高层管理者的支持，所以企业并不会过多地进行相应清洁技术的开发和引进，以及生产流程及工艺的再设计，在产品设计及原材料选取中也秉承向客户提供"物美价廉"的产品理念，并未过多地将环保因素考虑在内。因此，员工参与只能停留在产品生产层面，如降低生产过程对环境的负面影响，或在生产组织过程中最大限度地利用资源。

第四节 "绿色化"驱动因素的作用机理优化

识别并评估我国中小制造企业"绿色化"障碍和"绿色化"驱动因素，是为了靶向瞄准我国中小制造企业"绿色化"存在的问题，并为企业积极承担环境责任、实施绿色行为寻找突破口。根据不同的障碍层级，结合"绿色化"驱动因素的效率大小，优化"绿色化"驱动因素作用机理，才能充分发挥我国中小制造企业"绿色化"驱动因素的驱动力，全面推进我国中小制造企业"绿色化"进程。

一、作用机理优化框架

绿色发展是我国经济高质量发展的重要支撑，它存在一定程度的"正外部性"，并且由于我国中小制造企业存在设备陈旧、技术落后、劳动力素质较低、金融资源不足等问题，所以即使政府大力倡导企业进行绿色转型，我国中小制造企业的"绿色化"进程仍然面临诸多障碍，使中小制造企业虽然有绿色发展的动机，但是却无法将其付诸在企业实际的生产运营中。而"绿色化"驱动因素能有效缓解甚至消除这些障碍带来的阻力，我国中小制造企业"绿色化"障碍层级图表明低层级的障碍是最容易被解决的障碍，同时，如果驱动因素解决了较高层级的"绿色化"障碍，低层级障碍的阻力效应也能够得到一定的缓解。但是较高层级的"绿色化"障碍，是阻碍我国中小制造企业实施绿色行为的根源，这些障碍与其他低层级障碍有着错综复杂的影响关系，导致全面实现我国中小制造企业"绿色化"成为一个复杂的系统工程。因此，仅靠单一驱动因素的驱动力并不能有效消除较高层级障碍，需要借助更多的驱动力才能解决较高层级障碍的阻力效应，通过多个驱动因素的共同作用或依靠驱动因素之间的相互促进作用增强驱动因素的驱动力，成为消除较高层级障碍的主要途径。综上，我国中小制造企业"绿色化"驱动因素作用机理优化可以划分为消除低层级"绿色化"障碍和消除高层级"绿色化"障碍这两种类型，具体如图6-1所示。

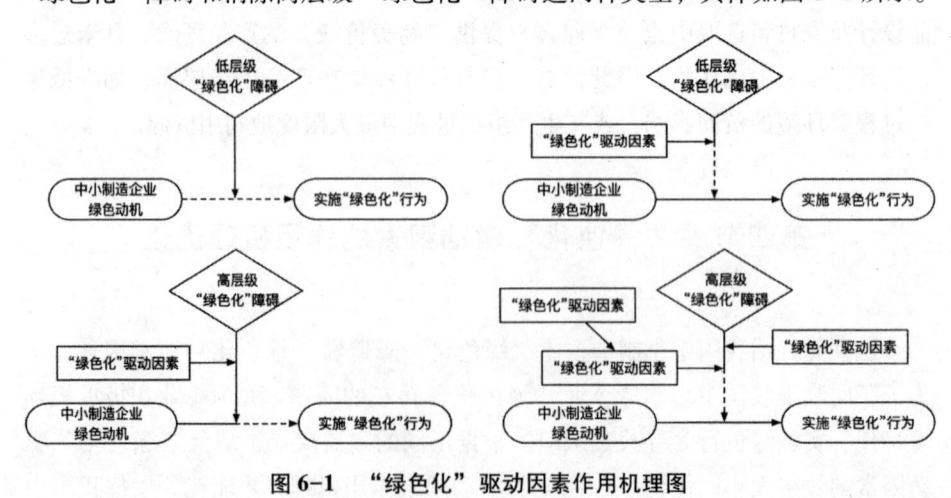

图6-1 "绿色化"驱动因素作用机理图

第三章关于我国中小制造企业"绿色化"障碍的实证研究结果表明，阻碍我国中小制造企业绿色转型的障碍主要有6个层级。3个较高层级的障碍均来源于技术和政策两个层面，包括绿色认证体系不完善、技术信息不对称、环境法律体系不完善、技术引进渠道不畅、缺乏绿色制造的示范项目以及产学研合作渠道不畅等6个障碍。而3个较低层级的障碍，主要涉及经济、社会和企业三个层面。

处于最低层级的障碍均来自企业层面，包括高层管理者承诺较低、组织结构支撑力度不强、绿色人力资源管理体系构建不全面、员工参与度较低与绿色企业文化建设不全面等5个障碍。这5个障碍对应的"绿色化"驱动因素是高层管理者承诺以及员工参与，因为高层管理者承诺的驱动作用并没有得到支持，所以员工参与能够有效推动企业实施绿色行为，但是"绿色化"驱动因素效率评估结果表明员工参与的驱动效率是最低的，具有较高驱动效率的激励或规制也能够通过其他渠道间接解决企业层面的"绿色化"障碍。同时，如果考虑到驱动因素之间的相互促进作用，并且有可能改变高层管理者对于"绿色化"的态度，进而更加有力且有针对性地促进企业采取绿色实践。

除了新技术难获取以及环境执法不力两个障碍，处于二、三障碍层级的障碍均来源于社会和经济层面。因为本研究并未直接将经济效益作为我国中小制造企业"绿色化"驱动因素的某一维度进行考量，而是将经济绩效作为"绿色化"驱动因素的最终目标，所以本研究并没有直接针对解决经济障碍的驱动因素。但是社会公众压力和消费者需求是解决社会层面障碍的两个"绿色化"驱动因素。由于消费者需求的驱动作用在本研究中没有得到支持，所以在社会维度的"绿色化"驱动因素中只有社会公众压力能够消除来源于社会层面的障碍。与解决企业层面的障碍思路一致，具有较高驱动效率的驱动因素也能消除社会层面的障碍。由于驱动因素之间的相互作用，优化"绿色化"驱动因素作用机理也不能忽视消费者需求的作用。

但是解决较高层级的"绿色化"障碍不能仅依靠单一驱动因素，需要多个驱动因素共同作用。既要加强政府监管，实行严格的环境保护制度，提升环境治理能力；又要激发企业积极性，让企业在环境治理中发挥主体作用；还需提高公众的环保意识，使社会公众发挥有效的监督作用，改变消费者的购买习惯，实现以绿色消费拉动绿色生产；技术也是不可或缺的条件，要充分发挥绿色技术对企业绿色转型的支撑作用，保障企业获取清洁技术的渠道。

二、作用机理优化方向

我国中小制造企业"绿色化"驱动因素作用机理优化框架表明，由驱动效率较高的驱动因素引领效率较低甚至目前无法产生驱动作用的驱动因素，或通过驱动因素的共同作用，能够最大限度地激发各个驱动因素的驱动力。解决层级较高障碍的同时,也能够缓解层级较低障碍的阻力。因此,促进各个驱动因素之间的相互协同,聚焦于关键障碍的消除,能够更加科学、有效地促进我国中小制造企业实施"绿色化"行为。

(一)多元主体协作

中小制造企业"绿色化"是一个开放的系统过程,虽然规制和激励能够以"推动"和"拉动"的形式促使我国中小制造企业实施绿色行为,但是仅依靠政府干预,不仅监管治理成本较高,而且也低估了其他有效的社会资源对环境监督的贡献。根据多中心治理理论,环境治理除政府干预这种单一中心处理模式以外,还可通过政府、企业和社会团体或非政府组织进行多部门、多层次、多种类等方式的协调合作,形成多中心的治理网络。党的十九大也指出,我国将构建政府为主导、企业为主体、社会组织和公众共同参与的环境治理体系。

在中小制造企业"绿色化"进程中,政府承担政策发布者的角色,企业则为政策的实施者。公众不仅是政策的实施者和监督者,而且在发现环境问题上发挥着重要作用。推进我国中小制造企业绿色转型,政府不仅要把绿色发展理念提到国家战略高度上,还需要企业和公众的共同参与和支持,实现政府、企业和公众的协调推进机制。这不仅有利于形成协同效应,大大节约行政成本,而且多元主体的协同合作还能激发各个参与主体的能动性。因为它不同于单纯依赖外部压力的推动力,政府、非政府组织、企业和社会公众协同合作能够创造内生动力,它具有稳定秩序和平衡关系的作用,既能够保证政府职责的高效履行、非政府组织引导作用的充分发挥,也为社会公众的监督提供了合法性,还能激发企业的绿色动机。

社会公众的参与能够规范企业的不环保行为。2015年,生态环境部发布的《环境保护公众参与办法》将公众参与作为环境政策工具加以推广。公众参与作为绿色发展的基本政策工具,不仅直接对企业进行监督,还体现了政府监督和政府权力对企业的调控效果。此外,"十三五"规划还提出,环境治理是共治,要求参与主体多元化、治理方式多样化。环境的改善要求每个人都要履行自己的责任,每个人都要参与环境保护。只有全社会关注环境问题,参与和监督企业的生产运营行为,才能全面提高环境质量,从源头上解决"绿色化"问题。从宏观上看,我国公众参与的张力应当逐渐打破"自上而下"的环境治理模式,使公众对环境的保护从意识转向行动;从微观上看,可以不断扩展公众参与的形式和内容,从而增强公众环保意识,进而改变公众的消费习惯。虽然在我国不能依靠市场机制激发企业的绿色行为,但是借助政府力量优化市场环境,就能实现政府和市场协同发力,共同促进我国中小制造企业的绿色发展。政府可以通过制定相关法规和政策，从企业和消费者两方面出发规范绿色产品的价格，避免因为价格问题导致劣币驱逐良币的现象出现。只有绿色产品成为物美价廉的产品，才能充分发挥市场机制对中小制造企业"绿色化"的导向作用，有效刺激绿色消费行为，并通过市场需求拉动企业的清洁生产以及绿色产品供应，进而促使我国中小制造企业将其绿色优势转变为抢占市场份额的竞争优势。

不管是政策监管，还是公众监督，这些措施的最终实施效果都取决于企业的合规性。企业是"绿色化"的行为主体，是解决环境问题的源泉，如果企业的实施行为自愿合规，将有助于提高生产过程的绿色技术含量并完成减排目标，从而促进其"绿色化"转型。虽然高层管理者承诺对于中小制造企业实施绿色行为的促进作用在本研究中没有得到支持，但是在第三章我国中小制造企业"绿色化"障碍的分析中已经指出，企业的内部障碍是对我国中小制造企业"绿色化"阻力最弱的障碍，也是最容易被解决的障碍。影响高层管理态度的直接因素是缺少外部资金支持、没有一个良好的市场环境以及对于绿色转型未来收益不确定性的担忧，影响高层管理者态度的最深层次原因是产学研合作渠道不畅等原因导致的缺少绿色技术支撑企业的绿色行为。通过我国相关环保政策体系的不断完善，能够帮助企业获得相应的技术支持，也能拓宽企业的融资渠道，降低企业实施绿色行为的技术和资金风险。随着经济的发展、公众环保意识的提升，人们对生活质量的要求越来越高，越来越重视生态环境和身体健康，一些特殊群体愿意以更高的价格购买绿色产品，这会鼓励企业自愿遵守环境法规，进行产品的绿色设计，努力改进技术和生产工艺，以满足消费者的需求。综上，"绿色化"对中小制造企业高层管理者来说将会是一种新的管理理念，它将商业实践纳入与生态、经济和社会领域相关的绩效考核之中。一旦高层管理者清晰地了解采取绿色实践带来的经济效益后，他们就能改变企业的经营理念，加快调整组织结构和人力资源管理体系以适应企业的绿色战略，也能更好地组织员工参与到绿色实践活动中。因此，从长期来看，企业是我国中小制造企业"绿色化"的行为主体，企业参与也是不容忽视的"绿色化"驱动因素。

（二）绿色技术支撑

本研究多次强调中小制造企业"绿色化"离不开绿色技术和工艺流程的支撑，第三章关于我国中小制造企业"绿色化"障碍分析也强调了缺乏相应的绿色技术是中小制造企业无法有效实施绿色行为的关键障碍。然而，从经济学角度看，绿色技术具有正外部性和公共产品属性。因此，在一个完全竞争市场中，企业不愿意创新或者引进绿色技术，是由于"绿色化"的成本和技术壁垒较高。但是政府可以通过推行绿色示范项目等措施帮助企业了解绿色技术的优势和兼容性，并且政府也能通过一系列直接政策工具，包括补贴、碳税等环境法规，以确保不因技术问题阻碍我国中小制造企业实施绿色行为。

虽然行业类型对于技术与企业"绿色化"行为之间关系的调节作用只得到有限支持，但是依然不可否认不同类型的中小制造企业"绿色化"对于技术的依赖程度不同。对于资本技术密集型中小制造企业，技术的快速迭代决定了企业的成败，因此资本技术密集型企业不能放弃通过提升自主研发能力、开展技术创新活动驱动绿色行为的实施。技术创新之所以无法有效驱动企业实施绿色行为，主要是由于中小制造企业认为开展绿色技术研发活动需要大量的投资，而在大多数情况下，这种投资会导致中小制造企业"成本—收入"不平衡的问题，但是对于资本技术密集型企业，绿色技术不仅是他们为了迎合政府和社会公众要求减少污染的手段，也是他们赖以生存和发展的竞争力。虽然金融机构通常不偏向为中小企业提供贷款，但是随着政策体系的完善，地方政府可以建立一个资本池，用以为中小企业的贷款做担保。由政府引导的产学研合作渠道不断拓宽，也解决了中小制造企业缺乏相应研发人才和设备的难题，研发风险得到进一步分散。需要注意的是，绿色技术创新为企业带来的效益具有滞后性，因此即便政府采取了多方措施保障企业的绿色创新活动的开展，前期绿色技术创新创造的可持续绩效仍然较低，所以短时间内的绿色技术创新活动并不能促进企业绿色行为的有效实施，因此不管是在法律政策层面，还是企业的战略决策层面，都应该保证对于企业开展绿色技术研发活动的长期支持。

而对于资源密集型和劳动密集型的企业，因为对技术的依赖性相对较弱，所以技术引进仍然是促使其采取绿色实践的重要方式。在技术引进的过程中，这两种行业类型的企业应当重视引进技术的质量以及与本企业的契合度，并且不能只注重技术的引进，还应关注对相应员工的培训和人才引进，加强企业内部绿色人力资源管理体系的建设，以确保引进技术能够得到良好的消化和吸收，从而最大限度地发挥技术引进对中小制造企业"绿色化"的正向促进作用。

中小制造企业规模小，抗风险能力差，也缺乏相应的经验，自行研发技术或技术引进都有一定的难度。如果不借助政策实现产学研合作，还可以加强企业之间的合作，构建企业技术联盟。我国政府也逐渐开始采取一些间接和以多利益相关者为基础的创新措施，鼓励企业进行低碳技术联盟。作为一种复杂的社会网络，企业联盟的建立可以促进技术创新及其扩散，从 RBV 的角度出发，成员企业将联盟视为一种资源，联盟中的企业可以从其他成员那里获得它们所缺乏的资源，即企业之间可以扬长补短进而开展技术创新活动，从而解决绿色技术难以获取这一难题。

（三）法律制度保障

我国中小制造企业"绿色化"面临的障碍和"绿色化"驱动因素效率评估的实证结果均指出，法律环境对于企业是否能够实现绿色转型至关重要。因为"绿色化"正外部性的特征，如果没有法律政策的指引，企业很难自觉采取相关措施。从政府方面看，要有效发挥政府对中小制造企业"绿色化"的引领和管控作用，需要加快推动涉及中小制造企业绿色发展的顶层设计和制度体系建设，加快推动生态环境风险机制和管理系统建设，用制度和政策机制以及法律手段，引导中小制造企业实行环境友好型的生产方式，并对破坏环境、浪费资源的生产行为进行约束和治理。法律政策能从多方面影响企业的"绿色化"，法律政策的形式规定了企业的奖惩范围，法律政策的内容聚焦于法律政策的关注对象，法律政策的完善性、未来预期以及执行力度会影响企业及公众的态度。

1. 法律政策的形式

从研究结果来看，政府的政策工具（激励和规制）在促进中小制造企业采取绿色实践方面发挥着关键作用，也被认为是缓解障碍带来的阻力作用最有力的两个驱动因素。我国政府实施的环境政策可以被划分为指挥控制措施以及市场激励措施。指挥控制法规通过立法界定了企业能做什么和不能做什么，政府会直接监管企业的行为边界是否满足环保要求，如果企业不符合政府制定的政策，那么将受到强制性处罚，轻则经济罚款，重则会受到行政处罚，甚至被勒令关闭。这些强制性措施能够迫使我国中小制造企业为了避免因遭受经济处罚影响企业的利润或因遭受行政处罚影响企业的声誉，在政府的强制性压力下实施绿色行为。

基于市场的激励措施可以利用市场、价格和其他经济变量来激励企业减少甚至消除其生产运营行为造成的负面环境外部性。与传统的指挥和控制的监管手段相比，基于市场的激励措施的执行更加灵活。它能够通过政府干预将环境污染的外部性内化，即对达到节能减排标准的企业给予税收优惠等奖励，对积极开发绿色工艺的企业给予相关补贴，以此来弥补企业因实施绿色行为增加的运营成本。除了传统的税收、补贴等措施，根据科斯定理，还存在一种新的经济工具，即政府可以利用市场机制解决与外部性相关的问题，如碳交易权和排放交易制度。因为企业污染成本不同，具有绿色技术的企业或本身一直践行绿色行为的企业污染治理的成本相对较低，而那些不具备实施绿色行为条件的企业，无法承担因实施绿色行为产生的成本。这时，政府可以建立碳交易或排放交易制度，让节能减排这一技术问题与经济效益结合在一起，环境污染严重的企业可以向环境友好型企业购买污染物排放额，使得无法避免污染问题的企业能够实现其减排目标，从而不用遭遇因无法达到环保要求被迫关闭的困境，又可以通过经济补贴的形式鼓励积极践行环境可持续发展的企业。

2. 法律政策内容

政府制定的法律政策除要区分规制和激励两种形式以外，政策具体内容对中小制造企业"绿色化"的促进作用也同样重要。从我国中小制造企业"绿色化"障碍分析可以看出，技术、消费市场和公众监督的法律政策对企业"绿色化"影响较大，结合促进我国中小制造企业"绿色化"的员工参与、公众压力、技术引进等驱动因素，政府制定的相关法律政策也应聚焦于激发技术创新、改变消费者消费习惯、提高公民环保意识等方面。

在绿色技术研发和引进方面，政府的支持体系是转变企业态度的关键。针对中小制造企业活力不足的问题，政府应该加大对相应研发活动企业的投资力度。同时，由于绿色技术创新带来的环境绩效具有滞后性，政府的激励措施也不能局限于满足环保要求这一结果，还应将激励措施扩展到技术创新这一实践过程中，对于实施绿色技术创新的企业制定特定的税收优惠政策，这样才能更有效地激发企业创新的积极性。理论和实证都表明，技术进步的速度和方向受到监管激励的影响，只有当替代效应超过产出效应时，补贴才能够促进企业的绿色转型。另外，开展排污许可证、排污交易权等政策也能有力推动企业开展绿色创新活动，只要企业研发出绿色技术，在可预期的未来里，它的污染物排放量就能够得到明显的控制，使企业有多余的污染物排放额可以出售给其他企业，以此从中获利。考虑到中小制造企业研发能力的缺失，政府也应积极搭建产学研合作平台，解决中小制造企业人才匮乏这一关键问题。

中小制造企业对于"绿色化"的担忧也体现在未来收益不确定上，而收益的不确定是市场环境不明朗、没有稳定的消费群体造成的。建立完善的市场服务体系，能够帮助企业获取更多的融资渠道，解决企业资金存量的问题。同时，政府的经济补贴政策也不能只局限于企业，要将补贴下放到消费者身上，才能实现通过企业生产绿色产品引领消费者的绿色消费，进而打破资金增量的困境。

公众环保意识的提升也需要政府加强《环境保护公众参与法》的实施，只有公众切实参与到环保工作中，才能有效增强其环保意识。政府也要加强对社交媒体的管控，使社交媒体能够从舆论的层面增强公民对于"绿色化"的理解，让企业的运营活动曝光在公众的监督之下。同时政府要加强公民信访等工作的管理，保证公众对于企业非绿色行为的投诉渠道畅通。

虽然中小制造企业"绿色化"主要依靠企业主体的能动性，但是仍然需要其他利益相关者的参与，而协调多元主体的合作关系，仍然离不开法律制度体系的保障。政府制定的相关法律是调整各主体关系的指导原则，不仅为各主体的监管、消费行为提供了价值指引和判断标准，还能够构建长期稳定的协同关系。法律程序性和稳定性的特点也促使社会公众和消费者增强环保意识。因此，充分发挥法律政策对于多元主体协作关系的引领作用，能够确保我国中小制造企业"绿色化"的可持续进行。

3. 法律政策的完善性、未来预期及执行力度

我国目前正处于实施鼓励企业进行绿色制造政策的初级阶段。虽然碳市场开发、环境保护税、创新补贴力度等相关政策已经开始逐渐实施并初显成效，但是关于搭建产学研合作平台、建立政府示范项目、绿色认证等方面的政策还有待进一步深化和完善。产学研合作能够促进绿色技术创新和绿色技术扩散，为企业实施"绿色化"提供技术支持；政府示范项目可以向中小制造企业展示"绿色化"的意义以及如何有效开展"绿色化"活动；绿色认证既是对执行绿色标准企业的认可，也是向未达标的企业提供考核标准，并向社会和消费者传递正确的消息用于辨别企业是否"绿色化"。

我国政府在制定与环境相关的法律政策时，应尽量确保新出台的法律政策条款更加明晰、范围更广、标准更加严格。同时要保证法律政策的执行力度，向企业和市场传递我国对于环境保护的决心，只有企业和市场预感到政府对于绿色发展的政策导向是长期的且会被一贯实施的，企业才会摒弃对于"绿色化"的怀疑态度，从而放弃短期投机取巧行为，以更加主动的态度去承担环境责任。

本章小结

本章主要在第五章假设验证的基础上，运用模糊决策评价法进一步评估我国中小制造企业"绿色化"驱动因素的效率。以经济绩效、环境绩效、资源绩效和社会绩效作为评估准则，以被证实具有驱动效用的技术引进、激励、规制、员工参与和公众压力等五个驱动因素为评估指标。运用 fuzzy-DEAMTEL 的方法对评估准则进行赋权，通过测算四个绩效的影响度和被影响度，发现环境绩效的权重最高，其次为资源绩效和经济绩效，社会绩效的权重得分最低。采用 fuzzy-TOPSIS 的方法对驱动因素的效率进行了排序，激励和规制排名较前，其次为公众压力和技术引进，员工参与的驱动效率最差。最后，结合第三章我国中小制造企业"绿色化"障碍和第五章"绿色化"驱动因素的分析结果，分别

从消除低层级"绿色化"障碍和消除高层级"绿色化"障碍两个角度出发，设计了我国中小制造企业"绿色化"驱动因素作用机理优化框架，并从多元主体协作、绿色技术支撑、法律制度体系保障三方面阐释了驱动因素的作用机理优化方向。

第七章

研究结论与展望

结合本研究对我国中小制造企业"绿色化"障碍的分析和本研究推演的我国中小制造企业"绿色化"理论模型,从实践和理论的双重角度识别"绿色化"驱动因素并阐释其作用机理。通过 PLS-SEM 验证了"绿色化"驱动因素、绿色行为和可持续绩效三者之间的关系,运用 PLS-MGA 的方法检验了不同要素密度的制造行业是否能够调节"绿色化"驱动因素对绿色行为的影响。根据假设检验结果,综合 fuzzy-DEMATEL 和 fuzzy-TOPSIS 两种方法对我国中小制造企业"绿色化"驱动因素效率进行了评估,最后提出了关键驱动因素的作用机理优化方向,从而为政府相关政策制订和企业战略制定与实施提供了理论依据和实践指导。

第一节 研究结论

第一,阻碍我国中小制造企业"绿色化"进程的关键障碍均来源于技术和法律政策层面,来源于企业的障碍是最容易被克服的障碍。通过文献梳理和访谈我国中小制造企业高层管理者两种方式,本研究明确了我国中小制造企业"绿色化"面临的 19 个障碍,它们分别涉及经济、政策、社会、组织和技术 5 个层面。根据 ISM 的运用要求,本研究设计了对应的问卷,并邀请了 12 位专家,根据专家从事工作的不同,划分为高校、企业和政府 3 个专家组。传统观点认为我国中小制造企业无法有效实施"绿色化"是资金不足或者高层管理者承诺不高等原因导致的,但是通过对收集数据的处理和分析,本研究发现我国中小制造企业"绿色化"障碍按照阻力程度不同,分为 6 个层级,其中阻力较强的 3 个层级均属于技术和法律政策层面,然后是经济和社会层面,阻力效益最小的为组织层面。实证表明,有效消除我国中小制造企业"绿色化"障碍,需将工作重点放在搭建产学研平台、建立绿色示范项目、疏通技术引进渠道、减少技术信息不对称、完善环境法律体系和绿色认证体系等方面。这些障碍被解决后如绿色消费需求较弱、获取金融支持难度大、"绿色化"成本高昂等问题也会迎刃而解。同时，上述任何障碍的阻力作用得到缓解都能够改善企业对待"绿色化"的态度，促使企业实行相关措施。这一结论为识别我国中小制造企业"绿色化"驱动因素提供了现实依据。

第二，我国中小制造企业"绿色化"驱动因素涉及技术、政策、企业和社会四个维度，因实施"绿色化"可以为企业带来兼具经济效益、环境效益、资源效益和社会效益的可持续绩效。根据"动机—行为—绩效"的研究思路，本研究构建了"'绿色化'驱动因素—绿色行为—可持续绩效"的概念框架。从环境资源"非竞争性"的特质出发，明确了如果不对企业的生产行为进行干预，就会导致"公地悲剧"。因此，为了维持全社会的可持续发展，企业会面临来自各方利益相关者的内生和外生压力，为了将压力转变为企业实施"绿色化"的动力，环境监管的任务需由包括政府、社会和企业在内的多方主体协同完成。换言之，政策、社会和企业的参与能够促进中小制造企业"绿色化"。同时，"绿色化"的实现不能仅靠主观能动性，还需要有相应的清洁技术和工艺的支撑，技术也是我国中小制造企业"绿色化"驱动因素的维度之一。"绿色化"是显著的创建正外部性的活动，因此传统观点认为"绿色化"与企业的经济追求是相悖的，但是对于"绿色化"的考量不能仅通过经济指标，它创造的是可持续绩效，根据TBL，可持续绩效应包含经济、环境和社会三方面。另外，由于环境资源的公共物品性质，并综合考虑我国中小制造企业以资源投入促进发展的粗放型发展方式，我国逐渐陷入资源紧缺的困境，环境绩效也成了我国中小制造企业可持续绩效不可忽视的一部分。

第三，高层管理者承诺和消费者需求并不能促进我国中小制造企业"绿色化"，激励和规制能够显著正面影响企业实施绿色行为，技术创新、技术引进、公众压力和员工需求是否具有驱动效益在本研究的样本中受企业所处行业类型的影响。本研究最终获得652份有效样本，通过PLS-SEM对样本的测量模型和结构模型进行测算。研究结果表明，中小制造企业高层管理者仍然对实施"绿色化"的"成本—收益"不平衡表示担忧，消费者虽有环保意识但是在制订购买决策时还是更偏向于物美价廉的产品，中小制造企业没有实施技术创新条件且无法承担相关风险等原因，导致了高层管理者承诺、消费者需求和技术创新不能促进我国中小制造企业实施绿色行为。然而，当运用PLS-MGA分别测算分属于劳动密集型、资源密集型和资本技术密集型的企业时，发现技术创新和技术引进对于资本技术密集型企业具有显著影响,却对资源密集型企业没有任何作用,有趣的是员工参与和公众压力仅能够促进资源密集型企业"绿色化"。但是值得注意的是,虽然各驱动因素在不同子样本发挥的效用有所不同,但是只有技术创新对于劳动密集型和资本技术密集型企业是否实施绿色行为影响的不同具有统计学意义,因此行业类型只能在特定情况下调节"绿色化"驱动因素与企业实施绿色行为之间的关系。

第四,激励和规制对于我国中小制造企业"绿色化"的驱动效率最高,其次是公众压力和技术引进,员工参与的驱动效率最弱。可持续绩效既是"绿色化"驱动因素的最终实现目标,也是"绿色化"驱动因素存在的内在理由,因此本研究以经济绩效、环境绩效、资源绩效和社会绩效为评估准则,以通过假设验证的5个驱动因素(技术引进、激励、规制、员工参与和公众压力)为评估指标,构建了驱动因素的评估体系,结合fuzzy-DEMATEL和fuzzy-TOPSIS两种方法进一步测算了驱动因素的效率。结果表明,由于政府是我国中小制造企业最重要的利益相关者,激励和规制政策作为政府与企业交互的工具,最能对企业的生产运营行为产生影响。随着我国公民环保意识的不断增强,《环境保护公众参与办法》等的逐步出台和完善,以及我国社交媒体的应用范围的扩大,企业也不得不考虑公众对于企业绿色发展的诉求。技术引进作为中小制造企业清洁技术的主要来源,其驱动作用不言而喻,但是考虑到目前技术引进渠道不太顺畅等原因,技术引进的驱动效率相对不那么理想。中小制造企业的组织结构决定了高层管理者对于企业的绝对掌控力,虽然员工出于自身健康和社会责任以及他们对于生产流程的熟悉程度等方面的考虑,能在一定程度上刺激企业实施绿色行为,但是实际效果相对较弱。

第五,优化我国中小制造企业"绿色化"驱动因素作用机理,可以分为解决低层级"绿色化"障碍和解决高层级"绿色化"障碍两种类型。根据我国中小制造企业"绿色化"障碍分析的实证结果,"绿色化"障碍可以根据阻力程度划分为低层级障碍和高层级障碍两类,为了高效优化我国中小制造企业"绿色化"驱动因素的作用机理,针对不同层级的"绿色化"障碍,应该采取不同的措施。对于来源于企业、社会和经济层面的低层级"绿色化"障碍,可以通过与之对应的单一"绿色化"驱动因素消除其阻碍作用,或者通过解决高层级"绿色化"障碍缓解低层级障碍的阻力。对于分属于技术和政策层面的高层级"绿色化"障碍,则需要通过多个"绿色化"驱动因素同时作用,或依靠"绿色化"驱动因素之间的相互促进关系提升单一"绿色化"驱动因素的驱动力这两种形式缓解"绿色化"障碍带来的阻力。同时,我国中小制造企业"绿色化"驱动因素的评估结果也表明,不同驱动因素之间具有不同的驱动效率,由驱动效率较高的驱动因素引领效率较低甚至目前无法产生驱动作用的驱动因素,能够最大限度地激发各个驱动因素的驱动力。因此,促进各个驱动因素之间的相互协同,聚焦于关键障碍的消除,能够更加科学、有效地优化我国中小制造企业"绿色化"驱动因素的作用机理。

第二节 理论贡献

随着企业社会责任理论、利益相关者理论以及可持续发展理论的不断融合发展,环境因素成了这些理论开始考虑和研究的内容,绿色发展应运而生。制造企业作为绿色发展研究中最主要的研究对象,剖析其"绿色化"驱动因素也成了研究重点。本研究通过相关理论推演,构建了我国中小制造企业"绿色化"驱动因素模型并对其内在结构进行了解构,还对现有理论进行了拓展与深化,本研究主要理论贡献有如下三点。

第一,丰富并完善了制造企业"绿色化"相关概念的含义。传统研究认为,制造企业"绿色化"是指绿色产品的制造,但是本研究认为"绿色化"是一个系统的过程,致力于对产品或服务运营流程进行根本性改革,形成科技含量高、资源消耗低、环境污染少的生产运营方式,所以制造企业"绿色化"是制造企业在产品设计中将环保因素考虑在内,选取无毒、无害、可降解的原材料,运用清洁技术进行生产,积极处理在生产过程中产生的废气、废水和固体废物,并在产品结束其生命周期后对其进行回收再利用。同时,因为"绿色化"是正外部性的活动,制造企业的"绿色化"还应考虑其前因和后果。前因是"绿色化"驱动因素,是那些能够缓解"绿色化"障碍带来的阻力并推动企业实施绿色行为的要素。后果则是绩效,与传统只考虑经济利润的绩效不同,实施绿色行为创造的绩效是可持续的,可持续绩效是不仅能够为企业创造经济利润,还能达到保护环境、节约资源的效益,并且为社会创造福祉。综上,本研究不仅完善了制造企业"绿色化"的内涵,还进一步拓宽"绿色化"概念的边界,完善了"绿色化"前因和后果的概念,即"绿色化"驱动因素和可持续绩效。

第二,扩展并深化了制造企业"绿色化"驱动因素模型。现有关于"绿色化"驱动因素模型的研究仅仅关注驱动因素、绿色行为、绩效三方面的表面关系,没有进一步深入剖析其内在逻辑。本研究从环境资源"非排他性"的特质出发,指出如果不对环境资源进行监管将会产生"公地悲剧"。为了避免问题,企业会受到来自政府的强制性压力、来自社会的规范性压力、来自消费者的市场压力以及来自管理者和员工的内生压力，企业为了获得生产运营的合法性，需要满足这些利益相关者的需求。政府、社会和企业多元主体协同参与环境监管活动能够将企业面临的压力转换为动力，同时技术也是制造企业实施绿色行为不可或缺的部分。另外，传统研究仅从TBL出发将因实施"绿色化"取得的绩效分为经济、环境和社会三个部分。但是我国中小制造企业长期以资源投入驱动企业发展的模式导致了资源滥用等问题的出现，因此"绿色化"也应实现减少资源投入、提高资源利用率的资源绩效。综上，本研究不仅从环境资源特质出发明确了企业环境压力的来源，并从环境监管参与主体和技术支撑层面确定了"绿色化"驱动因素涉及的维度，还结合我国中小制造企业实际现状解构了可持续绩效的维度，拓展了制造企业"绿色化"驱动因素模型的研究宽度，深化了"绿色化"驱动因素模型的理论见解。

第三，开拓并创新了制造企业"绿色化"驱动因素研究思路。传统对于制造企业"绿色化"驱动因素的研究从以文献梳理的方式识别驱动因素开始，到以分析经过假设检验的驱动因素作用机理结束。本研究打破传统研究思路，对制造企业"绿色化"驱动因素分析从剖析其"绿色化"障碍开始，为驱动因素的识别提供现实依据，再通过模型理论推导、文献梳理等方式为驱动因素的识别提供理论依据。运用统计分析方法验证"绿色化"驱动因素作用机理后，进一步构建了以可持续绩效为评估准则，以经过验证的驱动因素为评估指标的评估指标体系，结合模糊决策分析法对"绿色化"驱动因素的效率进行评估。最后综合考虑"绿色化"障碍分析、"绿色化"驱动因素识别及评估的实证结果，设计解决低层级"绿色化"障碍和解决高层级"绿色化"障碍两种驱动因素作用机理优化框架，针对性地提出我国中小制造企业"绿色化"驱动因素的作用机理优化的建议。综上，本研究开拓了制造企业"绿色化"驱动因素研究边界，创新形成"障碍识别—理论推演—要素定位—效率评估—机理优化"的企业"绿色化"驱动因素研究思路。

第三节 实践启示

在我国经济高质量发展的背景下，中小制造企业绿色转型是必然趋势。但是中小制造企业"绿色化"是一个复杂的系统工程，涉及"绿色化"驱动因素、绿色行为和可持续绩效三方交互，需要政府、社会和企业的多方主体协同合作，也需要技术的支撑。不管是政府的政策制定与实施，还是企业战略制订与执行，都是一个长期且不易更改的过程，都需要耗费大量的人力、物力和财力。本研究的研究结果可以提炼出一些促进我国中小制造企业"绿色化"的实践启示，有助于为政府制定相关政策提供参考，也为企业的管理实践提供借鉴。

政策层面。本研究的研究结果表明，无论是激励还是规制措施都能有效促进我国中小制造企业实施绿色行为，但需要注意的是，政策制定和实施都要向公众传递我国实施绿色转型的决心，换言之，政策的制定涉及的范围要不断扩大，条款要愈加细化，政策的执行力度也需加强，并且要保证政策的一致性。研究结果也指出，虽然目前消费者已具有一定的环保意识，但是在制订购买决策的时候仍然更关注物美价廉的产品，而消费者作为与企业直接相关的利益相关者，他们对绿色产品的需求是推动企业实施绿色行为的源动力，因此，政府的激励政策不仅仅应针对制造业企业，还应考虑制定相关政策，通过补贴消费者的绿色购买行为等形式拉动企业的绿色生产。当然，技术对于中小制造企业成功实现"绿色化"的重要性不言而喻，政策应该指引产学研合作平台的搭建、建立相关绿色示范项目，以帮助中小制造企业摆脱人才及资金缺乏、抗风险能力差的枷锁，促使其能够有渠道获得清洁技术进而实施绿色行为。此外，研究结果还表明，多元主体的协作能够有效保证中小制造企业采取绿色实践，因此政策要加强对各方主体环境监管合法性的保障。综上，这些政策的实践启示能够进一步为企业全面实现"绿色化"提供可能。

企业层面。基于中小制造企业组织结构的特性，高层管理者对于企业的运营有绝对的控制权。本研究研究结果表明，由于"成本—收益"不平衡，我国大多数高层管理者对实施绿色行为持怀疑或否定态度。但是，本研究的研究结果也证实了实施绿色行为与获得可持续绩效之间存在显著的正相关关系，绿色行为也可增加产品的差异性，企业差异化优势通常来源于消费者对产品价值的估量。因此，在绿色发展的大背景下，企业产品和服务的环境友好特性不仅符合市场需求，也会稳固企业的忠实客户群体，从而不仅为企业带来经济效益，同时还能达到保护环境、节约资源的效果，并为社会带来福祉。企业实施"绿色化"是一个长期的过程，虽然在短期内可能出现成本远大于收益的情况，但是从长远来看，"绿色化"能为企业带来可持续绩效，并且，随着政策法律的完善，企业实施绿色行为的成本和风险能够被进一步分担。根据制度理论和合法性理论，建议高层管理者今后优先考虑与环境保护相关的利益相关者的需求，努力将其环境需求与企业战略和经营实践相结合。为保证绿色战略制订和实施的一致性，企业也应配套相应的制度，建立和完善绿色人力资源管理体系，培训员工关于发现"非绿色"因素、解决"非绿色"问题的能力，搭建通道鼓励员工全方位参与到绿色决策和绿色实践过程中。此外，一旦企业决心向"绿色化"发展，管理者就应该重视开展绿色技术创新活动，如果受到研发能力和资源的限制，企业也应该积极引进相关的绿色技术，并配套相关的员工和设备使得企业能够良好地消化和吸收引进技术。综上，这些管理启示能够激发我国中小制造企业"绿色化"的能动性。

第四节 研究局限及展望

虽然本研究遵循理论结合实践的理念分析我国中小制造企业"绿色化"驱动因素，研究范式和方法运用具有一定的创新性，研究结果也对政府制定相关政策具有一定的参考价值，同时向企业提供了有效应对利益相关者压力、改善环境绩效的见解。但是由于研究时限和研究样本局限等问题，本研究仍然存在一定的局限性，这也为未来研究确定了方向。

首先，我国中小制造企业体量庞大，本研究的研究样本较少，研究结果可能存在代表性不足的问题。因此，未来研究可以在本研究构建的中小制造企业"绿色化"驱动因素研究思路的基础上，有针对性地扩大数据样本，使研究样本能够涵盖我国制造业31个大类的行业以及东中西部三大地区。目前，本研究只是按投入要素密度不同划分了资源密集型、劳动密集型和资本技术密集型行业，虽然投入要素密度能够作为制造企业的区分标准之一，但我国制造业31个行业大类下的企业仍然各具特色，因此从每个行业的特征出发，细化分析中小制造企业"绿色化"驱动因素，使分析结果更具普适性。另外，由于我国东中西部资源禀赋、经济发展水平不同，制造企业面临的市场和社会环境也不尽相同，因此对比分析东中西部三个地区"绿色化"面临的障碍，以及"绿色化"驱动因素的结构和效率，有助于分区域、具有靶向性地提供驱动因素作用机理优化建议。

其次，本研究构建的我国中小制造企业"绿色化"驱动因素模型有待进一步深化和完善。第一，目前研究模型只探讨了独立的各个驱动因素对于企业实施绿色行为的影响，但是通过本研究的分析结果可以发现各个驱动因素之间存在一定的耦合关系，这种相互作用关系的存在可能会改变实证的研究结果，因此，在未来研究中可以进一步分析驱动因素的相互作用如何影响企业实施绿色行为。第二，本研究的研究结果表明企业实施绿色行为会带来经济、环境、资源和社会方面的可持续绩效,而可持续绩效既是"绿色化"驱动因素的目标结果,也是"绿色化"驱动因素之所以能够发挥作用的深层次原因,因此,"绿色化"驱动因素模型也应该将可持续绩效对于"绿色化"驱动因素的反作用考量在内。第三,"绿色化"驱动因素对于绿色行为的影响以及绿色行为对于企业可持续绩效的影响都具有滞后性,所以在优化模型的时候也需要将这一因素考虑在内。

最后,本研究综合运用了统计分析法和静态结构模型化技术对提出的我国中小制造企业"绿色化"驱动因素模型进行了验证分析,但是除本研究选取的ISM、PLS-SEM、fuzzy-DEMATEL 和 fuzzy-TOPSIS 以外,还有其他方法可以验证本研究提出的模型。未来的研究在方法选择上可以更加注重多元方法的融合,通过梯形模糊数学、灰数、粗糙集等方式处理专家评判的语义量表,运用动态结构模型化技术、人工神经网络分析等方法验证模型,并将各种方法的结果进行对比分析,探寻不同方法的优势和劣势以及各种方法的使用情景,有助于完善"绿色化"驱动因素模型评估的方法体系。

参考文献

一、中文文献

（一）著作

[1] 曾刚. 我国生态文明建设的科学基础和路径选择 [M]. 北京：人民出版社，2018.

[2] 陈晓萍，徐淑英，樊景立. 组织与管理研究的实证方法 [M]. 2版. 北京：北京大学出版社，2012.

[3] 国家统计局. 中国统计年鉴2022 [M]. 北京：中国统计出版社，2023.

[4] 万建华，戴志望，陈健. 利益相关者管理 [M]. 深圳：海天出版社，1998.

（二）期刊

[1] 曾冰. 环境约束下中国省域旅游经济效率及其影响因素的空间计量分析 [J]. 技术经济，2020，39（6）.

[2] 陈昌兵. 新时代我国经济高质量发展动力转换研究 [J]. 上海经济研究，2018（5）.

[3] 陈诗一. 能源消耗、二氧化碳排放与中国工业的可持续发展 [J]. 经济研究，2009，44（4）.

[4] 陈晓红，蔡思佳，汪阳洁. 我国生态环境监管体系的制度变迁逻辑与启示 [J]. 管理世界，2020，36（11）.

[5] 戴化勇，鲍升华. 绿色企业文化与企业经营绩效关系研究 [J]. 山西财经大学学报，2010，32（12）.

[6] 国合会"中国绿色发展中的企业社会责任"专题政策研究项目组. 中国绿色发展中的企业社会责任 [J]. 环境与可持续发展，2014（4）.

[7] 黄顺春，张书齐. 中国制造业高质量发展评价指标体系研究综述 [J]. 统计与决策，2021，37（2）.

[8] 金碚. 关于"高质量发展"的经济学研究 [J]. 中国工业经济, 2018 (4).

[9] 雷玉桃, 张淑雯, 孙菁靖. 环境规制对制造业绿色转型的影响机制及实证研究 [J]. 科技进步与对策, 2020, 37 (23).

[10] 李国平, 韦晓茜. 企业社会责任内涵、度量与经济后果: 基于国外企业社会责任理论的研究综述 [J]. 会计研究, 2014 (8).

[11] 李伟阳, 肖红军. 企业社会责任概念探究 [J]. 经济管理, 2008 (Z2).

[12] 李毅, 胡宗义, 何冰洋. 环境规制影响绿色经济发展的机制与效应分析 [J]. 中国软科学, 2020 (9).

[13] 刘飞, 曹华军. 绿色制造的理论体系框架 [J]. 中国机械工程, 2000 (9).

[14] 刘飞, 张华, 岳红辉. 绿色制造: 现代制造业的可持续发展模式 [J]. 中国机械工程, 1998 (6).

[15] 聂国卿, 郭晓东. 环境规制对中国制造业创新转型发展的影响 [J]. 经济地理, 2018, 38 (7).

[16] 齐绍洲, 徐佳. 环境规制与制造业低碳国际竞争力: 基于二十国集团"波特假说"的再检验 [J]. 武汉大学学报（哲学社会科学版）, 2018, 71 (1).

[17] 秦大河. 气候变化科学与人类可持续发展 [J]. 地理科学进展, 2014, 33 (7).

[18] 任保平, 李禹墨. 新时代我国经济从高速增长转向高质量发展的动力转换 [J]. 经济与管理评论, 2019, 35 (1).

[19] 任保平, 文丰安. 新时代中国高质量发展的判断标准、决定因素与实现途径 [J]. 改革, 2018 (4).

[20] 沈德聪, 阮平南. 绿色制造系统评价指标体系的研究 [J]. 机械制造, 2006 (3).

[21] 史丹, 赵剑波, 邓洲. 推动高质量发展的变革机制与政策措施 [J]. 财经问题研究, 2018 (9).

[22] 涂圣伟. 我国产业高质量发展面临的突出问题与实现路径 [J]. 中国发展观察, 2018 (14).

[23] 涂正革, 王昆, 谌仁俊. 经济增长与污染减排: 一个统筹分析框架 [J]. 经济研究, 2022, 57 (8).

[24] 王林辉, 王辉, 董直庆. 经济增长和环境质量相容性政策条件: 环境

技术进步方向视角下的政策偏向效应检验 [J]. 管理世界, 2020, 36 (3).

[25] 王一鸣. 百年大变局、高质量发展与构建新发展格局 [J]. 管理世界, 2020, 36 (12).

[26] 魏修建, 吴刚, 班斓. 西部地区工业转型升级能力评测分析: 基于高质量发展的视角 [J]. 宁夏社会科学, 2021 (1).

[27] 吴敏洁, 徐常萍, 唐磊. 环境规制与制造业产业结构升级: 影响机理及实证分析 [J]. 经济体制改革, 2019 (1).

[28] 夏传勇, 张曙光. 论可持续生产 [J]. 中国发展, 2010, 10 (3).

[29] 谢志明, 谢青青, 易玄. 绿色供应链管理对制造企业绩效的影响 [J]. 财经理论与实践, 2015, 36 (1).

[30] 辛杰. 企业文化对企业社会责任的影响: 领导风格与高管团队行为整合的作用 [J]. 上海财经大学学报, 2014, 16 (6).

[31] 颜建军, 徐雷, 李扬. 资源、环境双重约束下的湖南省产业生态化发展路径 [J]. 经济地理, 2017, 37 (6).

[32] 余东华, 崔岩. 环境规制影响制造业技术进步偏向性研究 [J]. 上海经济研究, 2019 (6).

[33] 余泳泽, 孙鹏博, 宣烨. 地方政府环境目标约束是否影响了产业转型升级? [J]. 经济研究, 2020, 55 (8).

[34] 袁鹏, 程施. 中国工业环境效率的库兹涅茨曲线检验 [J]. 中国工业经济, 2011 (2).

[35] 张江雪, 蔡宁, 毛建素, 等. 自主创新、技术引进与中国工业绿色增长: 基于行业异质性的实证研究 [J]. 科学学研究, 2015 (2).

[36] 张军扩, 侯永志, 刘培林, 等. 高质量发展的目标要求和战略路径 [J]. 管理世界, 2019, 35 (7).

[37] 张兆国, 梁志钢, 尹开国. 利益相关者视角下企业社会责任问题研究 [J]. 中国软科学, 2012 (2).

[38] 赵剑波, 史丹, 邓洲. 高质量发展的内涵研究 [J]. 经济与管理研究, 2019, 40 (11).

[39] 赵萱, 张列柯, 郑开放. 企业环境责任信息披露制度绩效及其影响因素实证研究 [J]. 西南大学学报 (社会科学版), 2015, 41 (3).

[40] 周星, 周敏, 崔九翠. 制造企业绿色采购行为及影响因素的理论模型 [J]. 江苏师范大学学报 (自然科学版), 2013, 31 (2).

[41] 邹国胜. 基于并行工程的可持续生产 [J]. 生态经济, 2001 (2).

（三）其他

［1］赵昌文. 新型工业化的三个新趋势［N］. 人民日报，2019-03-29（9）.

［2］赵昌文. 推动我国经济实现高质量发展［N］. 学习时报，2017-12-25（1）.

［3］中华人民共和国国务院. 国务院关于印发《中国制造2025》的通知［A/OL］. 中国政府网，2015-05-19.

［4］中华人民共和国工业和信息化部，国家发展和改革委员会，科学技术部，等. 关于印发"十四五"促进中小企业发展规划的通知［A/OL］. 中国政府网，2021-12-11.

［5］中华人民共和国工业和信息化部. 工业和信息化部关于印发《"十四五"工业绿色发展规划》的通知［A/OL］. 工业和信息化部网站，2021-11-15.

［6］新华社. 中共中央 国务院关于完整准确全面贯彻新发展理念做好碳达峰碳中和工作的意见［A/OL］. 中国政府网，2021-10-24.

［7］新华社. 中华人民共和国国民经济和社会发展第十四个五年规划和2035年远景目标纲要［R/OL］. 中国政府网，2021-03-13.

［8］中华人民共和国国务院. 国务院关于印发2030年前碳达峰行动方案的通知［A/OL］. 中国政府网，2021-10-24.

［9］中华人民共和国环境保护部. 2016中国环境状况公报［R/OL］. 环境保护部网站，2017-06-05.

［10］习近平. 高举中国特色社会主义伟大旗帜 为全面建设社会主义现代化国家而团结奋斗：在中国共产党第二十次全国代表大会上的报告［R/OL］. 中国政府网，2022-10-25.

［11］习近平. 决胜全面建成小康社会 夺取新时代中国特色社会主义伟大胜利：在中国共产党第十九次全国代表大会上的报告［R/OL］. 中国政府网，2017-10-27.

［12］中华人民共和国生态环境部. 2022中国环境生态状况公报［R/OL］. 中华人民共和国生态环境部网站，2023-05-24.

二、英文文献

（一）著作

［1］BOWEN H R J F. Social Responsibility of the Businessman［M］. New York：Harper，1953.

［2］CARROLL A. The Corporation and Its Stakeholder ［M］. Toronto: Oniversity of Toronto Press, 1995.

［3］CRANE A, MATTEN D, GLOZER S, et al. Business Ethics: Managing Corporate Citizenship and Sustainability in the Age of Globalization ［M］. Oxford: Oxford University Press, 2019.

［4］FREEMAN R. Strategic Management: A Stakeholder Approach ［M］. Boston: Pitman, 1984.

［5］FRIEDMAN M. The Social Responsibility of Business Is to Increase Its Profits ［M］. Berlin: Springer Berlin Heidelberg, 2007.

［6］GABUS A, FONTELA E. Perceptions of the World Problematique: Communication Procedure, Communicating with Those Bearing Collective Responsibility ［M］. Switzerland Geneva: Battelle Geneva Research Centre, 1973.

［7］HWANG C L, YOON K. Multiple Attribute Decision-Making: Methods and Application ［M］. New York: Springer, 1981.

［8］HAIR J F, HULT G T M, RINGLE C M, et al. Ringle, Marko Sarstedt A Primer on Partial Least Squares Structural Equation Modeling (PLS-SEM) ［M］. 2nd ed. Los Angeles: Sage, 2017.

［9］KLINE R B. Principles and Practice of Structural Equation Modeling, Fourth Edition ［M］. New York: The Guilford Press, 2015.

［10］NIEMANN J, TICHKIEWITCH S, WESTKÄMPER E. Design of Sustainable Product Life Cycles ［M］. Berlin: Springer Berlin Heidelberg, 2009.

［11］SARSTEDT M, RINGLE C, VOMBERG A. Handbook of Market Research ［M］. Berlin: Springer Berlin Heidelberg, 2017.

［12］SCHUMPETER J. The Theory of Economic Development ［M］. Cambridge: Harvard University Press, 1934.

(二) 期刊

［1］ABBAS J. Impact of Total Quality Management on Corporate Green Performance through the Mediating Role of Corporate Social Responsibility ［J］. Journal of Cleaner Production, 2020 (242).

［2］AMBEC S, LANOIE P. Does It Pay to Be Green? A Systematic Overview ［J］. Academy of Management Perspectives, 2008, 22 (4).

［3］AMMENBERG J, SUNDIN E. Products in Environmental Management

Systems: Drivers, Barriers and Experiences [J]. Journal of Cleaner Production, 2005, 13 (4).

[4] AMORES-SALVADÓ J, CASTRO G M-D, NAVAS-LÓPEZ J E. Green Corporate Image: Moderating the Connection between Environmental Product Innovation and Firm Performance [J]. Journal of Cleaner Production, 2014 (83).

[5] LIBONI L B, JABBOUR C J C, JABBOUR A, et al. Sustainability as a Dynamic Organizational Capability: A Systematic Review and a Future Agenda toward a Sustainable Transition [J]. Journal of Cleaner Production, 2017 (142).

[6] ANGELES R. Using the Technology-Organization-Environment Framework for Analyzing Nike's "Considered Index" Green Initiative, a Decision Support System-Driven System [J]. Journal of Management and Sustainability 2014, 4 (1).

[7] APAYDIN M. Achieving Economic and Social Sustainability through Hyperconnectivity [J]. Benchmarking: An International Journal, 2018, 25 (9).

[8] AZEVEDO S G, CARVALHO H, DUARTE S, et al. Influence of Green and Lean Upstream Supply Chain Management Practices on Business Sustainability [J]. IEEE Transactions on Engineering Management, 2012, 59 (4).

[9] AZZONE G, NOCI G. Identifying Effective PMSs for the Deployment of "Green" Manufacturing Strategies [J]. International Journal of Operations & Production Management, 1998, 18 (4).

[10] BAI Y, HUA C C, JIAO J L, et al. Green Efficiency and Environmental Subsidy: Evidence from Thermal Power Firms in China [J]. Journal of Cleaner Production, 2018 (188).

[11] BAUMGARTNER R J. Managing Corporate Sustainability and CSR: A Conceptual Framework Combining Values, Strategies and Instruments Contributing to Sustainable Development [J]. Corporate Social Responsibility and Environmental Management, 2014, 21 (5).

[12] BAYKASOGLU A, GOLCUK I. Development of an Interval Type-2 Fuzzy Sets Based Hierarchical MADM Model by Combining DEMATEL and TOPSIS [J]. Expert Systems with Applications, 2017 (70).

[13] BENLEMLIH M, BITAR M. Corporate Social Responsibility and Investment Efficiency [J]. Journal of Business Ethics, 2018, 148 (3).

[14] BERRONE P, FOSFURI A, GELABERT L, et al. Necessity as the Mother of "Green" Inventions: Institutional Pressures and Environmental Innovations

[J]. Strategic Management Journal, 2013, 34 (8).

[15] BERRONE P, FOSFURI A, GELABERT L. Does Greenwashing Pay Off? Understanding the Relationship between Environmental Actions and Environmental Legitimacy [J]. Journal of Business Ethics, 2017, 144 (2).

[16] BHARDWAJ B R. Role of Green Policy on Sustainable Supply Chain Management [J]. Benchmarking: An International Journal, 2016, 23 (2).

[17] BOCKEN N M P, SHORT S W, RANA P, et al. A Literature and Practice Review to Develop Sustainable Business Model Archetypes [J]. Journal of Cleaner Production, 2014 (65).

[18] BOS-BROUWERS H E J. Corporate Sustainability and Innovation in SMEs: Evidence of Themes and Activities in Practice [J]. Business Strategy and the Environment, 2009, 19 (7).

[19] BRAUNGARDT S, ELSLAND R, EICHHAMMER W. The Environmental Impact of Eco-Innovations: The Case of EU Residential Electricity Use [J]. Environmental Economics and Policy Studies, 2016, 18 (2).

[20] BROMAN G I, ROBÈRT K-H. A Framework for Strategic Sustainable Development [J]. Journal of Cleaner Production, 2017 (140).

[21] CAI L, CUI J H, JO H. Corporate Environmental Responsibility and Firm Risk [J]. Journal of Business Ethics, 2016, 139 (3).

[22] CARBALLO-PENELA A, CASTROMÁN-DIZ J L. Environmental Policies for Sustainable Development: An Analysis of the Drivers of Proactive Environmental Strategies in the Service Sector [J]. Business Strategy and the Environment, 2014, 24 (8).

[23] CHENG J, LIU Y Y. The Effects of Public Attention on the Environmental Performance of High-Polluting Firms: Based on Big Data from Web Search in China [J]. Journal of Cleaner Production, 2018 (186).

[24] CHERRAFI A, ELFEZAZI S, CHIARINI A, et al. The Integration of Lean Manufacturing, Six Sigma and Sustainability: A Literature Review and Future Research Directions for Developing a Specific Model [J]. Journal of Cleaner Production, 2016 (139).

[25] CHUANG S-P, YANG C-L. Key Success Factors When Implementing a Green-Manufacturing System [J]. Production Planning & Control, 2014, 25 (11).

[26] COASE R H. The Problem of Social Cost [J]. The Journal of Law and

Economics, 1960 (3).

[27] COLWELL S R, JOSHI A W. Corporate Ecological Responsiveness: Antecedent Effects of Institutional Pressure and Top Management Commitment and Their Impact on Organizational Performance [J]. Business Strategy and the Environment, 2011, 22 (2).

[28] CONNELLY B L, TIHANYI L, CERTO S T, et al. Marching to the Beat of Different Drummers: The Influence of Institutional Owners on Competitive Actions [J]. Academy of Management Journal, 2010, 53 (4).

[29] DACIN M T. Isomorphism in Context: The Power and Prescription of Institutional Norms [J]. Academy of Management Journal, 1997, 40 (1).

[30] DARNALL N, EDWARDS D. Predicting the Cost of Environmental Management System Adoption: The Role of Capabilities, Resources and Ownership Structure [J]. Strategic Management Journal, 2006, 27 (4).

[31] DARNALL N, HENRIQUES I, SADORSKY P. Adopting Proactive Environmental Strategy: The Influence of Stakeholders and Firm Size [J]. Journal of Management Studies, 2010, 47 (6).

[32] DAVIS K. Case for and Against Business Assumption of Social Responsibilities [J]. Academy of Management Journal, 1973, 16 (2).

[33] DAWKINS C E, FRAAS J W. Erratum to: Beyond Acclamations and Excuses: Environmental Performance, Voluntary Environmental Disclosure and the Role of Visibility [J]. Journal of Business Ethics, 2011, 99 (3).

[34] DELAI I, TAKAHASHI S. Corporate Sustainability in Emerging Markets: Insights from the Practices Reported by the Brazilian Retailers [J]. Journal of Cleaner Production, 2013 (47).

[35] DIABAT A, GOVINDAN K. An Analysis of the Drivers Affecting the Implementation of Green Supply Chain Management [J]. Resources, Conservation and Recycling, 2011, 55 (6).

[36] DIAS A. Global Financial Crisis and Corporate Social Responsibility Disclosure [J]. Social Responsibility Journal, 2016, 12 (4).

[37] DIXON-FOWLER H R, SLATER D J, JOHNSON J L, et al. Beyond "Does It Pay to Be Green?" A Meta-Analysis of Moderators of the CEP-CFP Relationship [J]. Journal of Business Ethics, 2013, 112 (2).

[38] DU K, LI P Z, YAN Z M. Do Green Technology Innovations Contribute to

Carbon Dioxide Emission Reduction? Empirical Evidence from Patent Data [J]. Technological Forecasting and Social Change, 2019 (146).

[39] FARUK A C, LAMMING R C, COUSINS P D, et al. Analyzing, Mapping, and Managing Environmental Impacts along Supply Chains [J]. Journal of Industrial Ecology, 2001, 5 (2).

[40] FERNÁNDEZ E, JUNQUERA B, ORDIZ M. Organizational Culture and Human Resources in the Environmental Issue: A Review of the Literature [J]. International Journal of Human Resource Management, 2003, 14 (4).

[41] FERNANDO Y, WAH W X. The Impact of Eco-Innovation Drivers on Environmental Performance: Empirical Results from the Green Technology Sector in Malaysia [J]. Sustainable Production and Consumption, 2017 (12).

[42] FOO P-Y, LEE V-H, TAN G W-H, et al. A Gateway to Realising Sustainability Performance Via Green Supply Chain Management Practices: A PLS-ANN Approach [J]. Expert Systems with Applications, 2018 (107).

[43] FRONDEL M, KRÄTSCHELL K, ZWICK L. Environmental Management Systems: Does Certification Pay? [J]. Economic Analysis and Policy, 2018 (59).

[44] FUJII H, IWATA K, KANEKO S, et al. Corporate Environmental and Economic Performance of Japanese Manufacturing Firms: Empirical Study for Sustainable Development [J]. Business Strategy and the Environment, 2013, 22 (3).

[45] GANDHI N S, THANKI S J, THAKKAR J J. Ranking of Drivers for Integrated Lean-Green Manufacturing for Indian Manufacturing SMEs [J]. Journal of Cleaner Production, 2018 (171).

[46] GENG R, MANSOURI S A, AKTAS E. The Relationship between Green Supply Chain Management and Performance: A Meta-Analysis of Empirical Evidences in Asian Emerging Economies [J]. International Journal of Production Economics, 2017 (183).

[47] GOTSCHOL A, GIOVANNI P D, VINZI V E. Is Environmental Management an Economically Sustainable Business? [J]. Journal of Environmental Management, 2014 (144).

[48] GOVINDAN K, DIABAT A, SHANKAR M K. Analyzing the Drivers of Green Manufacturing with Fuzzy Approach [J]. Journal of Cleaner Production, 2015 (96).

[49] GOVINDAN K, KANNAN D, SHANKAR M. Evaluation of Green Manufacturing Practices Using a Hybrid MCDM Model Combining DANP with PROMETHEE [J]. International Journal of Production Research, 2015, 53 (21).

[50] HALEEM F, FAROOQ S, WÆHRENS B V. Supplier Corporate Social Responsibility Practices and Sourcing Geography [J]. Journal of Cleaner Production, 2017 (153).

[51] HAMANN R, SMITH J, TASHMAN P, et al. Why Do SMEs Go Green? An Analysis of Wine Firms in South Africa [J]. Business & Society, 2015, 56 (1).

[52] HE B, LUO T, HUANG S. Product Sustainability Assessment for Product Life Cycle [J]. Journal of Cleaner Production, 2019 (206).

[53] HENRIQUES J, CATARINO J. Motivating towards Energy Efficiency in Small and Medium Enterprises [J]. Journal of Cleaner Production, 2016 (139).

[54] HEPBURN C. Environmental Policy, Government, and the Market [J]. Oxford Review of Economic Policy, 2010, 26 (2).

[55] HOFER C, CANTOR D E, DAI J. The Competitive Determinants of a Firm's Environmental Management Activities: Evidence from US Manufacturing Industries [J]. Journal of Operations Management, 2012, 30 (1).

[56] HOU J, TEO T S H, ZHOU F L, et al. Does Industrial Green Transformation Successfully Facilitate a Decrease in Carbon Intensity in China? An Environmental Regulation Perspective [J]. Journal of Cleaner Production, 2018 (184).

[57] JAVIER G-B, ÓSCAR G-B. Environmental Proactivity and Business Performance: An Empirical Analysis [J]. Omega, 2005, 33 (1).

[58] JO H, KIM H, PARK K. Corporate Environmental Responsibility and Firm Performance in the Financial Services Sector [J]. Journal of Business Ethics, 2015, 131 (2).

[59] JUDGE W Q, ELENKOV D. Organizational Capacity for Change and Environmental Performance: An Empirical Assessment of Bulgarian Firms [J]. Journal of Business Research, 2005, 58 (7).

[60] KARASSIN O, BAR-HAIM A. Multilevel Corporate Environmental Responsibility [J]. Journal of Environmental Management, 2016 (183).

[61] KASWAN M S, RATHI R. Analysis and Modeling the Enablers of Green

Lean Six Sigma Implementation Using Interpretive Structural Modeling [J]. Journal of Cleaner Production, 2019 (231).

[62] KUMAR A, DIXIT G. An Analysis of Barriers Affecting the Implementation of E-Waste Management Practices in India: A Novel ISM-DEMATEL Approach [J]. Sustainable Production and Consumption, 2018 (14).

[63] KUMAR A, MANGLA S K, LUTHRA S, et al. Evaluating the Human Resource Related Soft Dimensions in Green Supply Chain Management Implementation [J]. Production Planning & Control, 2019, 30 (9).

[64] LANNELONGUE G, GONZALEZ-BENITO J, QUIROZ I. Environmental Management and Labour Productivity: The Moderating Role of Capital Intensity [J]. Journal of Environmental Management, 2017 (190).

[65] LEONIDOU L C, CHRISTODOULIDES P, THWAITES D. External Determinants and Financial Outcomes of an Eco-friendly Orientation in Smaller Manufacturing Firms [J]. Journal of Small Business Management, 2016, 54 (1).

[66] LI X, QIAO Y B, SHI L. Has China's War on Pollution Slowed the Growth of Its Manufacturing and by How Much? Evidence from the Clean Air Action [J]. China Economic Review, 2019 (53).

[67] LIAO X C, SHI X P. Public Appeal, Environmental Regulation and Green Investment: Evidence from China [J]. Energy Policy, 2018 (119).

[68] LIU P, ZHOU Y, ZHOU D K, et al. Energy Performance Contract Models for the Diffusion of Green-Manufacturing Technologies in China: A Stakeholder Analysis from SMEs' Perspective [J]. Energy Policy, 2017 (106).

[69] LIU T S, LIANG D P, ZHANG Y F, et al. The Antecedent and Performance of Environmental Managers' Proactive Pollution Reduction Behavior in Chinese Manufacturing Firms: Insight from the Proactive Behavior Theory [J]. Journal of Environmental Management, 2019 (242).

[70] LIU Y Z, LI Z H, YIN X M. Environmental Regulation, Technological Innovation and Energy Consumption——A Cross-Region Analysis in China [J]. Journal of Cleaner Production, 2018 (203).

[71] LUCAS M T, NOORDEWIER T G. Environmental Management Practices and Firm Financial Performance: The Moderating Effect of Industry Pollution-Related Factors [J]. International Journal of Production Economics, 2016 (175).

[72] LUCAS M T. Understanding Environmental Management Practices:

Integrating Views from Strategic Management and Ecological Economics [J]. Business Strategy and the Environment, 2010, 19 (8).

[73] LUN Y H V. Green Management Practices and Firm Performance: A Case of Container Terminal Operations [J]. Resources, Conservation and Recycling, 2011, 55 (6).

[74] CORDANO M, FRIEZE I H. Pollution Reduction Preferences of U. S. Environmental Managers: Applying Ajzen's Theory of Planned Behavior [J]. Academy of Management Journal, 2000, 43 (4).

[75] MARQUIS C, QIAN C L. Corporate Social Responsibility Reporting in China: Symbol or Substance? [J]. Organization Science, 2013, 25 (1).

[76] MARQUIS C, RAYNARD M. Institutional Strategies in Emerging Markets [J]. Academy of Management Annals, 2015, 9 (1).

[77] MARQUIS C, ZHANG J J, ZHOU Y H. Regulatory Uncertainty and Corporate Responses to Environmental Protection in China [J]. California Management Review, 2011, 54 (1).

[78] MENG X H, ZENG S X, XIE X M, et al. The Impact of Product Market Competition on Corporate Environmental Responsibility [J]. Asia Pacific Journal of Management, 2016, 33 (1).

[79] MITTAL V K, SANGWAN K S. Development of a Model of Barriers to Environmentally Conscious Manufacturing Implementation [J]. International Journal of Production Research, 2014, 52 (2).

[80] MOKTADIR A, RAHMAN T, JABBOUR C J C, et al. Prioritization of Drivers of Corporate Social Responsibility in the Footwear Industry in an Emerging Economy: A Fuzzy AHP Approach [J]. Journal of Cleaner Production, 2018 (201).

[81] MONTABON F, SROUFE R, NARASIMHAN R. An Examination of Corporate Reporting, Environmental Management Practices and Firm Performance [J]. Journal of Operations Management, 2007, 25 (5).

[82] MONTIEL I, HUSTED B. The Adoption of Voluntary Environmental Management Programs in Mexico: First Movers as Institutional Entrepreneurs [J]. Journal of Business Ethics, 2009 (88).

[83] MRKAJIC B, MURTINU S, SCALERA V G. Is Green the New Gold? Venture Capital and Green Entrepreneurship [J]. Small Business Economics, 2019,

52 (4).

[84] MUÑOZ-VILLAMIZAR A, SANTOS J, VILES E, et al. Manufacturing and Environmental Practices in the Spanish Context [J]. Journal of Cleaner Production, 2018 (178).

[85] MURILLO-LUNA J L, GARCÉS-AYERBE C, RIVERA-TORRES P. Why Do Patterns of Environmental Response Differ? A Stakeholders' Pressure Approach [J]. Strategic Management Journal, 2008, 29 (11).

[86] NIKZAD R, SEDIGH G. Greenhouse Gas Emissions and Green Technologies in Canada [J]. Environmental Development, 2017 (24).

[87] ORJI I J. Examining Barriers to Organizational Change for Sustainability and Drivers of Sustainable Performance in the Metal Manufacturing Industry [J]. Resources, Conservation & Recycling, 2019 (140).

[88] PANG R, ZHANG X L. Achieving Environmental Sustainability in Manufacture: A 28-Year Bibliometric Cartography of Green Manufacturing Research [J]. Journal of Cleaner Production, 2019 (233).

[89] PAPADAS K-K, AVLONITIS G J, CARRIGAN M. Green Marketing Orientation: Conceptualization, Scale Development and Validation [J]. Journal of Business Research, 2017 (80).

[90] POLVOROSA R, SUÁREZ A, DE LACALLE L N L, et al. Tool Wear on Nickel Alloys with Different Coolant Pressures: Comparison of Alloy 718 and Waspaloy [J]. Journal of Manufacturing Processes, 2017 (26).

[91] QIN Y, HARRISON J, CHEN L. A Framework for the Practice of Corporate Environmental Responsibility in China [J]. Journal of Cleaner Production, 2019 (235).

[92] SELES B M R P, DANGELICO R M, JABBOUR C J C, et al. The Green Bullwhip Effect, the Diffusion of Green Supply Chain Practices, and Institutional Pressures: Evidence from the Automotive Sector [J]. International Journal of Production Economics, 2016 (182).

[93] SELES B M R P, LATAN H, JABBOUR C J C, et al. Do Environmental Practices Improve Business Performance Even in an Economic Crisis? Extending the Win-Win Perspective [J]. Ecological Economics, 2019 (163).

[94] SETH D, REHMAN M A A, SHRIVASTAVA R L. Green Manufacturing Drivers and Their Relationships for Small and Medium (SME) and Large Industries

[J]. Journal of Cleaner Production, 2018 (198).

[95] SHRIVASTAVA M, TAMVADA J P. Which Green Matters for Whom? Greening and Firm Performance Across Age and Size Distribution of Firms [J]. Small Business Economics, 2017 (4).

[96] SIEBERT A, O'KEEFFE S, BEZAMA A, et al. How Not to Compare Apples and Oranges: Generate Context-Specific Performance Reference Points for a Social Life Cycle Assessment Model [J]. Journal of Cleaner Production, 2018 (198).

[97] SIMÃO L, LISBOA A. Green Marketing and Green Brand-The Toyota Case [J]. Procedia Manufacturing, 2017 (12).

[98] SINDHU S, NEHRA V, LUTHRA S. Identification and Analysis of Barriers in Implementation of Solar Energy in Indian Rural Sector Using Integrated ISM and Fuzzy MICMAC Approach [J]. Renewable and Sustainable Energy Reviews, 2016 (62).

[99] SUGANTHI L. Examining the Relationship between Corporate Social Responsibility, Performance, Employees' Pro-Environmental Behavior at Work with Green Practices as Mediator [J]. Journal of Cleaner Production, 2019 (232).

[100] UYARRA E, EDLER J, GARCIA-ESTEVEZ J, et al. Barriers to Innovation through Public Procurement: A Supplier Perspective [J]. Technovation, 2014, 34 (10).

[101] VRIES G, TERWEL B W, ELLEMERS N, et al. Sustainability or Profitability? How Communicated Motives for Environmental Policy Affect Public Perceptions of Corporate Greenwashing [J]. Corporate Social Responsibility and Environmental Management, 2015, 22 (3).

[102] WANG Z Q, WANG Q, ZHANG S S, et al. Effects of Customer and Cost Drivers on Green Supply Chain Management Practices and Environmental Performance [J]. Journal of Cleaner Production, 2018 (189).

[103] YANG C-S. An Analysis of Institutional Pressures, Green Supply Chain Management, and Green Performance in the Container Shipping Context [J]. Transportation Research Part D: Transport and Environment, 2018 (61).

[104] YANG H H, CRAIG R, FARLEY A. A Review of Chinese and English Language Studies on Corporate Environmental Reporting in China [J]. Critical Perspectives on Accounting, 2015 (28).

[105] YU L P, LI H Y, WANG Z Z, et al. Technology Imports and Self-Innovation in the Context of Innovation Quality [J]. International Journal of Production Economics, 2019 (214).

[106] YU Y B, HUO B J. The Impact of Environmental Orientation on Supplier Green Management and Financial Performance: The Moderating Role of Relational Capital [J]. Journal of Cleaner Production, 2019 (211).

[107] ZAID A A, JAARON A A M, BON A T. The Impact of Green Human Resource Management and Green Supply Chain Management Practices on Sustainable Performance: An Empirical Study [J]. Journal of Cleaner Production, 2018 (204).

[108] ZHAN Y Z, TAN K H, JI G J, et al. Green and Lean Sustainable Development Path in China: Guanxi, Practices and Performance [J]. Resources, Conservation and Recycling, 2018 (128).

[109] ZHANG D Y, RONG Z, JI Q. Green Innovation and Firm Performance: Evidence from Listed Companies in China [J]. Resources, Conservation and Recycling, 2019 (144).

[110] ZHANG J X, CHANG Y, WANG C B, et al. The Green Efficiency of Industrial Sectors in China: A Comparative Analysis Based on Sectoral and Supply-Chain Quantifications [J]. Resources, Conservation and Recycling, 2018 (132).

[111] ZHANG X Y, MING X G, LIU Z W, et al. General Reference Model and Overall Frameworks for Green Manufacturing [J]. Journal of Cleaner Production, 2019 (237).

[112] ZHANG Y, WANG J R, XUE Y J, et al. Impact of Environmental Regulations on Green Technological Innovative Behavior: An Empirical Study in China [J]. Journal of Cleaner Production, 2018 (188).

[113] ZHAO X, SUN B. The influence of Chinese Environmental Regulation on Corporation Innovation and Competitiveness [J]. Journal of Cleaner Production, 2016 (112).

[114] ZHAO Z-Y, CHEN Y-L, LI H. What Affects the Development of Renewable Energy Power Generation Projects in China: ISM Analysis [J]. Renewable Energy, 2019 (131).

[115] ZHENG H D, ZHANG Y. Do SOEs Outperform Private Enterprises in CSR? Evidence from China [J]. Chinese Management Studies, 2016, 10 (3).

[116] ZHU Q H. Institutional Pressures and Support from Industrial Zones for Motivating Sustainable Production among Chinese Manufacturers [J]. International Journal of Production Economics, 2016 (181).

附　录

附录一　我国中小制造企业"绿色化"障碍问卷调查

我国中小制造企业"绿色化"障碍问卷调查

尊敬的专家：

您好！感谢您在百忙之中参与《中小制造企业"绿色化"转型——驱动因素及作用机制探究》的问卷调查。

本问卷旨在调研我国中小制造企业"绿色化"发展过程中存在的障碍，问卷调查是您的主观判断，选项没有对错，请根据您的真实想法填写。

填写提示：灰色部分不用填写，空白部分请从左至右依次判断障碍 x_i 与障碍 y_j 之间的关系，其中，"O"代表各障碍之间没有关系，"X"代表障碍 x_i 和障碍 y_j 之间存在相互影响的关系，"V"代表障碍 x_i 能影响障碍 y_j，"A"代表障碍 x_i 受障碍 y_j 的影响。例如，投入成本高昂单方面影响技术引进渠道不畅，则在横轴为投入成本高昂、纵轴为技术引进渠道不畅的单元格中填写"V"，如下表所示。

	技术引进渠道不畅	信息不对称
投入成本高昂	V	
获取金融支持难度大		

本项目承诺：此次调查内容，不涉及您的真实姓名，对您的回答严格保密，问卷调查结果仅用于学术研究，不用于任何商业用途，请您放心填写。

再次感谢您对本次问卷调查的支持！

	投入成本高昂	获取金融支持难度大	收益不确定性	社会施加的绿色压力较小	消费者绿色需求薄弱	环境法律体系不完善
获取金融支持难度大		■	■	■	■	■
收益不确定性			■	■	■	■
社会施加的绿色压力较小				■	■	■
消费者绿色需求薄弱					■	■
环境法律体系不完善						■
环境执法不力						
未来法律的不确定性						
绿色认证体系不完善						
缺乏绿色制造的示范项目						
高层管理者承诺较低						
绿色企业文化建设不全面						
组织结构支撑力度不强						
绿色人力资源管理体系建构不全面						
员工参与度较低						
新技术难获得						
产学研合作渠道不畅						
技术信息不对称						
技术引进渠道不畅						

续表

	技术引进渠道不畅	技术信息不对称	产学研合作渠道不畅	新技术难获得	员工参与度较低	绿色人力资源管理体系构建不全面	组织结构支撑力度不强	绿色企业文化建设不全面	高层管理者承诺较低	缺乏绿色制造的示范项目	绿色认证体系不完善	未来法律的不确定性	环境执法不力	环境法律体系不完善	消费者绿色需求薄弱	社会施加的绿色压力较小	收益不确定性	获取金融支持难度大
环境执法不力																		
未来法律的不确定性																		
绿色认证体系不完善																		
缺乏绿色制造的示范项目																		
高层管理者承诺较低																		

续表

	技术引进渠道不畅	技术信息不对称	产学研合作渠道不畅	新技术难以获得	员工参与度较低	绿色人力资源管理体系建构不全面	组织结构支撑力度不强	绿色企业文化建设不全面	高层管理者承诺较低	缺乏绿色制造的示范项目	绿色认证体系不完善	未来法律的不确定性	环境执法不力	环境法律体系不完善	消费者绿色需求薄弱	社会施加的绿色压力较小	收益不确定性	获取金融支持难度大
绿色企业文化建设不全面																		
组织结构支撑力度不强																		
绿色人力资源管理体系建构不全面																		
员工参与度较低																		

续表

	技术引进渠道不畅	技术信息不对称	产学研合作渠道不畅	新技术难获得	员工参与度较低	绿色人力资源管理体系构建不全面	组织结构支撑力度不强	绿色企业文化建设不全面	高层管理者承诺较低	缺乏绿色制造的示范项目	绿色认证体系不完善	未来法律的不确定性	环境执法不力	环境法律体系不完善	消费者绿色需求薄弱	社会施加的绿色压力较小	收益不确定性	获取金融支持难度大
新技术难获得																		
产学研合作渠道不畅																		
技术信息不对称																		
技术引进渠道不畅																		

附录二　我国中小制造企业"绿色化"驱动因素问卷调查

我国中小制造企业"绿色化"驱动因素问卷调查

您好！感谢您在百忙之中参与《中小制造企业"绿色化"转型——驱动因素及作用机制探究》的问卷调查。

问卷调查是您的主观判断，选项没有对错，请根据您的真实想法填写。

本人承诺：此次调查内容，不涉及您的真实姓名，对您的回答严格保密，问卷调查结果仅用于学术研究，不用于任何商业用途，请您放心填写。

再次感谢您对本次问卷调查的支持！

第一部分　我国中小制造企业"绿色化"驱动因素模型变量表

序号	题项	非常不同意→同意				
		1	2	3	4	5
TIN1	企业获得技术创新的资源（人力、物力、财力等）是容易的	○	○	○	○	○
TIN2	企业的研发团队有更成熟和强大的设计与创新能力	○	○	○	○	○
TIN3	企业拥有设计绿色产品的必要资源	○	○	○	○	○
TIN4	新技术或设备能应用于减少浪费与能源使用	○	○	○	○	○
TIM1	企业拥有渠道和资源引进节约资源、保护环境的技术	○	○	○	○	○
TIM2	企业愿意为绿色技术付出一定的经济代价	○	○	○	○	○
TIM3	引进的先进技术有利于减少废气、废物与废水的排放	○	○	○	○	○
TMC1	管理者认为承担环境责任是道德义务	○	○	○	○	○
TMC2	管理者认为环境责任是企业社会责任的一部分	○	○	○	○	○

续表

序号	题项	非常不同意→同意				
		1	2	3	4	5
TMC3	企业对于进行有利于环境活动的努力来源于高层管理者	○	○	○	○	○
EE1	员工关心并保护环境	○	○	○	○	○
EE2	员工认为自己应当承担企业的环境责任	○	○	○	○	○
EE3	员工有解决与环境相关的问题的能力	○	○	○	○	○
EE4	员工有参与到与企业环境决策相关的途径	○	○	○	○	○
EE5	员工认为自己的行为或价值取向能够影响到企业的绿色行为	○	○	○	○	○
PI1	政府为绿色行为（创新、制造等）提供税收优惠政策	○	○	○	○	○
PI2	政府为绿色行为（创新、制造等）提供优惠补贴	○	○	○	○	○
PI3	企业为了获得满足政府环境要求的补贴而实施绿色行为	○	○	○	○	○
PR1	目前的环境立法是全面、系统的	○	○	○	○	○
PR2	环境法是会被强制执行的	○	○	○	○	○
PR3	未来关于环境的法规会更加全面和严格	○	○	○	○	○
PR4	为了规避因触犯环境法规而造成的损失，企业愿意采取绿色行为	○	○	○	○	○
CD1	消费者对于环境问题有清晰的认知	○	○	○	○	○
CD2	消费者认为保护环境是重要的且与自身相关	○	○	○	○	○
CD3	消费者寻求具备环境责任的企业	○	○	○	○	○
CD4	消费者对于绿色的需求会激励企业采取有利于环境的活动	○	○	○	○	○
PP1	媒体等非政府组织认为环境问题至关重要	○	○	○	○	○
PP2	媒体等非政府组织明确要求企业的运营有利于保护环境	○	○	○	○	○
PP3	为了杜绝社会舆论的负面影响，企业会主动承担环境责任	○	○	○	○	○
GP1	企业对产品的设计过程中将环境问题考虑在内	○	○	○	○	○

续表

序号	题项	非常不同意→同意				
		1	2	3	4	5
GP2	企业选取无污染、无毒、有利于分解回收的原材料	○	○	○	○	○
GP3	企业在生产过程中尽可能减少原材料和能源的使用	○	○	○	○	○
GP4	企业在生产过程中控制"三废"的排放	○	○	○	○	○
GP5	企业主动进行"三废"处理	○	○	○	○	○
GP6	企业注重内部回收再利用	○	○	○	○	○
EconP1	能够获得长期利润	○	○	○	○	○
EconP2	能够获得短期利润	○	○	○	○	○
EconP3	能够获得市场份额	○	○	○	○	○
EconP4	能减少废物处理费	○	○	○	○	○
EconP5	能减少环境事故损失	○	○	○	○	○
EnvP1	有利于废气、废水、固体废物的减排	○	○	○	○	○
EnvP2	有利于减少有害或有毒物质的消耗	○	○	○	○	○
RP1	有利于减少原材料与能源的使用量	○	○	○	○	○
RP2	有利于提高资源的利用效率	○	○	○	○	○
SP1	有利于员工健康与安全	○	○	○	○	○
SP2	改善社区健康与安全	○	○	○	○	○
SP3	发展经济活动	○	○	○	○	○
SP4	创造就业机会	○	○	○	○	○
SP5	降低产品和工艺对当地社区的不利影响	○	○	○	○	○

第二部分　个人及企业基础信息

1. 您的性别是：
○男性　　　　　○女性
2. 您的教育背景：
○研究生　　　○本科生　　　○大专生　　　○中学文化
○小学文化　　○未受教育

3. 请问您在贵公司的工作年限:
○0~3年　　　○3~5年　　　○5~10年　　　○10年以上
4. 请问您在贵公司担任什么职位:
○高层管理人员（董事会成员、总经理室成员）
○中层管理人员（各部门经理、负责人）
○基层管理人员（各科室、项目负责人）
○基层工作人员（不参与管理活动的工作人员）
5. 请问贵公司属于以下哪种类型？
○劳动密集型
（主要投入的生产要素为人力劳动，即产品成本中劳动耗费所占比重较大，而物质资本耗费所占比重较小）
○资源密集型
（在生产要素的投入中需要使用较多的土地等自然资源才能进行生产）
○资本技术密集型
（高技术产业，即在生产过程中知识、技术与资本的有机构成水平较高）
6. 请问贵公司的从业人员规模？
○20（不含20）人以下　　　○20~300（不含300）人
○300~1000（不含1000人）　　○1000人以上
7. 请问贵公司工作地所在省份：＿＿＿＿＿＿＿＿＿＿＿＿

附录三　我国中小制造企业"绿色化"驱动因素评估问卷调查

我国中小制造企业"绿色化"驱动因素评估问卷调查

尊敬的专家学者：

您好！

感谢您在百忙之中给予本次调查的合作与支持！

本次研究为《中小制造企业"绿色化"转型——驱动因素及作用机制研究》。本次问卷主要分为两大部分：第一部分为中小制造企业"绿色化"发展驱动因素准则的关系评价，通过分析各准则之间的相互影响程度对各准则进行赋权；第二部分为中小制造业"绿色化"驱动因素的相对重要性评价，通过测算各准则相对于各驱动因素的重要程度，对各因素进行排序，并识别出关键驱动因素。

再次感谢您参与本次问卷调查！

第一部分：中小制造业"绿色化"驱动因素准则的关系评价

填写说明：请从左至右依次按行填写自变量对因变量的影响程度，"VL"为没有直接影响，"L"为有直接影响且影响程度低，"M"为有直接影响且影响程度一般，"H"为有直接影响且影响程度较强，"VH"为有直接影响且影响程度很强。问卷中已填写"−"的位置表示没有直接影响。

	经济效益	环境效益	资源效益	社会效益
经济效益	−			
环境效益		−		
资源效益			−	
社会效益				−

第二部分：中小制造业"绿色化"驱动因素的相对重要性评价

填写说明：请从左至右依次按行填写因变量对于自变量的重要程度，"NI"为不重要，"LI"为不那么重要，"FI"为一般重要，"I"为重要，"VI"为很重要。

	经济效益	环境效益	资源效益	社会效益
技术引进				
员工参与				
激励				
规制				
公众压力